Rumi

Sei Sonne, sonst bleibst Du Fledermaus

Rumi

Sei Sonne, sonst bleibst Du Fledermaus

Ausgewählte Texte

Herausgegeben und eingeleitet
von Ulrich Holbein

marixverlag

FSC
www.fsc.org
MIX
Papier aus verantwortungsvollen Quellen
FSC® C006701

Bibliografische Information der Deutschen Nationalbibliothek
Die Deutsche Nationalbibliothek verzeichnet diese Publikation in der Deutschen Nationalbibliografie; detaillierte bibliografische Daten sind im Internet über http://dnb.d-nb.de abrufbar.

2. Auflage 2014

Lektorat: Dr. Bruno Kern, Mainz
Covergestaltung: Nicole Ehlers, marixverlag GmbH
Bildnachweis: Ein Derwisch neben Löwe und Tiger,
Indische Malerei um 1650; 123rf, Nidderau,
Arabischer Rahmen, Grafik von Gjermund Alsos
Satz und Bearbeitung: SATZstudio Josef Pieper, Bedburg-Hau
Gesetzt in der Minion Pro
Gesamtherstellung: CPI books GmbH, Ulm
Printed in Germany

ISBN: 978-3-86539-342-5

www.marixverlag.de

Inhalt

I. Einleitung von Ulrich Holbein

Hier ist im Stroh ein Meer versteckt

Die Lebensgeschichte Maulana Dschelaleddin Rumis (1207–1273)

Sein Geburtsname lautet Muhammad Dschelaluddin (Celaleddin bzw. Djalal ud-Din) Walad.

Türken nennen ihn meistens Mevlana, auf Persisch: Maulana, auf Deutsch: Meister. (Meister Eckhart hieße also Maulana Eckhart.) Die ganze westliche Welt nennt ihn bevorzugt Rumi. Geboren in Balch in Transoxanien (heutigem Afghanistan), der »Mutter aller Städte«, Kulturzentrum und Wiege des Zoroastrismus, wuchs Rumi in türkischer Sprache auf und lernte zudem Persisch. Alsbald wurde er ansässig in Konja, der iranisch, persisch-arabisch, griechisch-römisch (daher Worte wie rumänisch und Rumi), kappadokisch, byzantinisch, kurdisch, kurz: polykulturell quirlenden Metropole des kleinasiatischen Rum- Seldschukenreichs, im heutigen Zentralanatolien, damals unter dem kunst- und gelehrsamkeitfördernden Sultan Ala'uddin Kaikobad.

Rumi heiratete mit achtzehn Jahren, 1225, Dschauhar Khatun (Gevher Hatun, Gauhar Chatun). 1230 »habilitierte« sich der junge Prediger in Theologie, ohne in die mystischen Fußstapfen seines Vaters Baha'uddin Walad zu steigen, dessen verquer quasipantheistische Lehren er erst nach dessen Tod 1231 bei dessen Schüler Burhanuddin Muhaqqiq i-Tirmidhi (gestorben 1241) neun Jahre lang studierte, bis er dann doch noch hineinwuchs in gewisse Neigungen in Richtung Tassawuf (Sufismus).

Der alsbald recht angesehene eingesessene Grammatiklehrer, Hudavendigar (Urteile Fällender) und Fatwaschreiber lehrte in vier Madresen von Konya vierhundert Schüler, ehe er sich 1244 von einem durchreisenden Fremdling, von dessen Ausstrahlung und Suada, unverhältnismäßig beeindrucken ließ.

Vor diesem seltsamen abgerissenen, provokative Reden schwingenden Qalandar (Wanderderwisch), Schamsuddin al-Täbrizi, fühlte sich der beglückte Theologe unterlegen, neigte sein Haupt, atmete befreit auf, diskutierte mit ihm, trank, lachte, tanzte erst nächtelang, dann monatelang, erwählte den unverhofften Gast zum Leitstern, fühlte sich ihm verwandter als Mutter und Vater. Obwohl der Koran Sterndienst, Magie und Sabäertum als Götzendienerei abtat, mutierte der äußerst korankundige Maulana schier zum Schamsi (Sonnenanbeter). Ohnedies klang Rumis Maxime: »Werde Licht, und du hast nie wieder Angst vor der Finsternis!« eher zarathustrisch als islamisch, was Rumi nicht weiter aufzufallen oder zu stören schien. Abendgebete bekam er kaum noch zustande. Tag und Nacht kreiste er fortan als Spätzünder in pubertärer Überhitztheit um die alles überstrahlende Sonne (Schams) aus Täbriz. Anhimmelung mutierte zu Vergötterung. Rumi verübelte seinem Herzensfreund überhaupt nicht, daß der sich zwischen ihn und Allah hängte. Er zerbrach sein Schreibrohr, tauschte den Gebetsteppich mit dem Tanzboden, legte Gelehrtenturban und Juristenärmel ab (nicht aber die Juristenanrede »Maulana«), trug jetzt nur noch Lalischi-Turbane und ließ sich Schrittfolgen und Wirbeldrehungen beibringen. Wenn sie die Nacht durchtanzten, wünschte der herumwirbelnde Rumi mitten im rauschhaften Ablauf, daß heut Nacht der Schlüssel zum Tag nicht gefunden werden möge. Er versteckte sogar Schams' Schuhe, damit der zu spät hierzulande Aufgetauchte nicht zu früh fortgehe.

Rumis Umwelt sah das Treiben nüchtern bis kritisch. Seine Muriden (Schüler) und Verwandten sahen ihren lieben, anständigen, hochgeachteten Lehrer und ihr Familienoberhaupt seine Pflichten vernachlässigen, wahnbetört, derangiert, übernächtigt. Man fand den gerüchteumwobenen, vielfach verketzerten Eindringling entsprechend unsympathisch. Rumi wurde in ihren Augen das Opfer einer einköpfigen Sekte; ein totales Irrlicht wickelte ihn ein, ein

Menschenfischer, Seelen- und Rattenfänger, ein Scharlatan! Und ein charakterlich dubioser Freak! Welch Unding: Maulana, bisher ein vorbildlich linientreuer Musulmane, der also auch stets gegen die dualistische Kosmogonie der Mudschusi (Magier) gesprochen hatte, also contra guten und bösen Gott, ging jetzt selber so einem windigen Magier auf den Leim – welch Rückfall aus korrekter Religionsausübung in altiranisches, schier schamanistisches Archaikum! Rumi aber ließ sich von den Düpierten nicht dreinreden. Sie sahen ihn um ein goldenes Kalb tanzen und zerrissen sich das Maul (wie siebenhundert Jahre später über eines Dichterfürsten nicht standesgemäße Liaison mit einem Blumenmädchen). Er nahm das Vorrecht in Anspruch, Gott in jedem schönen Gegenstand verehren zu dürfen. Er berief sich auf Ibn Arabi, der es von Allah weise fand, sich zunächst auch in sinnlichen Phänomena anbeten zu lassen, und sich sogar zur Ansicht verstieg, selbst noch das goldene Kalb sei Gott. Er berief sich auf den (nicht anerkannten) Hadith bzw. das (unechte) Bayazidwort: »Ich sah meinen Herrn im Gesicht eines bartlosen Jünglings in einem grünen Gewand.« Im irregeführten Liebestaumel kreiste er so zwanghaft um Schams (Sonne) wie Madschnun, auf den er verdächtig oft zu sprechen kam, um Laila (Nacht), oder wie Ibn Arabi um die glutäugige Nisam (oder wie siebenhundert Jahre später Jorge Luis Borges um den Zahir). Tausendeinhundert Jahre nach Heraklit befolgte Rumi den Heraklit-Satz: »Tausend geb' ich für einen, wenn er der Edelste ist«, bzw. nahm er unedle Charakterzüge in Kauf, weil er der Schönste war, in Rumis Augen. Man schlief sogar beieinander. Rumi feierte seine Sonne als Kerkerschlüssel, als Messias der Seele – und der blasierte Schams ließ sich's gerne gefallen und spielte mit ihm, und testete ihn, und foppte ihn. Rumi griff dann doch wieder zum Schreibrohr, um hervorbrechende Sehnsuchtsverse zu notieren: »Der Himmel blickt neidisch auf Schams' schmutzigen Fuß« – und Schams fühlte sich verstanden. Ständig streute Rumi sich Asche aufs gebeugte Haupt, leckte Speichel, pinselte hündisch den Bauch seines Idols – um als Letzter der Erste zu sein? Bei aller Gegenseitigkeit und unklaren Frage, wer hierbei wessen Lehrer sei und wer den Schüler spielte: Rumi, ein Kieselstein, der sich dank Sonneneinstrahlung zum Rubin aufschwang, spielte den werbenden, symbiotisch abhängigeren Part, also eher den Schüler, und bot sich als zerschlagbaren Spiegel an – so wie sich ein Feueranbeter für nicht würdig hält, das ewige Feuer durch die eigene irdische Puste anzufachen. Entzog sich sein Lieblingsdämon über Tage hinweg, wetteiferten Entzugserscheinungen mit Phantomschmerzen. Dann wurde der aufgeregt kummervolle und schlaflose Rumi schier ungläubig. Sobald Schams zurückkehrte, wurde Rumi sofort wieder ein Mann der Religion.

Dann aber ging die Sonne ohne Vorwarnung monatelang unter. Schams reiste überstürzt und grußlos ab, hinterrücks rausgeekelt von Rumis Familie, die sich aber verkalkuliert hatte: Denn statt einen hervorragenden Lehrer zurückzubekommen, der ordnungsgemäß mit Sachverstand zu seinen Aufgaben und Obliegenheiten zurückkehrte, hatten sie nun einen verrückten Dichter zu ertragen, der diesem verrückten »Freund« hinterherweinte – unangemessen heftig. Der Rubin Rumi kam sich ohne seine Quasi-Sonne ruiniert vor. Er baute das Drama der Trennung abendfüllend zum Epos aus, ruminierte sein Leid und erlosch – und steigerte sich hinein in sein Erlöschen. Der unzerschlagene Spiegel erblindete – und steigerte sich in seine Erblindung hinein. Rumi entfärbte sich zurück zum Kieselstein, zur Wassermühle an ausgetrocknetem Flußbett, zur Muschel ohne Perle, zum Fisch, der ohne Wasser im Sand glühte. Er schrieb Briefe hinterher – und erhielt keine Antwort. Boten und Detektive sandte er aus, ließ ihn überall suchen. Wenn er nachts vom Mond träumte, rannte er von Tür zu Tür, ob Schams nicht genauere Botschaft gesandt habe als geträumtes Mondlicht. Derart ausgefüllt fühlte er sich von Schams, zunehmend unabhängig von dessen reeller Ab- oder Anwesenheit, daß er im Gedicht fragte: »Was suchst du in meiner Rocktasche, meinem Turban, meinem Ärmel?« Seine mystische Identifikation mit dem theomorphen Angreifer ging so weit, daß er eigene Verse mit »Schamsuddin« signierte. Eigentlich klafften zwischen Schams' (überlieferten) Weisheiten und den Worten Rumis Qualitätsunterschiede: Rumi, der deutlich Reichere, Buntere, Tiefere, überbetonte unterwürfig (aus späterer Sicht masochistisch) seinen angeblich geringeren Rang. Rumi machte sich klein vor einem Kleineren. Rumi bot das Bild einer Sonne, die sich zu einem Trabanten erniedrigte. Rumi japste einem eher grobstofflich, vergleichsweise armselig instrumentierten Mondhorn nach und redete diesem dubiosen Möndlein ein, nicht die Sonne, sondern der Mond sei die Sonne. Andererseits wurde Rumis Dichten, Trachten und Leiden erst dann so richtig subtil und sublim, gleichermaßen qualitativ erheblich und quantitativ uferlos, seit sich die Sonne Rumi vom Mond Schamsuddin aufladen und aufpeitschen hatte lassen: 36.000 Doppelverse summierten sich, Hommage an Schamsuddin, Tendenzkunst erster Güte, der Schamsuddin-Diwan, 2200 Druckseiten.

Jedem Gerücht vom monatelang entbehrten Busenfreund reiste Rumi hinterher, umsonst. Sein just volljähriger Sohn Baha'uddin, der spätere Sultan Walad, trieb Schamsuddin tatsächlich in Damaskus auf und lockte ihn mit zwanzigköpfiger Delegation zurück. Um ihn ab sofort noch enger an sich zu binden, bewies Rumi sich als Familienpolitiker, verheiratete nämlich den glücklich Wiedergefundenen mit einem Pflegekind des Rumi-Clans.

Bald aber eskalierten familiäre Zwistigkeiten, und der Angebundene und Angeheiratete verschwand erneut, diesmal für immer. Rumi wurde zu Ya'kub (Jaakov), zerriß sein Gewand, trug Trauer um Yusuf (Joseph), trug nie wieder einen weißen, sondern stets nur einen rauchfarbenen Turban. Er schwankte zwischen steigerbarer Hoffnung auf nochmalige Rückkehr und dem sich verdichtenden Verdacht, daß sein zweiter Sohn Ala'uddin, der seinen Vater schuldbewußt umschlich, beteiligt gewesen sein könnte am Verschwinden des besten Busenfreundes. Er redete jahrelang nicht mit Ala'uddin und ging nicht zu dessen Beerdigung.

Seit der Trauernde und leidvoll Dichtende jeden Vorbeireisenden, der Schamsuddin z. B. in Damaskus gesehen zu haben behauptete, üppig mit Turban, Schuhen und Stücken beschenkte, wurde

Schams immer öfter gesichtet. Als man den Berichterstatter Lügner nannte, sagte Rumi: »Ich gab ihm den Turban für seine Lüge. Wenn er mir Wahrheit gebracht hätte, hätt' ich ihm mein Leben gegeben.« Maßlose Recherchen ließen sich nicht aufhalten durch ebenso ungebändigte Verse, in denen Rumi immer öfter durchschimmern ließ, daß Schamsuddin, gehüllt in eine immer glühendere Staubwolke, ihm vorausgeritten sei ins Haus der Ewigkeit. Rumi habe, hieß es, auf der Schwelle Schams' Blut gesehen. Andererseits reiste er zweimal nach Damaskus, blieb monatelang dort, in törichten Hoffnungen – umsonst. Zeitweise sah er ihn im Rückblick als Khadir (Chiser/Khidr), jenen mythischen Halbgott, der stets, sobald er seine Botschaft überbracht hatte, zu verschwinden pflegte. Zeitweise faßte Rumi sich an den fiebernden Kopf und wunderte sich: »Da ich er bin, wen such ich hier?« Sich selbst konnte er auch woanders suchen.

Nach dem Tod seiner ersten Frau heiratete Rumi Kira Khatun. Die äußere Erscheinung des lebendigen Schams traf er tief in sich selber wieder, baute sie immer vollgültiger auf, sowie annäherungsweise in Übergangs- und Notlösungen, wie Salahuddin Zarkub, einem genau wie Schamsuddin relativ analphabetischen Goldschmied, mit dem der alternde Maulana sich gezielt von der »Sonne von Täbriz« ablenkte oder die er in ihm zu erblicken versuchte, wie später dann in seinem hocherfreulichen Meisterschüler Husamuddin Schelebi (Tschelebi/Khelebi/Calabi). Rumis Herz schwoll dergestalt und war übervoll, daß er ausrief: »Ich passe nicht mehr in mich!« Bayazid al-Bistami hatte sich hybrid als die Wohlverwahrte Tafel ausgegeben, als die sieben Abdals (Eckpfeiler der Welt), als Ozean etc.; Rumis mystische Expansion griff noch höher und noch mehr in die Breite: Rumi behauptete dichtend, die Scheiche Bayazid, Schibli, Dschunaid, Abu Hanifa, Schafi'i und Hanbal, diese alle seien allesamt er selbst, Rumi, welchselbiger in einem Aufwasch und Atemzug zugleich Wein und Mundschenk umfaßte, und etliche andere Gegensatzpärchen, bis hinauf zu weitestgehendem Tat twam asi: »Die zweiundsiebzig abgespaltenen Sekten, die bin allesamt ich.« (Nebenan, im Abendland, ließ solch mystische Euphorie, rundum alles und jedes zu umfassen und in eigener Person selber zu sein, lang auf sich warten, bis zu Arno Holz, in dessen »Phantasus«.) Desgleichen: Rumi fand Gott in keiner christlichen Kirche, und nicht am Kreuz, und in keiner Hindu-Pagode (Rumi trug sehr gern Burd-i hindi, einen indischen Mantel), keinem Zarathustriertempel, auch nicht auf den höchsten Bergen von Herat und Kandahar, und nicht auf dem Gipfel des Kaf, wo bloß der Anqa-Vogel wohnte, und verblüffenderweise nicht einmal in der Ka'aba, und nicht in den Schriften des Ibn Sina, sondern nur – wo sonst? – im eigenen Herzen. Aber sein Herz wiederum verwarf er als Bratenkloß, sein Auge als Wolke, seine Träne als Trugbild, seinen Leib als Bruchwerk. Bisweilen versank er derart tiefgründelnd in verzückter Versunkenheit, daß im Winter sein tränennasser Bart am Boden festfror und er kaum gewahr ward, wie ihn dann seine Schüler loseisten. Besuche in Mühlen berauschten ihn; er hörte Mühlsteine »sobbuh! quddus!« (O Allerherrlichster! O Allerheiligster!) rufen und drehte sich mit. Vor Byzantinern, die sich dreimal vor ihm verneigten, verneigte er sich dreiunddreißigmal.

Als Meisterschüler Husamuddin ihn bat, die Überfülle seiner Gedanken und Geschichten in einem Mathnawi (Lehr-Epos) niederzulegen, wie vormals Rumis Lieblingsdichter Fariduddin 'Attar oder Saadi, der König mit der süßen Zunge, zog der Maulana die ersten fertigen achtzehn Doppelverse aus seinem Turban hervor: das Sehnsuchtslied der Rohrflöte. Aber als Husamuddin ihn bat, die Schamsuddingeschichte genauer zu erzählen, zeigte Rumi sich zugeknöpft und erwähnte den verschollenen Derwisch in den 24.660 Doppelversen, in sechs Büchern, die er siebzehn Jahre lang diktierte, namentlich kaum.

Im Jahr 1256 lagen Rumis mitgeschriebene Tischgespräche fertig vor, »Fihi ma fihi« (»Was drin ist, ist drin«).

Gleichwie Madschnun statt um Allah um Laila und Rumi um Schamsuddin kreiste, so dachte Akmaluddin Tahib, Rumis Leibarzt, immer seltener ans Jenseits, sondern kreiste zunehmend immer ausschließlicher um seinen Lieblingspatienten Rumi.

Neben dem nicht ganz zu Ende diktierten Mathnawi lag Rumi dann sterbend darnieder, hörte sieben Tage und Nächte lang ein Erdbeben rumpeln. Es schüttelte alle Knochen durch, zermalmte etliche Häuser und Gartenmauern. Rumi, bettlägerig zwischen schreienden Helfern, blieb ruhig und wandte sich an seine Angehörigen: »Die arme Erde ist hungrig. Bald wird sie einen fetten Brocken bekommen und Ruhe geben.« Augenzwinkern? Galgenhumor? Mimikry? Atavismus? Konnten spätere Zeiten aus dem fetten Brocken schlußfolgern, daß Rumi Pykniker gewesen ist? (Wie man aus der Hamlet-Zeile vom »kurzen Atem« schloß, Hamlet sei dick gewesen.) Andererseits wurde er als gelbgesichtig geschildert. So oder so: Lebenslang sang Rumi monotheistisch von Seele und Allah, um im letzten Moment dann doch archaisch von Körper und Mutter Erde zu reden?

Rumis Katze starb ihrem Herrchen binnen einer Woche nach und wurde dicht bei ihm beigesetzt.

Im Ozean der Parabelströme

Was steht im Mathnawi?

Das indische Sprichwort »Alles, was es gibt, steht im Mahhabharata. Alles, was nicht im Mahhabharata steht, gibt es nicht« könnte auch auf Rumis Mathnawi zutreffen. Alle können untertauchen im Fluß ohne Ufer, im Meer der Seele, in seines Liedes Riesenteppich, im bodenlosen Wildwuchs, im Kompendium und Sammelbecken orientalischer Parabeln, von Legenden, Schnurren, Schwänken, Witzen, Geschichten, Einsichten, wundersam verschachtelt und verschlungen, in der Gedankenflora, im prismatisch sich drehenden, irisierenden Formulierungsdschungel mit aufgehenden Knoten, Ebenenwechseln (sprach Rumi von plätscherndem Wasser, forderte er seine Zuhörer auf, einzutauchen in die Bedeutung dieser Worte, statt ins Plätschern), ständigem Rauf- und Runterzooming ineinandergespiegelter Dinge, Holzkisten, die zwischen Hausrat und dem Käfig des Körpers oszillieren, von der Mücke zum Elefanten, vom Weltbrandstifter Pharao zum Geistentzünder Musa (Moses), von der Fledermaus zur Sonne, vom Stein bis zu Allah, und zurück zu Elefant und Stein, ein Geschlingere zwischen zwei, drei, vier Ebenen, nimmermüdem Dualismus, der in Facetten und Nuancen schillert und zerfasert, Wahnwitz und Wahrheit, die ständig ineinander umschlagen. Engelsfedern band Rumi an Eselsschwänze, auf daß der Esel aufglänze und vielleicht zum Engel werde. Allerschönste Aufschwünge und Hinwärtsbewegungen, vom Schlamm, aus dem keiner einen Fuß ziehen kann, bis zur Himmelsdurchquerung unter Beiseitelassung dann sogar des Himmels! Vorformen von »Sechse kommen durch die ganze Welt« blühten. Einem Jüngling, der durch sechshundert Schleier eine Antwort Gottes gehört zu haben glaubte, platzte vor Aufregung fast die Gallenblase. Spötter bellten als Hunde den Mond an. Gottesbeweise schwammen obenauf im Sturzbach der Gleichnisse: Unsichtbar blieb Allah nur, weil auch

Wind nur ablesbar wird am herumgewirbelten Dreck. Kaum begab Rumi sich in Badestuben, sah er Leiber als Kleider, die man auch noch ablegen müßte, um wirklich nackt zu sein, Leiber und Leichen als Kleider. Imposant – und schier unwiderleglich – des Metaphernspenders und -speiers Maulana Dschelaluddin Rumis Darlegung, das Existente, genau wie in Hindustan, sei bloß Schaum und Garnichts, also doch wohl Samsara, und umgekehrt: das scheinbar Nichtexistente das einzig wirklich Vorhandene – alles Metaphern- und Parabelfluten, die weniger nach Koran klingen als Bhagavatgita, Manichäismus und Gnosis. Vollsaftige, quicklebendige, improvisatorische Verse, wahnwitzig, obszön, dämonisch, verrückt, orientalisch undiszipliniert, redundant, geschwätzig, nervend, Themen totreitend. Bettler, denen weder Brot noch Fett noch Mehl noch Wasser gegeben wurde, hoben im Mathnawi sofort den Rock, um dem Geizhals ins Haus zu kacken. Ozean multiphon gequirlter Märchenströme: Suleiman (Salomo) forderte die Königin von Saba auf, nicht länger die Sonne anzubeten, so als wäre Rumi nie in dieser Richtung schwach geworden. Ein beim Seitensprung ertappter Richter versteckte sich in einer Holzkiste, so als wenn Rumi bereits Giovanni Boccaccio wär (geboren dreißig Jahre nach Rumi).

Erquickliche Animismen prasseln unablässig; herzerhebender Panpsychismus floriert – Salomo sprach mit Pflanzen; und alle Dinge gewannen im Mathnawi Stimme: Erde sprach zum Körper: »Kehr zurück zu mir!« Licht sprach zur Maus: »Hier kommst du nicht rein!« Tag und Nacht befaßten sich mit Wahrheit. Der Hals der Leute war zu eng, Wahrheit zu schlucken; aber das Meer vermochte Moses' Worte zu verstehen. Wasser fragte nach seinem Trinker. Sogar Abstrakta, wie zuvor in Fariduddin 'Attars Musibatname (Buch des Leidens), erhoben jederzeit das Wort: »Wudschud (Sein) sprach: ›Komm, ich bin köstlich!‹ Verderbnis sprach: ›Geh, ich bin nichts.‹« Bei der Auferstehung würde nicht nur die Zunge sprechen, sondern jedes einzelne Glied, also der Fuß z. B. sich bezichtigen, den Weg der Lust gegangen zu sein, oder die Rute, unkeusch gewesen zu sein. All diese Unendlichkeiten hingen nur als ein Atom neben Allahs Unendlichkeit, und nur als ein Krümel neben Rumis Reservoir an weiteren Geschichten, die, wenn er sie alle auch noch diktiert hätte, keine vierzig Kamele hätten abtransportieren können. Rumi sah sowohl sich wie jeden Sufi und Menschen als importierten Elefanten, der vom Mutterland Indien träumt, und als heimwehverzehrten Papageien in einem Käfig für Torkelnde.

Die Welt – ein Brunnenschacht, und ich darin ein Eimer, der im Tod raufgezogen wird ans Tageslicht. Den Elefanten erwähnt Rumi im Mathnawi 95mal, die Ameise 45mal, das Atom 109mal, den Mond 427mal, Engel 166mal, Esel 545mal.

Die Seele des Gläubigen ist ein Stachelschwein

Rumi, Fariduddin 'Attar und Omar Khajjam

Rumi, wie alle Sufis trunken vom Becher liebesdurstig hochgeschaukelter Unvergänglichkeit, sah Diesseits und Jenseits Tür an Tür wohnen, schwelgte unbeirrbar und zutraulich in Evidenzen, sprach als Dichter vom Kuß auf den Todesbecher und von seliger Ankunft hinter dem Vorhang. So sehr Rumi sich die Augen von »Schielblick und Irrtum« wusch: In der Überfülle und Fülle all seiner Gedanken, der Formulierfiguren tiefsinntriefenden Parabelurwalds, tauchte lebenslang ein Gedanke nicht auf, vermutlich nie, oder wenn, dann nur kurz, der im Kopf Omar Khajjams und auch Fariduddin 'Attars Kopf durchaus auftauchte.

Omar Khajjam schrieb den Vierzeiler: »Wenn du das Weltgeheimnis lebend lüftest, / kannst du's vielleicht in deinen Tod hinüberretten. / Doch was du nicht bei Lebzeit schaust, wie willst du's greifen, / sobald dir dann die Sinne schwinden?«

Dieser Gedankengang wurde von 'Attar und Rumi bis hin zu allen heutigen Nahtoderfahrungsenthusiastinnen à la Prof. Elisabeth Kübler-Ross geflissentlich überlesen, aus Überlebensstrategie heraus. Er entzieht reihenweise den Mystikern aller Zeiten und Zonen die Basis ihrer Gewißheiten, zieht also den Stöpsel aus jeglicher Mystik und wird deshalb nur selten bis nie formuliert, außer viel später einmal von Eduard von Hartmann: »Es liegt hier der immer wiederkehrende Selbstwiderspruch aller Mystik vor, das Aufgehen des Seins und Bewußtseins in Gott mit einem fortbestehenden Sonderbewußtsein doch noch genießen zu wollen, und die Hoffnung auf dieses widerspruchsvolle Ziel ist es, welche als Abschlagszahlung der schließlichen absoluten Seligkeit auf den verschiedenen Annäherungsstufen dargeboten wird.«

Stattdessen hielten sich Fariduddin 'Attar und Rumi – und vorher Mansur al-Halladsch und alle anderen Sufis – mit Omar Khajjams einfallsreicher, fast atheistisch angehauchter Skepsis nicht weiter auf und klammerten sich ans lebenslang anvisierte, angepeilte, angeforderte, ersehnte, verdiente, herbeibeschworene Gotteslicht, das aber erst eine Viertelsekunde, nachdem das lebenslang im Weg stehende dunkle kleine Körperchen, samt Ich und lichtsüchtigem Bewußtsein, niedersinkt, erstmals so richtig glorios und gültig aufflammt. Aber einmal blitzte in einem trunkenen Vierzeiler Rumis doch eine Ahnung kurz auf, daß das verheißungsvolle Fana, das arabisch-persische Nirwana, orientalisches Entwerden, durchaus nicht als lustvolles Nichts aufwarten könnte, sondern auch einfach nur ausbleiben, mangels Vorhandenheit: »Wir sind zur Not auch ohne Wein betrunken, / schon früh vor Tag erleuchtet, und überfließend selbst spätabends; / man droht, es bliebe uns am Ende nichts. / Wir sind zu guter Letzt vergnügt mit weniger als nichts.«

In ultimativem Atheismus wäre Omar Khajjam näher dran an unaushaltbarer Wahrheit als Rumi, der dann bloß, wie alle weltweit gottestrunken verblendeten Geister, definitiv als heiliger Narr dastünde, als einer, der ausgerechnet im Leeren und Finsteren höchste Fülle und Licht erwartete, schluckweise schon vorher am Türspalt zu ernten glaubte, um alsdann, sobald die Tür richtig aufspringt, bzw. zerebrale Endorphinüberflutung abtropft, genau ab diesem wichtigsten Moment nicht mehr dabei zu sein. Doch indem Rumi vorher den falschen Wunschtraum aufbaute und sich an ihm hochzog und in dieser Glut und Sehnsucht zu Rumi wurde, steigerte er sich zum Rubin, derweilen der von vornherein relativ illusionsfrei sich eher an Wein als an Gott berauschende, ohne Meer der Seele auskommende Omar Khajjam einsilbig, ja kümmerlich, Kieselstein blieb. Daß aber ein gottferner Kieselstein über einen gotterfüllten Rubin recht behielte, das könnte nimmermehr die Wahrheit sein, selbst wenn es zuträfe.

Fast immer bog und log Rumi seines Meisters Fariduddin 'Attars Glaubenszweifel und Glaubensverzweiflungen, also traurige in fröhlichere Wissenschaft um.

Allen vorhandenen Motiven seines Zeitalters gab er einen Drall ins Komische: Ibrahim Adhams »Kamel auf dem Dach« wurde durch Rumi zum »Kamel in der Regenrinne«. Die von Propheten prognostizierten zweiundsiebzig Sekten, die zu einer Inflation der Zahl 72 führten, tummelten sich bei Rumi als zweiundsiebzig Krankheiten und zweiundsiebzig Verrücktheiten. Den Hadith »Vereinige mich mit dem Duft des Paradieses!« ließ Rumi einen aufsagen, der sich soeben sein Gesäß wusch: »Wie kann der Duft vom Paradies durch diesen Popo wehen?« (*Mathnawi, Buch 4, Vers 2224*) Selbst Koranverse funktionierte Rumi per Kontextverschiebung seltsam um: Muhammads Understatement »Ich bin auch nur ein Mensch wie ihr« zitierte Rumi so: »Der Mond sagt zu Erde und Wolke und Schatten: ›Ich bin auch nur nur ein Mensch wie ihr‹.«

Wunderliche Anachronismen: Leute des siebten Jahrhunderts redeten im Mathnawi problemlos von Alparsalan, einem persischen König des elften Jahrhunderts, genau wie nebenan, im altteutschen Mittelalter, die Schergen Christi mit den Schlitzärmeln und Sacktaschen Nürnberger Zunftgewandung von 1589 auftraten. So sehr auch Dichter in alle, denen sie Stimme verleihen, hineinzufließen pflegen: Rumis sogenannte Götzendiener nannten ihre höchsten Götter alogisch »Götzen«, konnten also über ihren muhammadanischen Tellerrand nicht so recht hinausgucken (ideologische Grenze).

Mongolensturm, Zerstörung von Kalifat und Bagdad, oder daß Balch 1220 von Dschingis Kahn überrollt wurde, erwähnte Rumi fast nie, und wenn, dann so: »Menschen fliehen vor Mongolen. Wir dienen dem Schöpfer der Mongolen …« Rumi fand Türke und Hindu im Mutterleib ununterscheidbar (und außerhalb?), folglich durchschaute er doch wohl Feindbilder, und schwerlich hätte man mit ihm – hoffentlich – in irgendeinen Dschihad ziehen können. Doch solch weltverbrüdernd berauschende Tat-twam-asi-Erkenntnis setzte sich offenbar selten irgendwo durch. Andere Weltanschauungen relativierte Rumi mit dem Satz »Ebenso wird dir die Falschheit jedes Gedankens, der dich begeistert, verborgen«, ohne diesen Satz je auf sich selbst anzuwenden. So oder so: Wer den Käfig sprengte, taumelte nur von Käfig zu Käfig. Indem Rumi 1001 einfallsreiche Varianten des Käfigsprengens ausspendete, verblieb er im Käfig dieses seines Lieblingsthemas. Obwohl er als Mystiker hoch über vielen Dingen schwebte, auch beklagte, die meisten Gottsucher seien bloß Nachahmer, weil sie nicht den Mut besäßen, unmögliche Situationen zu erleiden, übernahm selbst Rumi, so wie 'Attar, Bayazid u. v. a. im Käfig musulmanischer und monotheistischer Konditionierungen, Denkschienen, Widersprüche und pogromauslösender Hauptirrtümer, fast alle religiös vorgegebenen Inhalte, Dogmen, Theoreme möglichst unhinterfragt. Aus seinem koranfesten Gotteslob, Anrufungen, pausenloser Waschsucht, Ritualgebet tauchten schön schräge Denkbilder und Formulierrosinen immerhin gelegentlich auf, schade drum; bisweilen öfter, in Ekstase noch öfter; nur selten bezeichnete er das Glaubensbekenntnis originellerweise als »Schaum vorm Maul eines Kamels«. Indem er die irakische Mystikerin Rabia al-Adawiya totschwieg, aber x mittelmäßige Derwische ständig nannte und eine ihrer Geschichten einem namenlosen Asketen zuordnete, schien er sich größere Frauenverachtung zuschulden kommen zu lassen als 'Attar.

Rumi, statt Muhammads Diktum, der Fatalist sei schlimmer als der Ungläubige, anzuzweifeln, bejahte und begründete es. In etlichen Versen schien er metaphysisch Unbegabte wenigstens nicht zu hassen, sondern bloß zu bedauern; er steckte sie mit Amusischen in einen Topf, verglich sie moderaterweise mit Mistkäfern, die Mond und Sonne nicht schön finden können, also in einem Erdloch göttliches Licht vermissen. Wenigstens schimpfte er nicht ganz so einfallslos auf Ungläubige, verglich Unglauben putzigerweise mit dem »Stein der Un-Weisen«. Einen Alchimisten veranlaßte er, nie wieder Gold herzustellen, da es sich ja bloß um diesseitiges Gold, also Kot, handelte. Seinen eigenen Standpunkt legte er auch gern mal seit sechshundert Jahren toten Muhammad-Gegnern in den Mund. Im Rauschtrank von Rumis Poesie pflegten sogar Abstrakta sich öfters wechselseitig zu köpfen. Ein Musulmane reiste zusammen mit einem Christen und einem Dschahudi (Juden), wie die Vernunft mit der Triebseele und dem Teufel. (*Mathnawi, Buch 6, Vers 2378*) Rumi ließ sogar Abneigung gegen Farbige durchblicken, vor allem gegen betrunkene Neger; Türken hingegen fand er hell und also schön. Haschischkonsum, obwohl der Koran ihn gar nicht verbot, sah Rumi als so verwerflich an wie Päderastie (seinem Biographen Aflaki zufolge). Gegen seine korankompatiblen Passagen lassen sich seine weisheitsvollen Tat-twam-asi-Passagen mit der Lupe suchen. Auch als Dichter verharrte er im Käfig jener Formalitäten, die seit Saadi und Fariduddin 'Attar das Genre Lehr-Epos ausmachten: Jeder funkelnden Parabel hängte er eine brave, dürre Moral von der Geschicht' an, oft eine enge und schematische, wenig erhellende. Kaum erzählte Rumi die Mär eines alten Narren, der mitten auf einer Durchgangsstraße einen Baum pflanzte und dessen Ausreißung ständig zugunsten des Baums verschob, sodaß spätere, ökologisch vorbelastete Leser im Abendland lächeln mußten und mit Baum und Mann sympathisierten, hieß die enttäuschende Moral dann bloß, man solle Untugenden schon im Keim rechtzeitig ausrupfen – schade drum!

Übersteige dich, bis dir die Sterne untertan sind!

Die Lebensgeschichte von Rumis Seelenfreund Schamsuddin von Täbriz (1204–1248)

Der Geburtsname von Schamsuddin (Schamseddin = Sams ad-Din Mohammed Ben Ali ibn Malakad Tabrizi = Sonne des Glaubens) lautete Muhammad Malekdad. Drei Jahre vor Rumi geboren, in der erdbebengeschüttelten, von Sarsam (Meningitis), Maschara (Blutgeschwülsten) und Hunaq (Diphterie) heimgesuchten Seldschuken-Metropole Täbriz, von Türken überlaufen und unterwandert, sah er bereits als Kind Allah, alle Engel und anderes Übersinnliche mit Selbstverständlichkeit und wunderte sich dann bald, daß andere nichts dergleichen sahen. Sein Vater, ein Textilexperte, alias: Tuchhändler, und er: die alte archetypische Konstellation: Geschäftstüchtiger Realist (à la Tuchhändler Giovanni Bernardone oder Hermann Kafka) zeugt Taugenichts mit höheren Interessen (à la Francesco von Assisi oder Franz Kafka).

Nachdem er, der ab irgendwann Schamsuddin hieß, von den Täbrizerinnen Goldstickerei gelernt hatte, wanderte er als analphabetischer, umso beredterer Qalandar (Wanderderwisch) unstet durch die Lande, leicht verlottert, stets in schwarzen Filz gehüllt. Manchmal webte er Hosenbünde mit Hosenkordeln und trug bald den Beinamen Zarduzi (Goldsticker), und auch Tayyar (Fliegender), genau wie Dschaffar ibn Ali Taleb, der von Allah zwei Flügel erhielt, um zum Paradies zu fliegen. Er hieß auch Paranda (fliegender Schams), weil es oft so aussah, als vollzöge er verblüffend schnelle Ortswechsel, geographisch gesehen. Regeln und Rituale, gute Laune, Heuchelei, Lob verachtete er. Sein Lehrer Abu Bakr-i Tabrizi-i Sallabaf, der Körbe flocht, genügte ihm nicht. Auhaduddin Kirmani (gestorben 1238), der sein Schüler werden wollte, ward abgeschmettert; Schamsuddin suchte selber einen Lehrer. Seine Gegner, die sich vermehrten, stieß er mit geistlichem Hochmut genauso oft und gern vor die Köpfe wie seine Anhänger, die sich kaum vermehrten. Schriftgelehrte beschimpfte er als »Ochsen und Esel«. Er handelte wie alle Lehrmeister, die nicht zum Götzen werden und ihre Schüler auf Verblüffungs-Basis von der Verehrung des Individuums heilen wollten (von Meister Marpa in Tibet, der seinen Schüler Milarepa zur Verzweiflung trieb, bis zum späteren Sufi Gurdijeff, der Vegetariern Fleisch vorsetzte und Carnivoren Körner).

Vom Wort her klang »Schams« arg vorislamisch; Schams war ein Götze der Banu Tamim gewesen, und Hauptgottheit der alten Sabäer (Sure 27,24), und auch, nach Stabo, Hauptgottheit der alten Nabatäer, also nicht ganz unidentisch mit Helios. Mitten im Monotheismus, der die Morgengebete extra vor Sonnenaufgang vorverlegt hatte, um der Gefahr, zur blendenden Sonne – statt zum unsichtbaren Allah – zu beten, kleinzuhalten, ging in Schamsuddin al-Täbriz erneut die poetische »Sonne des Glaubens« auf, knapp zur Genitivmetapher verdünnt und erniedrigt.

Da das Paradies von Widerwärtigkeiten umgeben sei, Schamsuddins Lehre zufolge, habe man just bei Unbill Grund zum Jubel. Wenn Wechselfieber ihn schüttelte, tanzte er lachend vor Vorfreude auf seine baldige Genesung; und umgekehrt: In gesunden Tagen lief er finster herum aus Bange vor Umschwung und Erkrankung. Bei einer anderen Sitzung lag gedrückte Stimmung auf allen Derwischen. Schamsuddin behauptete, irgendwer hätte sich eingeschlichen. Man fand aber keinen Eindringling, sondern bloß ein Paar Schuhe, die keinem gehörten. Die entfernte man – prompt wurde die Gesellschaft heiter und gelöst. Rühren ließ er sich nur von einem mystisch frühreifen Knaben, der in seinem Zimmer, den Kopf auf den Knien, sich Ekstasen und dem Gelalle von Versen hingab, die die Eltern nicht zu unterbrechen wagten und um deren Wiederholung der lauschende Schamsuddin bat, doch der Knabe verweigerte dies und starb mit achtzehn.

Gelegentlich verglich sich Schamsuddin mit Sagenheld Rostam, der in Firdusis »Schahname« auf die Frage des mythischen Riesen »Wohin soll ich dich schleudern?« nicht um Gnade winselte, sondern erwiderte: »Wirf mich auf den höchsten Berggipfel, damit meine Knochen von dort aus meinen Ruhm verkünden.«

Gern erzählte er von jenem Mann, der jahrelang sein Ziel vergeblich gesucht hatte, dann seinen Kopf auf einen Ziegelstein legte, davon träumte, was er gesucht hatte, aufwachend den Ziegelstein küßte, ihn immer mit sich trug, vor jedem rühmte, ihn jedem zum Begrüßen und zum Berühren hinhielt.

Scheich Schamsuddin, der Rattenfänger von Täbriz, lehrte nicht Mystik für Anfänger, sondern für derart Fortgeschrittene, daß er selbst sattelfest eingesessene Obergurus zu verblüffen verstand. Keiner verstand ihn, wenige mochten ihn. Zu Allah betete er: »Gibt es nicht ein einziges unter Deinen Geschöpfen, das meine Gesellschaft zu ertragen begehrt?« Das konnte beides heißen: seine Provokationen oder seine optische Schönheit zu ertragen. Dieses Geschöpf fand er bald. Eine Eingebung verwies ihn zum nicht unbekannten, drei Jahre jüngeren Dozenten juristischer und religiöser Wissenschaften (nach anderen Quellen: zwanzig Jahre jünger). In Konya traf er Ende Oktober 1244 ein, stieg zunächst im Khane (Zunfthaus) der Zuckerbäcker ab, oder auch im Gasthaus Princiler. Mit seiner unorthodoxen, schier blasphemischen, jedenfalls wahnwitzigen Frage, wer größer sei, Muhammad oder Bayazid, ließ er Rumi erbleichen und ohnmächtig zu Boden sinken, manche sagten hinterher: vom Kamel aus; andere sagten später: Schamsuddin saß hierbei auf einem Sofa am Eingang der Karawanserei. Nach wieder anderer Überlieferung war das Kamel ein Esel, und Schams pöbelte den konsternierten Akademiker an, riß diesem dessen Manuskript aus der Hand und warf es in einen Brunnen mit den Worten: »Soll ich's wieder rausfischen? Es wird ja dann trocken sein.« Ein Matrose berichtete später, die erste Begegnung sei die zweite gewesen; sie hätten sich bereits früher in Damaskus getroffen, und zwar mitten im Menschengewühl. Alsbald hieß es zudem, Schamsuddin sei vorher die Begegnung mit Rumi verheißen worden. Eine seltsame Beziehung zwischen diesen beiden ergab sich, die sofort in Freundschaft ausartete. Zwischen den fast Gleichaltrigen pendelte sich die Frage, wer von beiden als wessen Schüler oder auch Meister sich aufspielen oder sich erweisen würde, zunächst nicht sofort fraglos und sonnenklar ein. Der Wanderderwisch jedenfalls hebelte den Schullehrer ziemlich aus, durch sinnverwirrende Suada, prüfte ihn, legte ihn rein, machte ihm seine Lieblingslektüren madig, befehligte ihn herum, verlangte verbotenerweise mit Wein bedient zu werden, was dieser sofort untertänigst ausführte – geistlicher Härtetest? Machtkämpfe? Psychospielchen mit viel Peitsche und viel Honig? Fopperei?

Wenn Rumi masochistisch gekrochen kam, sein Leben als Pfand anbot, winkte Schamsuddin ab: »Was fällst du zur Last? Verpiß dich!« Altertümlicher übersetzt: »Hebe dich von hinnen!«

Verabschiedete Rumi sich zaghaft und wollte nicht stören, lachte Schamsuddin: »Bleib doch!« oder: »Du Tor, komm!« Wenn Rumi irgendwas wünschte, vertagte Schamsuddin: »Morgen.« Wenn Rumi einen nicht genehmen Vergleich aussprach, wie »Rose«, schlug der laut Rumi »rosenwangige« Schamsuddin dem Dichter auch mal auf den Mund, vermutlich recht unmetaphorisch. Schamsuddins bitteres Angesicht wurde zum Zentrum von Rumis Heiligtum. »Ich will deinen Kopf!« sagte Schamsuddin, und Rumi reichte ihn ihm als Gabe.

Schams verlangte ein Shahid (Beweisstück), ohne näher zu spezifizieren, was für eins. Zögernd ward ihm Kira Khatun, Rumis Ehefrau, zur Verfügung gestellt, die aber Schams als Dienerin plötzlich ablehnte, um statt ihrer einen Knaben zu verlangen, den der dann auch bekam. Rumis Erstgeborener, Baha'uddin Sultan Walad, diente zeitweise seinem Herrn Schams.

Da ließ Schamsuddin den Befehlston fallen und beugte selbst sein Haupt vor dem Unterwürfling. Im Lauf von Wochen und Monaten krempelte Schams Rumi um, polte ihn um, holte ihn auf die frühere, nämlich nomadische, analphabetische, oft schriftfeindliche, schamanistische Kultur- und Religionsstufe (ewenkisch: schaman = erhitzt) zurück, um zugleich diese zu der Zeit historisch längst überholte Stufe als die attraktivere, höhere zu verkaufen, aber nicht als

Bauernfänger, sondern als Bauer oder Handwerker. Ein Goldsticker fing einen studierten Mann ein und verstand ihn abhängig zu machen, bis süchtig. Die inhaltlich lehrbare Weisheit des Schamsuddin kann es schwerlich gewesen sein. Nie gehörte Gedankeninhalte kamen da kaum zum Zuge. In seinen Aufzeichnungen flackerte er rätselhaft und sprunghaft herum. Die halbseidenen Aussprüche, Repliken und Parabeln, die er runterrasselte, in denen Kamel und Ameise Gewässer überqueren wollen und von denen Rumi eine im »Fihi ma fihi« überlieferte, allwo Stricke in eimerlosen Brunnen reißen, in denen schwarze Gespenster hausen und knifflige Quizfragen stellen, flachten neben Rumis eigener Bildersprache deutlich ab. Dieser Derwisch wirkte vielmehr durch seine spezifische, irritierende, suggestopädische, halb farbig, halb düster schillernde unrekonstruierbare Eigenart, durch möglicherweise halladsch- oder rasputinartig brennende Blicke, die als lebendiges Augenspiel rüberkamen (späterer Psycho-Jargon würde das alles »Persönlichkeitsausstrahlung« nennen und zum Befund kommen, daß er polarisiere). Schwarze Locken, laut Rumi, trug er, die er beim Kämmen heftig zurückzuwerfen pflegte, sowie ein Kinngrübchen (also keinen Bart?!).

Schams maßte sich an, bekannte verstorbene Mystiker nach Grad und Art ihrer Trunkenheit und ihrer Relation zum Hawa (Schwarmgeisterei) und zum Ruh (wahren Geist) abzustufen, rechnete Auha'uddin Kermani ganz zum Hawa. Einem namens Imad wurde zugebilligt, später dann doch noch vom Ruh berührt worden zu sein. Sayyid Burhanuddin Muhaqqiq, Rumis Lehrer, hingegen sei, sagte Schams, von wahrem Geist trunken gewesen, mehr als Rumi. Schamsuddin, der alle nur herunterputzte und überall nur die Luft rausließ, erkannte in seinem plätzeverteilenden Drang immerhin Rumi den Rang eines Rubins zu, während er dem damals in toto viel berühmteren Universal-Giganten und Eckpfeiler der Gelehrsamkeit Muhiuddin ibn Arabi nur die Stufe eines Kieselsteins zubilligte. Viele debattierten, ob Schams ein wahrer Heiliger sei oder nicht. Er kümmerte sich nicht um diesbezügliche Zwischenergebnisse. Um Rumi davon zu befreien, sich ständig einseitige falsche Vorstellungen von ihm zu machen, nahm er sich vor, sich einmal ungeschminkt zu zeigen. Er behauptete, Rumi bestehe bloß aus Dschamal (Schönheit), er selber aber aus einer Mixtur aus Dschamal und Zischti (Häßlichkeit).

Die Sonne (Schams), vor der – laut Rumi – die Welt als Vorhang hing, sah sich vom schmeichelnden Sonnenstäubchen Rumi umkreist. Und ließ sich von ihm gnädig mit hochgezogener Augenbraue »Lebensspender« titulieren, »Wonne des Wissens und des Handelns«, »Rosenbeet und Garten der Welt«, »Auge und Lampe der Welt«, bis hin zu »Ränkeschmied«, »Schalk« »unheilbares Leiden«, und zu »einem Meer voll Perlen, mit bitterem Angesicht«.

Den Dauer-Höhenflug der närrisch wahnverwandten Quasi-Dioskuren besah die normalgebaute Umgebung immer skeptischer, mißgünstiger, scheelsüchtiger. Schamsuddin war allen ziemlich unsympathisch, oder gar unheimlich. Man zerriß sich das Maul über seine dubiose Abstammung. Es hieß, er könne Dämonen bezwingen und triebe Geheimkünste, aber in Gesellschaft konnte er davon genauso wenig wie alle anderen, oder hielt sich zurück. Einmal rühmte dieser Derwisch in zweischneidiger Hymne auf einen Henker, daß dieser die Seelen aus dem Kerker ihres Leibes befreie, und schon lief ihm dieser Henker, den noch nie einer gelobt hatte, als Muride (Schüler) zu. Weil Schams sich über den Derwisch Qutbuddin Ibrahim ärgerte, ließ er ihn ertauben, gab ihm später das Gehör zurück; ihm blieb aber eine Beklommenheit zurück (was spätere Zeiten wohl mit »Depression« übersetzen würden), die sich auch durch Schamsuddins Auffordungen, fröhlich zu sein, nicht auflockern ließ, bis dann Qutbuddin auf dem Markt hinstürzte und rief: »Es gibt keinen Gott außer Gott, und Schamsuddin ist sein Prophet!« Daraufhin ließ Schams einen Mann, der Qudbuddin verdrosch, tot umfallen. Entweder kursierten Gerüchte, Schams habe in einer Moschee, in der er übernachtete, einem Muezzin oder Türhüter, der ihn rauswerfen wollte, durch Geisteskraft Hals und Zunge anschwellen lassen und dann dessen klägliche Erstickung nicht verhindert, oder man bauschte erfundene Geschichten auf, um den

Derwisch noch zwielichtiger finden zu können. Oder Schamsuddin-Biograph Aflaki übertrieb hier heillos die »Lizenz zum Töten« eines religiösen Agenten 007. Fiese Ansichten wie »Was also heult ihr beim Märtyrertod von Aliden!?!« (*Maqalat, Abschnitt 271*) verstreuten ihre Spur bis hinauf und hinein in Rumis späteres Mathnawi, Buch 6, Vers 797 f., falls dies nicht sowieso Zeitgeist diktierte.

So oder so, man strebte den Störenfried rauszuekeln. Man erhoffte Rumi zu beruhigen, durch Abschwächung der allzu geistlichen Flöhe, die der hergelaufene Spinner ins Ohr des ortsansässigen Gottsuchers gesetzt hatte. Schamsuddin al-Täbriz setzte sich selbst rechtzeitig, nach zwei strapaziösen Jahren, 1246, spätestens nach allerlei Flüchen und Drohungen, freiwillig ab. Er ging zurück nach Syrien, nach Täbriz, wohin ihn Dutzende, dann Hunderte sehnsüchtiger Klage- und Lockbriefe seines Busenfreundes verfolgten, ehe Baha'uddin, Rumis just volljähriger Sohn, ihn nach Monaten in Damaskus aufspürte, mit Edelmetallgeschenken und vorbereitetem Reittier zurücklockte. Auf vierwöchiger Rückreise bediente Sultan Walad Schamsuddin persönlich und lernte tiefsinnige Weisheiten von ihm. Obschon Schams sich weniger abhängig gab von dieser seltsam heftiglichen Freundschaft, fiel das Wiedersehen beidseits überaus überschwenglich, kuß- und tränenreich aus. Schamsuddin heiratete nun Kimiya (d. h. Elixier) Khatun, ein Pflegekind des Rumi-Clans, laut Faridun Sipahsalar Rumis Tochter; die Verbindung war eingefädelt von Rumi, sehr zum Mißfallen von dessen zweitem Sohn Alla'uddin Celebi, der Kimiya längst liebte und sie sich nun fortgeschnappt sah. Um in sein Zimmer zu kommen, mußte Alla'uddin in der Enge des gemeinsamen Hauswesens stets durch Schamsuddins Zimmer, der ihm Vorschriften machte, und dies in Alla'uddins Vaterhaus! Schamsuddin, von Anfang an gewaltsam einquartiert, machte sich immer unbeliebter, stand als narzißtischer, möglicherweise auch objektiv sehr gutaussehender, scharfzüngiger, unkeuscher Yussuf im Dunstkreis benachteiligter, dumpfer, sich dauerhaft verulkt fühlender und arrogant abgefackelter Brüder, Familienmitglieder, Hausdiener. Eine neue Variante auf die archetypische Situation zwischen dem schönen hochnäsigen Yussuf (Joseph) und seinen normalgebauten Brüdern. Im immer verfilzteren Chaos hausinterner Klimaverschlechterung, Querelen, Mobbing, altertümlicher gesagt: von Häme, Rangelei, Fama und Kabale, drohte Schamsuddin wiederholt, für immer zu verschwinden. Doch diesmal so, daß ihn keiner mehr finden könne! Man brauchte kaum nachzuhelfen. Alsbald kam Schams unerwartet heim, rief nach Kimiya, erfuhr, sie sei ohne seine Erlaubnis mit Sultan Walads Großmutter in den neuen Gärten spazieren gegangen, Schams brauste auf. Kimiya kam zurück mit Nackenschmerzen, wurde passiv wie ein trockenes Stück Holz, das nur noch wimmerte und nach drei Tagen starb, was natürlich alle an die dicke Zunge des unseligen Muezzin erinnerte. Das heizte die schlechte Stimmung weiter auf. Wenig später verschwand der eingeheiratete Wanderderwisch tatsächlich, ohne Abschied. Sein zweiter Abgang war noch abrupter, gruß- und spurloser als sein erster und blieb so geheimnisvoll und ungeklärt wie bei Empedokles, Henoch, Al-Hakim bi Amrillah, Osama bin Laden, Saddam Hussein u. a. Schamsuddin al-Täbriz tauchte nie wieder auf.

Wenn alle meine Teilchen Wollust mit Gott treiben

Die Lebensgeschichte von Rumis Vater Baha'uddin Walad (1150–1231)

Walad (d. h. Sohn, Kind), wie im Orient jeder Bub gerufen wird, wuchs auf im Land eines goridischen Königs, am nördlichen Quellfluß des Oxus (heute: Amu Darja), stromaufwärts von Balch (im späteren Tadschikistan), sehr abgelegen, bei Wahsch (Lewkand, Sang-tuda). Als Kind hatte er zu leiden unter seiner Mutter, einer zänkischen Frau (Name nicht überliefert).

Baha'uddin wurde kein Schulhaupt, schuf weder Werke über seine theologischen noch seine juridischen Schwerpunktgebiete. Wegen Mißhelligkeiten mit dem Khwarismschah (Oberhaupt), auch wegen Mongolengefahr, reiste der eher seßhaft hinterwäldlerische Baha'uddin Walad um 1211 mit Familie durch Persien, Mesopotamien, Arabien, Syrien, Kleinasien, nach Westen, in kühnem Slalom, genauer: nach Bagdad, Kufa, Mekka, Malatya, Ersindschan, Akschehir, Samarkand und anderswohin, langjährig als Dauerflüchtling oder Völkerwanderer, um am Schluß in Konya zu landen. Befragt, von wo nach wo er reise, erwiderte er: »Von Allah nach Allah.«

In seinen Aufzeichnungen aus elf oder mehr Jahren seines Lebens – Ma'arif (Erkenntnisse) – schwadronierte Baha vor sich hin, uneinheitlich, ungeglättet, überaus locker vom Hocker. Religiöse Tagebücher und Selbstgespräche verfaßte er, Steinbrüche, von keiner Reimnot verunziert, unangekränkelt von Publikationsabsicht oder Abrundungswillen. Einfälle kollerten da, Eselsbrücken für Predigtentwürfe, Persönliches, Erinnerungen, jede Menge Hikmat (Weisheit) und Hulasa (Zusammenfassungen). Ab und zu trug er allerlei Muridan (Novizen) und Qawm (Leuten) aus seinen Ma'arif vor, dem reizvollen Provisorium. Bisweilen predigte er so ergreifend über das Jenseits, daß reihum die Zuhörer zu weinen anfingen, dank ihres Pilotschluchzers Nuruddin, bis das allgemeine Geheul auf den Prediger selber übergriff. Seine Gattin Mumine Khatun erwähnte er in diesen Notizen nie, dafür aber zwei Nebenfrauen, die ihm wiederum keine Kinder gebaren; die eine hieß Bibi Alawi. Seinen kleinen Familien-Harem, aus dem ihm etlicher zwischenmenschlicher Unbill erwuchs, tat er ab als Wollusttreiben, Frauen- und Kindersammeln, unwichtig neben Allah. Leute, die ihm lang und breit von ihren geistlichen Bemühungen erzählten, ödeten ihn an, weil sie ihm Zeit stahlen, in eigener Sache um Allah zu kreisen. Seine drei Söhne griffen seine mystischen Tendenzen überhaupt nicht auf, auch sein zweiter Sohn nicht, Muhammad Dschelaluddin Walad (der später als Rumi weltberühmt wurde).

Marktgeschrei, kursierende religiöse Lehrmeinungen, Sektenstreit, schiitisches Parteigezänk, ideologisches Hickhack der Mutakallim (Scholastiker), Wadschidun (Ekstatiker), Usuliyan (Grundlagentheoretiker, später auch »Fundamentalisten« genannt), Ibahatiyan (Libertiner), Karramiten, Schafiiten, Aschariten, Rafiditen, Zoroastrier u. v. a., inklusive x Sondergrüppchen – diese Unübersichtlichkeit und Gemengelage damaliger Ansichten und Sichtweisen, diesen haltlos spaltungsfreudigen Pluralismus mitten im allumfassenden Islam bereicherte Baha um eine weitere Variante. Zeitweise schien er am ehesten maturiditischer Hanafit zu sein, also Anhänger von Abu Hanifa, ohne sich darin zu erschöpfen. Er schwankte zudem zwischen qadaritischen und dschabritischen Tendenzen, Varianten, Theoremen und empfahl, je nach Situation das Lager zu wechseln: bei religiöser Erhitzung Qadarit, bei Gafla (religiöser Erschlaffung) Dschabrit zu sein (die er »tot und frech« nannte). Öfters disputierte Baha mit Nadsch, einem Traditionarier, über ihrer beider inhaltlicher Überlappungen. Fragte ihn ein Mulhid (Gottverächter), ein Wortverdreher, ein Ismaelit oder ein Aristoteliker, wo Gott sei, innerhalb oder außerhalb der Welt, antwortete Baha: »Weder noch« – ein anderes Mal auf dieselbe Frage: »Sowohl als auch.« Oder auch: »Diese Frage ist falsch gestellt. Ein Gott ist nur der, der über jede Unvollkommenheit, die dem Gottsein widerspräche, erhaben ist. Daß er an einem Ort sei, würde heißen, daß er an diesen Ort gebunden wäre, unfähig, diesen Ort zu schaffen. Du könntest ebenso gut fragen: ›Wie kann ein Weißsein schwarz sein?‹«

Heil- und Sternkundler kamen Baha gottlos oder unnötig vor: Krankheiten glaubte er, statt pharmazeutisch, religiös abwehren zu können. So suspekt wie die nach wie vor nicht von Allah zu überzeugenden Muschrikun (Beigeseller/Götzendiener) oder auch Butparast (Idol-Verehrer), die sich selber anders nannten, z. B. Buddhisten, und der Irrlehre der Tanasuh (Seelenwanderung) anhingen, kamen Baha die offenbar unausrottbaren Feueranbeter vor. Und obwohl er Dschubba (Kutte) und sonstige Sufi-Attribute trug und Sufi–Lieblingsthemen teilte, wie unmittelbare Gottesschau u. ä., mochte Baha nicht jenen Faulenzern und Sufis, die er sah und traf, weder strengen noch gemäßigten, zugezählt werden. Vor allem die Musik derer, die plaudernd, nutzlos, arbeitslos verwildert in ihren Sufikonventen herumhingen, herumsaßen, aßen und trommelten, bezeichnete Baha als »leeres Geschwätz«, das nur das innerliche Hören behindere. Betrunkenen Türken gegenüber, die ihm den Turban wegnehmen wollten, ihn als Ibahati (Freigeist) beschimpften, betrieb er Grußverweigerung und erschien alsbald mit extra großem Turban. Auch mit hochfahrenden Licht-Theosophen à la Schihabuddin Yahya as Suhrawardi zog Baha nicht an einem Seil. Vor allem focht Baha theoretische Differenzen mit den puristischen, dogmatischen, rationalistischen, um nicht zu sagen: hermeneutischen Mutazila (den sich Absondernden) aus, widersprach heftig deren Lehre, selbst nach dem Tod sei es unmöglich, Allah zu schauen. Namhafte Theologen sprachen den Engeln die Liebe ab; Baha hingegen gestand sogar Engeln Maza (Lust) zu; Ghazzali, vier Generationen vorher, bevorzugte das Wort Ladda (Genuß). Im theologischen Zwist, ob alle Dinge das Lob Gottes sängen (Sure 17/44) oder nur belebte Dinge (dieselbe rabulistisch-scholastische Kontroverse, ob man als Pflanze wiedergeboren werden könne, trieb buddhistische Theologen um), schloß der Theologe Fachruddin Razi, aus Gegenwehr gegen Seelenwanderung, das Unbelebte mit cartesianischer Kaltherzigkeit aus; Baha hingegen votierte sehr dafür, daß sogar die Teilchen einer Leiche Allah verherrlichen würden, ein jedes Teilchen in seiner Sprache. Kaum hatte der hanbalitische Jurist Ibn Aqil (gestorben 1119) falsifiziert, auch Steine, Tiere, Pflanzen trügen religiöse Verantwortung, dokterte Baha an der Restituierung genau jener guten schönen alten Sichtweise von der Abwesenheit von Dschamad (des Unbelebten) und Gafla (religiöser Gleichgültigkeit). Statt Kollegen oder Altvordere zu zitieren, griff er dankbar deren Begriffe auf, à la Be-ciguna (ohne wie), Quddusi (Hochheiligkeit), Sabbuhi (Unbeflecktheit), Kunandagi (Machendheit), Tasarrufat (Verfügungen), Kull (Ganzheit), oder auch Be-cigunagi (Ohne-Wieheit), und machte – fern von Nachbeterei – selber was draus, auch aus so diffizilen Termini wie Huwiyya, was versuchsweise mit Ipseität, Entitas oder auch Essentia übersetzt wurde. Das Wort Hurmat ließ sich mit Integrität übersetzen, auch »körperliche Unversehrtheit«, auch »fremde Frau«. Also als denkfreudiger Drauflosdenker, als ichbezogener bis subjektiver Selbstdenker (hwad-kar = selbsttätig) betätigte sich Baha, mit viel Gespür und Fingerspitzengefühl für Höheres, viel Verstandeskraft und Hudschdschatti (Argumentierung). Thomas von Aquino, bei Baha'uddin Walads Tod sechs Jahre alt, hantierte mit Termini wie Immerheit, Wesungsform, Gesinnbegehr, Beischaften, Entlösungen und Verstehheiten; Baha erging, vergrub, verbiß sich in Irritations-Abstrakta à la Erbarmerschaft, Gnädigkeit, Mitheit, gab aber all diesen Begriffen, Zentralbegriffen und Motiven, komisch eingehüllt in sanfte Naivität, durchweg einen Drall ins Schräge, krumm und verdreht. Oft klangen die seltsamlichen Gewichtungen, Weiterungen, eigenwilligen Aus- und Umdeutungen, die der Sonderling ins rundum Überlieferte einbaute, eher gnostisch – oder auch platonisch bis plotinisch – als islamisch.

Mit Allah auf bestem Duzfuß, schaute, sah und fühlte Baha'uddin Ihn jetzt schon und – riß mitten im Gedankengang oft das Steuer herum, segelte einem Gegengedanken in die Arme, stolperte in reizvollen Widersprüchen herum, wodurch in summa ein hochmodernes Work in progress zustandekam, tausend Jahre bevor Werkbegriffe sich modernerweise auflösten in Fragmentgeflatter und Mosaikgeschredder. Bahas Gedankenflora und Gefühlsergüsse atmeten Spontaneität, Lebensnähe, Stegreif-Frische; auch dank deftigen Ausdrücken wie »lustgefühlkauende Zähne«. Sprachlich schwamm er gern, wie persische Märchen und vor allem Nizami, in Genitivmetaphern: hingegeben »dem Antimon des Lerneifers«, jederzeit »die Beinspange der Dienstbeflissenheit« tragend und nur selten die »Kette der Gottverlassenheit«, unterwegs »in den Schuhen der Herumlauferei«, rührte er »in der Suppe der Verzückung«.

Die Berge halten sich, laut Baha'uddin, den Finger der Verblüffung an den Mund angesichts der Wunderbarkeiten ihrer Adschza (eben Teilchen, sprich: Atome, Elementarteilchen), Singular: Dschuz-i la yatagazza, kurz: Dschuz. Mit Teilchen, an denen er einen Narren fraß, jonglierte Baha derart oft und ausgiebig hingegeben herum, dachte ständig an sie, fühlte sich voll Emphase, Empathie, Enthusiasmus in sie ein, bis die Teilchen bei ihm zur Idée fixe mutierten. Er krallte sich inniglich an ihnen fest; er lud sie alchimistisch, galvanisch oder energetisch auf. Als Baha wissen wollte, wieso das Herz rot sei, schloß er die Augen und sah, wie jedes Farbteilchen sich an Allah festkrallte und seine rote Nahrung von dort bezog. Sobald Baha, als Wirt seiner Teilchen, an Allah dachte, spürte er alle seine voll und ganz und durch und durch beteiligten, hocheffektiv mitschwingenden Teilchen ebenfalls Allah verehren, sich Allah zuwenden, Allah sich huldvoll nähern. Zum Dank ergab die Summe aller Teilchen, aus denen er bestand, punktgenau ihn. Daß Mystiker um kreisende Atome kreisten, lag offenbar in der Luft: Fariduddin 'Attar aus Nischapur, vierzig Jahre älter als Baha'uddin, hob oft ein Atom als Maßeinheit hervor, um die Minimalität der Welt an ihm zu demonstrieren; Bahas Atome traten nur im Plural auf. Atome sah er als Ameisen wimmeln, als Mücken, Sperlinge und Dschanwar (Tierchen), trotz ihrer vorsokratischen Physikhaftigkeit, als innigen Verein aus Brüderchen. Er, der griechische Philosophie ablehnte, sprach ihnen sogar, im Gegensatz zu x griechischen Atomisten, Geistesgaben zu. Bahas Atome ähnelten weniger Demokrits vergleichsweise bereits arg nüchtern gebauten Atomen als vielmehr Empedokles' liebenden und hassenden Seinsteilchen, die Baha sich anisotrop vorstellte, moderner gesagt: bilateral; die einen als weiße, wach gewordene, vorwärtsschwänzelnde Lichtpartikel oder -korpuskel, die andern als unbewußte, unerleuchtete schwarze Kaulquappensorte, alle beiden Sorten Zöglinge Allahs, gefesselt an Allahs Lebensodem. Oder auch zweigeteilt als ob- und subjektive Teilchen: Dschuz-i wudschudi (Daseinsteilchen) und Dschuz-i idrak-i man (Wahrnehmungsteilchen), zuzüglich Darra. So schmuggelte er eine feinziselierte, um nicht zu sagen: polygame, schier polymorph perverse Sprunghaftigkeit in des einzigen Gottes Homogenität ein, Schwarmintelligenz, präfraktale Selbstähnlichkeit, Mit-sich-selbst-Identität und Yaganagi (absolute Einheit). Ständig spaltete, faserte, zerspellte sich, sobald speziell Baha daran dachte, alles Mögliche auf. Wie er sich selbst in die zerfleddernde Summe und den spirituell schwirrenden Harem all seiner körperlichen, seelischen und sonstigen Teilchen zerfallen ließ, so zerfiel Gott zumindest in drei Anteile: in Taten, Wesen und Eigenschaften, die Baha einem Kranz von Großstädten rund um das Zelt Allahs verglich. Im Gewühl, Gefecht und Getrommel kursierender und sich verzettelnder Lehrmeinungen unterlag auch Bahas Ich einer Art Ichzerstäubung.

Dieser Madschdubun (ein Hinangezogener), der Allah nach verborgenen Regungen absuchte, sprach so lange von Gottes Nawazischhay (Zärtlichkeit), bis sein Gott all diese zarten Attribute, die Baha ihm zutraute, tatsächlich immer deutlicher zeigte. Die unendlich weite Entfernung zu Allah überbrückte Baha, der sich mit »einem brodelnden Kessel und weiter nichts« verglich, problemlos via Abkürzung. Man müsse den Schleier, den er als osmotisch perforierbare göttliche Haut sah, quer durchbrechen, und nicht der Länge nach drunter durchkriechen, denn Gott liege der Welt auf der ganzen Länge an und sei ihr überall unendlich nahe. Baha drang in

jeden der 99 Namen Gottes liebevoll ein, verweilte darin pro Namen einige Tage, wie in einem Mantra, trank aus jedem Namen Wein, dann aber wurde er des Namens ein wenig satt, rief »Hilfe!«, auf daß ihm Gott aus diesem einen Namen Allahs heraus- und hineinhelfe in einen anderen der 99 Namen, so lange, bis er als frei und hier und da naschhaft flottierender Mystiker in einem Namen Gottes ankam, worin es ihm besser gefiel als in 98 anderen Namen. Mehrfach übertrat Baha sein eigenes Verbot, Allah andere Namen zu geben, als Gott sich selber gab.

In allen Dingen sei Gewaltsamkeit ungut; mit solch mangelnder Kampfeslust stand der liebestrunkene Baha'uddin in der hitzegegerbten, repressiven, frauenfeindlichen, waffenfetischistischen, hartgesottenen, oft arg humorlosen Hardliner- und Machogesellschaft ziemlich allein da, als wandelnde Gegenmelodie der Verinnerlichung, zartbesaitet, ein Softie, unmoderner gesagt: Memme und Weichei. Für einen Wüstensohn und Mann sprach Baha'uddin ausnehmend oft von grünen Pflanzen, sogar vom »Wandern im Grünen«. Selbst seine antiintellektualistischen Argumente gegen Verkopfung klangen bei ihm angenehm verträglich: Fausts Polemik contra Stubengelehrtheit, Lehnstuhlphilosophie, Sekundärliteratur, »Sitzt ihr nur immer, leimt zusammen, braut ein Ragout aus anderer Schmaus«, lautete bei Baha'uddin so: »Aus lauter Gier – so bist du – willst du die Bissen aller Gelehrten mit deinem Mund verschlingen: Grammatik, Lexikographie, Grundlagendogmatik, Rechtslehre und anderes. Da bist du nicht in den Banden der Wollust, sondern in den Banden des Wunsches, möglichst viele Dinge in deinen Mund und Bauch zu stopfen. Sei lieber in den Banden der Wollust!« Ungläubige, die der Islam oft bekehrte und bekämpfte, wurden von al-Ghazzali und Baha'uddin Walad verteidigt: Wenn es keine Weltmenschen gäbe, wie würde dann das Diesseits bestellt? Genauer: »Wäre nicht die Gier der Papierhersteller, ihre Ware loszuwerden, wo sollten die Frommen den Koran hinschreiben?« Rumi spitzte das später zu: Ein Stoffweber und Wäscher dürfte nicht Vorbeter werden wollen, auf daß die Menschen nicht nackt beten müßten, also sei

Gott darauf bedacht, daß gewisse Menschen dem Jenseits den Rücken kehrten. Baha'uddins Gott warnte, ermahnte, maßregelte, verfluchte praktisch nie als eifernder, zornmütiger, strafender, neuzeitlich gesagt: cholerischer Gott, drohte nie vorwurfsvoll haßglühend alle Übeltäter, Ruchlose, Munafikun (Heuchler), Verworfene, Eidverletzer, Gehorsamsverweigerer, Abtrünnige ins Höllenfeuer zu verweisen; kündigte Frevlern nie an, sie würden sich aus Angst in die Hände beißen; kreiste selten um Missetaten, Sündenreinigung, Strenge, Gerechtigkeit, jenseits legislatorisch-machtpolitischer Aspekte, meilenfern von Jahwes und Dantes Sadismus, sondern machte auf dem Weg vom Propheten bis zu fast allen Sufis, z. B. auch zu Baha'uddin, dieselbe Mäßigung und Wandlung durch wie Jahwe auf dem Weg von Abraham zu Jesus: Bahas Allah bewegte sich in all seinen Aus- und Durchsagen exakt auf dem drolligen Kuriositätsniveau Bahas, so sympathisch wie poetisch. Baha und Allah – vom Sprachcode her bestens kompatibel, zugunsten beider Beteiligter, auf Gegenseitigkeit. Baha ergötzte sich besonders an Redensarten wie »O Gott, schicke seinem Staub Freuden!«, und an anthropomorphen Suren wie 21,80, wo Allah die Berge und Vögel zwingt, mit David Bußlieder zu singen, oder Sure 17,44: »Und es gibt nichts, was Ihn nicht lobpriese.«

Von der erfreulichen Beseeltheit seelenloser Steine und latent beseelter Staubkörner schloß Baha logisch auf belebte Luft. Wasser sah Baha als ein religiöseres Element denn Feuer, das nur aufgeregt herumzappelte, Wasser aber floß fromm nach unten und vollzog also in Demut einen Fußfall vor Allah.

Trauben hienieden hatten nur deshalb Haut und Kerne, damit man nicht hier schon glaube, man wäre im Paradies. Hiervon sprach Baha derart oft und euphorisch, daß ein Sufischeich ihm vorwarf: »Wenn du dich hier im Diesseits damit zu sehr beschäftigst, wirst du im Jenseits damit nicht aufhören und also nie Allah schauen!« Baha erwiderte: »Vielleicht sind ja die Schön- und Großäugigen, die Schlösser und Gärten, Salsabil und Zandschabil (zwei Paradiesquellen, die in Sure 76/17 auch mit Ingwer und Wein übersetzbar sind) nur verschiedene Zustände eben meiner Gottesschau. Denn jedesmal, wenn du Allah schaust, empfindest du ein anderes Maza. Sieh dir nur die Arten an, wie Allah dich ständig in Seiner Hand und an Seiner Brust hat! Schmiege dich an Ihn und mische dich in Ihn wie Milch und Honig sich mischen, dann erlangst du alle Schönäugigen, Schlösser und Freuden des Paradieses gleich jetzt, glaub mir … und du schaust Allah.« Paradies allein genügte nicht, sein Verstand mußte es aufsplitten in Untersektoren, Teilabschnitte und Flüsse. Von Mawaddat (Liebe) redete Baha'uddin kaum seltener als von Mahabbat (Gottesliebe). Munadschat (Zwiegesang) besang er, ebenso Hususiyyat (Verbundenheit), Tarab (freudige Erregung), Tadschalle (Selbstenthüllung), berauschte sich beglückbar und glückstrahlend an Musahabat (liebender Beigesellung), sprach von herabgemolkenem Wudschud (Dasein), Muanaqa aste (Umarmung), Hulul (Einwohnung), und nicht zuletzt von Ittihad (Vereinigung). Rabiah al-Adawiya, Bayazid al-Bastami und andere Scheiche hatten das Paradies eher als Trennwand zu Allah betrachtet, womit nur abgelenkt werde von Allah, und sich also überhaupt nicht ins Paradies gesehnt, das Abu Ala al Ma'arri bereits freigeistig durchgecheckt hatte, als wär er ein arabischer Voltaire; Lüstling Baha'uddin hingegen schwelgte ungebrochen in paradiesischen Gedanken, Vorwegnahmen und Auspinseleien, träumte – wie Assasinen im Haschrausch – von drei gleichzeitig an ihn angeschmiegten Schönäugigen, deren Verkehr mit Allah sie »so schön und fett« machte (also frönte er dem später sog. Rubens-Ideal), von schönen Knaben, traubenweise Kindern, Tauben und gefütterten Sperlingen. Huris kamen bei ihm so gehäuft vor wie im späteren Diwan von Hafiz (und Goethe) und weideten auf Allah wie auf üppiger Wirtspflanze, als elfenhaft blühendes Geflinker. Auch wenn Baha in irdischen Zusammenhängen Wollust spürte und trieb, z. B. mit der Tochter des Richters Scharaf, deren Lippen er kaute, bis sie mehrmals ausrief: »Ah, wie schön!«, und die unter ihm zitterte und Ischqnamaha guftan (Liebesgeächz) hören ließ, bis sein Geist heiter wurde, seine Glieder in Funktion setzte und alle seine Teilchen (wer sonst?), von denen er gleichfalls verlangte, sie mögen fett sein, in Bewegung gerieten, spürte er – gemäß frei ausgelegter Sure 57,4: »Und Er ist mit euch, wo immer ihr seid« – Allah vollkommen als anwesend, nicht voyeuristisch oder triolistisch, sondern konstitutionell, als Durchflutungsgeist, ohne den die Menschen nur unbelebt herumliegen müßten, und alle seine Teilchen, seine Einfälle und er, tanzten haremsartig um Allah, genossen, über Maza hinaus, Laddat-i allah (Gottesgenuß), Suhbat-i allah (innige Zwiesprache, auch Koitus mit Allah), bis hin zum totalen Be-hwadi (Außersichsein). Entweder geriet Baha leicht außer sich vor Liebestrunkenheit, moderner gesagt: Erotomania, dies auch auf irdischer Ebene, oder er war um nichts lust- und sexsüchtiger als andere Menschenkinder, und gab es nur zu, und schrieb es nur auf. Zartbesaitete Vorliebe zeigte er für Worte wie Fardscharda (schön eingeweicht), was seinen Zuhörern möglicherweise denn doch zu direkt und fleischlich wurde (Fardsch = Möse). Aber kaum ein Kritiker oder Spötter schien Bahas einzigartig distanzlosen, enormen Riecher für Gott satyrisch belächeln zu wollen. Die breitwandformatigen Verschmelzungswonnen dieses in Atom-Apotheose inadäquat zutraulich, überschwenglich sich verausgabenden, übertrieben, indiskret, intim, ja: obszön kußfreudigen, beißkußfreudigen, theologisch sexualisierten, Gottessex betreibenden Doctor ecstaticus fand keinen Gegenwind. Keiner beschimpfte ihn als »Ranschmeißer an Gottes Busen«.

Der Wind religiöser Erquickung wehte aber nicht ganz gleichmäßig durch alle Teilchen, sondern schubweise herbei, und dann auch wieder wellenweise von hinnen. Baha'uddins chronische Wadsch (Verzückung) schwoll allzu oft ab. Sein Glutkern erlosch. Baha – ehrlich genug, zuzugeben, daß sein Anschmiegen, Hineinkriechen und Einkuschelung in Allah nicht immer so richtig klappte – spürte auf Erhebungen, Erfüllungen und Erleuchtungen geistliche Niederlagen folgen, neuzeitlicher gesagt: spirituellen Frust. Zwischen die Ekstasen schob und schlich sich als Trennblende, Isolierwatte und Puffer, zwecks Kurzschlußumgehung und Erholung – Gafla (religiöse Gleichgültigkeit) ein, neuzeitlich eindeutschbar mit Sättigungsschwelle, Refraktärphase, partieller Frigidität oder auch Dopaminmangel. Der wieder zu sich Gekommene unterlag intermittierenden Kapazitäts- oder Potenzproblemen, nicht ganz so positiv ausgedrückt: intermittierender Impotenz. Dann bedauerte Baha, zu schlaff zu sein, um Gott zu schauen. Sobald er ermüdete, trat an Allahs Stelle – Leere. Oder: Sobald sein vehementer Glaube zwischendurch kurz nachließ oder aussetzte, zeigte Allah sich ihm zur Strafe nicht und verbarg sich in transzendenter Unerreichbarkeit. Sein Geschöpf Baha versuchte dann seine erloschenen Teilchen aufzutreiben, mit dem Wink eines Peitschenendes gleichsam, und wandte sich als Katalysator direkt an diese seine Teilchen, winzige Ansprechpartner, ohne Zwischenhändler: »Faulpelze und ihr Teilchen der Menschen alle, seid doch nicht wie der Staub der Erde! Der Wind der Verlebendigung, des Wunders und des Geistes berühre euch! Geht durch die Luft der Wünsche, betätigt euch, dreht euch und zeigt etwas! Sobald dieser Wind wieder von euch abläßt, werdet ihr zunichte und fallt wie Staub auf Staub.« So monotheistisch erhaben sich Baha fühlte über Feueranbeter und Götzendiener, er trieb es als Teilchenanbeter und Teilchendiener noch viel bunter und krasser. Seine unorthodoxen Inhalte, Abweichungen und Anwandlungen, mit denen er sich schier als Mubtadi (Ketzer) profilierte, hinderten Baha nicht, nach außen hin als seriöser, renommierter Theologe aufzutreten. Als Auskunftserteiler, Rechtsberater, Gutachter, Seelsorger, Wohltäter genoß er volkstümlichen Zulauf. Er kannte sich im Ackerbau aus. Bisweilen verfaßte er Bittschriften an Regierungsbeamte, zwecks Freilassung von zu Unrecht inhaftierten Zeitgenossen. Donnerstag und Freitag hielt er sich von Alltagsgeschäften frei, um in der Moschee an Tod und Jenseits zu denken. Zu bescheiden, um sich Arif (Erkenner) zu nennen, träumte er manchmal davon, Allahi (Gottmensch) zu werden, behielt das aber weitgehend für sich, bremste sich in späteren Aufzeichnungen etwas ab. Seine Eigenständigkeit verpackte er in die üblichen koranischen und sufischen Dauerthemen – die Welt als Nafs (Triebseele) und Musawwarat (Vorstellung): Nachts stand Baha in bitterer Kälte auf, zückte seinen Dolch und rief: »Triebseele, ich habe keine schlimmere Feindin auf der Welt als dich! Wenn du den Kopf aus Ichheit und Neid hervorstreckst, hau ich dir den Kopf ab!« Plötzlich doch wieder grimmig musulmanisch! Seine asketischen Anwandlungen blieben aber Randverzierungen.

The Greatest Pantheistic Poet of Mankind

Rumis Nachleben und Wirkungsgeschichte durch achthundert Jahre

Der Mystiker Rumi stieg recht bald zum Heiligen auf, relativ sofort, dank seiner Hagiographen, des Rumi-Sohns Sultan Walad (1291), Faridun Sipahsalar (1319/29) und Aflaki (1318/53). Selbdritt bemühten sie sich, genau wie nebenan Franz von Assisis Hagiographen Bonaventura und Celano, alle empirischen Schmutzflecken zu kaschieren, möbelten und donnerten dafür alles andere auf. Sie verklärten, sie trugen Indizien für schlackenlose Heiligenverehrung zusammen, nach bewährtem Muster. Alle diese Biographen variierten den wundersüchtigen Evangelisten Lukas. Und schon sah Rumis Weib ihren Herrn und Gebieter – Gott heilige sein kostbares und tiefes Geheimnis! – von der Hausterrasse in die Luft schreiten, und bei seiner Rückkehr hing an seinen Schuhen 1500 km entfernter Sand vom Hidschas in Medina, den man alsdann so tiefgläubig wie möglich als Augensalbe benutzte. Rumi bändigte, laut Aflaki, einen losgerissenen Ochsen, genau wie Franziskus, laut Bonaventura, einen Wolf bändigte, gemäß dem neolithischen Archetypus vom Dämonenbändiger. Rumi predigte den Hunden, genau wie Franziskus den Vögeln; streunende Köter klopften mit den Schwänzen den Boden und ächzten leise vor Verzückung, und Rumi rief: »Ich schwöre bei Allah: Diese Hunde verstehen meine tiefsten Lehren! Selbst diese Tür – und diese Wand! – lobpreisen Allah und verstehen die göttlichen Geheimnisse!« Bald hieß Rumi »Arif-i rumi« – der anatolische Erkenner. Andere Leute schwammen bloß wie Fische im Wasser; ihm aber als Wal kam jeder Ozean zu eng vor. Die Riesenschultern, seine poetischen Idole Saadi und Fariduddin 'Attar, auf denen er sich wachsend erhob, wurden bald von seinem wachsenden Ruhm verdeckt. Sein illustrer Lebenslauf trug ihn durch die Zukunft. Seine berühmte Flöten-Intrada zum Mathnawi, fast wörtlich von 'Attar übernommen, übertönte seine 'Attar-Quelle. Vieles, wofür man dionysische Tänzer à la Rumi und Nietzsche rühmte, stand längst wortwörtlich bei vergrübelten Pessimisten à la Schopenhauer und 'Attar. Seinen erquicklichen Anthropomorphismus übernahm Rumi von Übervater 'Attar, seinem Vater Baha'uddin und von hundert anderen Dichtern.

Als Dichter stieg Rumi auf zu einem der sieben bis neun persischen Goethes, neben Firdusi (Persiens Homer), Nizami (Persiens Ovidius Naso), Saadi (Persiens Wieland), Hafiz (Persiens Li Tai Bo alias Li tai pe), Enweri (so einer Art Torquato Tasso) und Fariduddin 'Attar (Persiens Dante Alighieri – bei Rumis Tod acht Jahre alt! –, bzw. Lord Byron, bzw. Giacomo Leopardi, bzw. Lukianos, bzw. Pu-sung-ling), und überstrahlte manch einen von ihnen. Dschami (noch ein Wieland Persiens) nannte Rumis Mathnawi »den Koran persischer Zunge«. Wer bei Rumi mehr Weisheit als im Koran fand, machte sich fast als Ketzer verdächtig.

Alsbald stand auf europäischen Rumi-Büchern: »Rumi, Persiens größter Dichter«, genau wie auf Hafizbüchern: »Hafiz, Persiens größter Dichter«. Weitere Superlative gesellten sich hinzu: Angelsächsische Orientalisten wie Reynold A. Nicholson & A.J. Arberry nannten Rumi »the greatest pantheistic poet of mankind«. Indeed, Rumis glitzernd fluide Mystik bewegte sich fern späterer und früherer Schlaumeier- und Schmalspurmystik, dem der Rest der spirituell bedürftigen Welt unerleuchtbar frönte. Türken und Afghanen stritten sich – geographisch verbohrt, statt mystisch erweitert – um Rumis Zugehörigkeit; denn Konya (antik: Ikonium) lag neuerdings in der Türkei und Balch in Afghanistan.

Spätere Gestalten ganz anderer Kulturkreise boten neue Varianten auf Rumis Vita: Emanuel Svedenborg, siebenhundert Jahre nach Rumi, wandelte sich vom Wissenschaftler und Theologen zum Praktiker und Visionär.

Märchenkönig Ludwig von Bayern, siebenhundertfünfzig Jahre nach Rumi, betrieb wortreiche Selbstaufgabe für einen unendlich verehrten Freund, bis in den (gern genannten) Tod, Richard Wagner gegenüber.

Old Shatterhand schloß mit dem edlen Wilden Winnetou eine Blutsbrüderfreundschaft per Tropfenaustausch.

Oscar Wilde ließ sich von seinem Lord Alfred Douglas genauso faszinieren, nerven, aufpeitschen, traktieren und piesacken wie Rumi von seinem Schamsuddin und Faust von seinem Mephisto.

Nikos Kazantzakis wertete seinen Status als »papierverschlingende Maus« ab, durch den dionysischen, Saturi spielenden Wanderarbeiter – also praktisch: Wanderderwisch! – Alexis Sorbas!

Hermann Hesses alternder Steppenwolf Harry Haller, Kulturträger und Mozarthörer, achthundert Jahre nach Rumi, wurde vom Saxophon blasenden Quasi-Barbaren, dem Mulatten Pablo, ins Leben eingeführt, d. h. statt in Derwischtanz – in Jazztanz.

Alle Zwischenstufen und Schattierungen zwischen Platonik, Mehrdeutigkeiten, überschwenglichem Freundschaftskult (achthundert Jahre vor deutscher Romantik!), mysteriösem Magnetismus, homosensueller Komponente, Eifersucht, Doppelrausch, Exzess, Entzug, fanden hier statt: Dem Diwangedicht Nr. 1300, so munkelnd es druckste und drumrumdichtete, ließ sich entnehmen, daß sich Schamsuddin nach einiger Zeit wohl auch verweigerte, von erloschener Geschlechtsgier faselte, da man ja ohnedies eins sei, womit Rumi wohl doch nicht so ganz, bei allem Einssein, einverstanden sein wollte.

Doch auch lange vor Rumi und Schamsuddin hatte es auffällige Zweierkonstellationen, Männerbündnisse und Busenfreunde gegeben, angefangen bei Gilgamesch und Enkidu. 450 v. Chr. hatte sich der chinesische Sophist Hui Schi ebenfalls für einen Halbgott gehalten, um dann doch nur im literarischen Werk eines um den Finger gewickelten Freundes Zhuangzi (Dschuang Dsi) zu überleben. Zhuangzi und Huizi verfielen einander nicht so heiß, gefühlstief und bodenlos wie Schamsuddin und Dschelaluddin, frozzelten sich eher als Sparringpartner mit disputierlicher Besserwisserei, als eine joking relationship.

Im Jahr 1273 war Meister (persisch: Maulana) Eckhart dreizehn Jahre alt, und Rumi nebenan sechsundsechzig – und Mechthild von Magdeburg dreiundsechzig; Rumis Wort »Die Seele des Gläubigen – ein Stachelschwein, das desto dicker wird und zäher, je mehr du's schlägst« berührte sich durchaus mit Maulana Eckharts Wort: »Das schnellste Tier, das dich zur Vollkommenheit trägt, heißt Leiden.«

Durch seine Übersetzer in europäische Sprachen schimmerte Rumi so zeitlos und aktuell wie die Wahrheit durch ihre Schleier:

Rumis Credo, er sei als Stein gestorben, um als Pflanze geboren zu werden, bis hinauf zum Engel, klang im Rückblick halb hinduistisch, halb evolutionsbiologisch, also modern. Empedokles von Agrigent hatte das fast wörtlich genauso formuliert; Rumi dichtete also, je nach Geschmack, als verfrühter Darwinist (»Wisse, daß die ganze Welt ißt und gegessen wird«) oder verspäteter Pythagoräer.

Ein Mann sah einen Neumond, den er als gekrümmtes Haar aus dem Auge wischte. Rumi nannte den Rausch, die Verzückung und die Gottessehnsucht, diese drei, »die Baumeister des Jenseits«; »Gehirn und Vernunft bringen Felder und Gärten hervor« (*Mathnawi, Buch 4, Vers 1427*), also antizipierte Rumi doch wohl die kopernikanische Wende der subjektiven Solipsisten George Berkeley, Immanuel Kant, Johann Gottlieb Fichte u. a., oder auch C.G. Jungs Terminus von »psychischer Realität«. Diese Sichtweise findet sich sogar bereits bei Rumis Vater Baha'uddin Walad: »Jeden Augenblick, da du von der Welt nichts mehr weißt, könnte man sagen, ist die Welt zunichte geworden. Wenn du dann wieder zu dir kommst, könnte man sagen, ist die Welt wieder daseiend geworden.« Rumi nahm sogar Sigmund Freuds Projektionstheorie vorweg: »Wenn du einen Fehler in deinem Bruder siehst, so liegt der Fehler, den du in ihm siehst, in dir selbst. Reinige dich von diesem Fehler in dir; denn was dich in ihm stört, stört dich in dir selbst« und variierte damit die Bergpredigtstelle vom Splitter und Balken im Auge. Daß das Bewußtsein das Sein bestimme, lautete bei Rumi so: »Die Tage des Körpers werden durch den Geist verlängert.« In Rumis Vers, die

Amme aller Ammen schenke nur Milch, wenn das Milchkind laut danach weine, lauert die psychologische Umkehrung des Bibelworts, daß Gott den Menschen nach seinem Bilde schuf, sowie der philosophische Primat des Subjekts. Zu gleichen Teilen präludiert vom jesuanischen »Mein Reich ist nicht von dieser Welt« und vom platonischen »Der Körper ist der Kerker der Seele«, postludiert von »Denn meine Heimat ist nicht hier« (Mathilde Wesendonck) und »Dies ist nicht mein Planet« (Franz Werfel), sang gleichen Sinnes Rumi: »Meine Seele stammt von woandersher, und dort zu enden ist mein Ziel. Dies Betrunkensein begann in irgendeiner andern Schenke. Sobald ich wieder zu jenem Ort zurückgelange, werd' ich völlig nüchtern sein. Aus eigenem Antrieb kam ich nicht hierher und kann nicht fort aus freien Stücken.«

Assoziativer Digressionsstil wurde, eurozentrischer Literaturgeschichtsschreibung zufolge, erst von Michel de Montaigne und Laurence Sterne erfunden. Doch Rumis »Mathnawi« steckt voller Tristram-Shandy-Effekte, ein halbes Jahrtausend vorher.

Zwischen vorchristlichen Entitäten wie Zhuangzi (Dschuang Dsi), der mit Wachtel und Vogel Roch, oder auch Flußgeist und Meergott, genauso inspiriert herumjonglierte wie Dschelaluddin Rumi mit Engel und Esel, und Traumvisionären im Industriezeitalter à la Jean Paul und Paul Scheerbart stand Rumi als einer der weltweit sehr spärlich gestreuten mystischen Dichter und dichtenden Mystiker da, bei denen sich beliebig Überirdisches und Humor am Abgrund nicht ausschlossen. Der Name des Sultans Kaikobad gelangte bis hinauf in Hugo von Hofmannsthals »Frau ohne Schatten«. Der mächtigste Staatsmann ab 2001 f., der Afghanistan-, Irak- und potentielle Iranzerbomber G.W. Bush, verzwergte in Rumis Mathnawi zu einer Fliege, die die Welt zu überblicken und den unendlichen Ozean als Steuermann zu überqueren wähnte, dies aber nur auf einem Strohhalm, der just in der Urinpfütze eines Esels unterging – böser Hamlet-Humor und blanke Wahrheit!

Neben Dichterfürsten und heiligen Mystikern wie Rumi sehen Gestalten und Strömungen des 20. Jahrhunderts und aller folgenden, Sunniten, Schiiten, Schahs, Gadaffi, Chomeini, Osama bin Laden, arg undifferenziert aus, heillos dogmatisch, unsagbar mittelalterlich, irreparabel archaisch.

Die italienische Motorradmarke »Rumi« hat zeitweise eine effektivere PR als Rumi.

Postume Aufklärung einer Straftat

Schamsuddins Nachleben und Wirkungsgeschichte durch achthundert Jahre

Nach Schamsuddins mysteriösem Tod kamen kriminologische Fragen und Spekulationen auf:

Hatte Schams endgültig die Nase voll gehabt vom Wespennest und Pulverfaß des Rumi-Clans und den Hut genommen, vielleicht auch, weil ihm die unstoppbare Liebe und die unauslöschlichen Exaltationen des vernarrten Rumi doch etwas zu lästig wurden? Oder konnte er nicht zurückkehren? Zwei Versionen kochender Gerüchteküche kamen sich in die Quere. Ins Gemunkel, er sei nachts rausgerufen, meuchlings erstochen und wie Yussuf in den Brunnen geworfen worden (wenn auch in einen anderen als den, in den er bei der ersten Begegnung ein Rumi-Manuskript geworfen hatte), mischte sich die Verdachtverdichtung, Regierungsgruppen hätten Interesse an der Beseitigung des Provokateurs gehabt und sich hierzu Ala'uddins als Mitverschwörers bedient, oder als Informanten – also durchaus ein Präludium zur Rasputin-Vita. Aber verwirrenderweise wurde Schamsuddin späterhin da und dort gesehen. Rumis erste Biographen, Sultan Walad und Sipahsalar, erwähnten Schamsuddins letztes Verschwinden überhaupt nicht, genauso wenig wie das Thomas-Evangelium eine Kreuzigung der Erwähnung wert fand. Je länger Schamsuddin kein Lebenszeichen sandte, desto seltener flackerten unabgehakte Unklarheiten und Theorien auf und desto öfter und inniger mußte der trauernde Rumi um ihn kreisen. Der dritte Biograph, Aflaki, hundert Jahre entfernt vom Originalschauplatz, wußte alsbald besonders viel zu berichten, von fast allen Beteiligten, die allesamt mit gesegneten Gesichtern herumliefen, nur Gutes, äußerst Gutes, das schier in Übernatürliches überging. Das magische Morden des schillernden Derwischs ging vielleicht nur auf die poetischen

Freiheiten des Aflaki zurück. Der verlieh nicht nur Baha'uddin Walad fürstliche Vorfahren; sondern Schamsuddin soll, laut Aflaki, nicht etwa bloß Tuchhändlersohn gewesen sein, sondern der Sohn des Assasinenfürsten und Bücherverbrenners Chuand Ala'uddin. Laut einem anderen Überlieferungsstrom, laut Dewletschah im 15. Jahrhundert, hat Schamsuddin Rumi überlebt. Wissenschaftliche Stimmen hinwiederum, weitere Jahrhunderte später, zweifelten an Schamsuddin von Täbriz' Historizität und hielten ihn für eine Spielfigur, Symbolfigur und Ausgeburt von Rumis erregbarem Hirn.

Wie schön er äußerlich ausgesehen haben mag, blieb schleierhaft. Daraus, daß keiner außer Madschnun Leila schön fand, ließ sich nicht rückschließen, daß eventuell auch dieser Qalandar optisch zwar sicher nicht unansehnlich ausschaute, aber nur halb so beeindruckend, wie er speziell dem leicht entflammbaren Rumi erschien, der möglicherweise arg unvorteilhaft aussah. Vermutlich sah er für Männeraugen nicht ganz so windig und abschreckend wie Rasputin aus. Sah Schamsuddin so smart und soft wie Osama ibn Laden aus, oder so hinreißend wie David Copperfield, der schönste Magier aller Zeiten? Oder wie der Politiker Cem Özdemir – wie Moderator Ranga Yogheswar? Hatte er einen bösen Blick wie der junge Salman Rushdie?

1958 fand man in seinem Brunnengrab eine übergroße Derwischmütze, die also die Mordvermutung unterstützte und ins Museum von Konya einwanderte. Obwohl Aflaki die Zwielichtigkeit des Schamsuddin al-Täbriz nicht übersah oder kaschierte, sondern eher verstärkte, wurde auch Schamsuddin zunehmend als Maulana gehandelt, bis hin zu Heiligenverehrung. Im Lauf der Jahrhunderte wuchs ihm jene sonnenhafte Strahlkraft zu, von der Rumi sich bereits geblendet fühlte, bevor sie empirisch gesichtet worden sein konnte. Schamsuddin überlebte als Produkt von Projektion, Überinterpretation, Überreaktion. Wären Bildnisse erhalten geblieben, würde man Rumis Übertreibungen wohl so wenig nachvollziehen können wie seine damaligen Verwandten.

Schamsuddins Fama gelangte weit hinein in den Fernen Osten. In javanischer Hagiographie mahnte Schamsuddin seine Leute: »Eure Verehrung geschieht nur aufs Geratewohl und umsonst; denn ihr wißt nicht, wo Gott ist!«

Erotische Atomistik

Baha'uddin Walads Nachleben und Wirkungsgeschichte durch achthundert Jahre

Nach seinem Ableben gelangte Baha'uddin Walad, mangels politischer Aktivität, nicht in die Biographiensammlungen, Annalen und Chroniken seiner Zeit. Seine »Ma'arif« blieben unpubliziert und trotzdem erhalten. Sein Schüler Burhani Muhaqqiq i Tirmidi (gestorben 1240) hob Baha, den er Maulana i buzurg (großer Herr) nannte, übertrieben in alle Himmel, erklärte ihn zum größten Heiligen aller Zeiten. Er kam dann doch noch hinein in die Rumi-Biographie seines Enkels Sultan Walad; dort wurde ihm auf dem Sterbebett vom König angeboten, König zu werden – das lehnte er ab mit Worten, die halbwegs zu ihm paßten: »Ich werde aus dieser Welt der Vergänglichkeit abscheiden, denn wenn ich auch noch äußerlich Fürst würde, ginge diese Welt zugrunde. Alle Leute würden dann trunken von Allah. Alle würden wie ich kopf- und fußlos.« Weil nämlich dann keiner mehr Essen und Kleidung herstellen würde. Aflaki fälschte, in wohlmeinender Absicht, Baha'uddin Walads streitsüchtige Mutter zu einer khwarismischen Prinzessin um und stattete Baha, den verehrlichen Meister bzw. ein Abziehbild von ihm, mit den üblichen Mirabilia aus, ließ ihn allerlei Mudschizat (Wundertaten) vollbringen: dreihundert Gelehrte lagen in gleichgeschaltetem Kollektivtraum; alle träumten simultan von Baha'uddin Walad, dem Sultan al-ulama (König der Gelehrten). Baha kam im Fahrwasser Rumis auf die Nachwelt, wie Johannes der Täufer und Leopold Mozart, die als Fußnoten von Jesus und Mozart durch die Nebel der Nachwelt rudern. Die besondere familiäre Relation – Mystiker zeugt Mystiker – variierte dann später nochmal Emanuel Swedenborg, dessen Vater Jesper Swedberg gleichfalls sonderbare Keime ausstreute und genau wie Baha seine angestammte Mutterreligion mit kauzig atavistischen Inhalten anreicherte. Vater und Sohn erwähnten sich wechselseitig fast nirgendwo schriftlich; lediglich beiläufig im Oral-Opus »Fihi ma fihi« streifte Rumi seinen Vater.

Baha war, Sultan Walad zufolge, großwüchsiger als der mittelgroße Rumi, korpulent und bärenstark, was aber, wegen spezifischer Enkel-Perspektive (Sultan Walad war fünf, als sein Großvater starb), wohl wieder runtergerechnet werden müßte. Womöglich deuteten Baha-Formulierungen à la »die Trommel des Leibes« und »der Kohlensack des Körpers« auf typisch pyknischen Gefühlsüberschwang, wie bei Abu Bakr Schibli und Abu Sa'id. Auch späteren Mystikern und Awwam (gewöhnlichen Menschen) ging es wie Baha: Ali ibn Yasmur ad-Dukkali al-Arabi (gestorben 1215) hörte sogar Mauerbewurf, Backsteine und Stroh Gott preisen. Badschraq (gestorben 1524) hörte alle seine Glieder Gott preisen. Dreihundert Jahre nach Baha, beim Historiker Dewlatschah, am Hofe des Abussaid, kam Baha'uddin dann auf seiner jahrelangen Flucht auch durch Nischapur, wo er natürlich den hundertjährigen Fariduddin 'Attar besuchte, welchselbiger Bahas fünfjährigem Söhnchen (Rumi) ein Handexemplar des »Asernama«-Mathnawi schenkte und dem Wunderkind eine große Zukunft voraussagte. Im Abendland könnte man Baha nachträglich im überregionalen Rückblick als mittelhochdeutschen Minnemystiker erkennen, wenig mit Rational-Mystikern à la Meister Eckhart verschwägert, eher mit spätgotischen, jesuanisch inspirierten Jesusbräuten und Ekstatikerinnen, dem »himelrich ihrer usbrechendiu Süessekeit nach gegenwürtiger, stellstender, rüewiger enpfintlicheit« – feminin-nuptiale Verzückungsmystik, Transzendenz-Hedonismus, Gottgenuß mit überwertiger Libido, sensualistische Theophagie, Animismus, Panpsychismus, Pantheismus, Querbezügen zu Hieroi Gamoi oder kusanischer Unio mystica (heiliger Hochzeit/geheimnisvollem Beilager), oder Origines' Apokatastasis panton (Allversöhnung, Apostel 3, 21), womit Baha'uddin Walad den angestammten objektiven Monotheismus subjektiv, subkutan und wider Willen subversiv unterwanderte, einfärbte, imprägnierte. Bahas knorzelig abweichende Denkerei machte ihn zum persischen

Angelus Silesius, der, statt von Teilchen, von Stäubchen und Stüpfchen sprach. Sein hymnisches Naturlob machte ihn zum Sänger irdischen Vergnügens in C – seine Teilchen kontaktierten subkutan mit den Sonnenstäubchen des Barthold Heinrich Brockes; Democritos' Atomus übersetzte man zunächst mit Sonnenstäubgen, regional auch Sunnensteuble, die der liebe Gott durchzählte wie Baha'uddin Atome, als Erbsenzähler, im süddeutschen Volksmund: Düpflischisser, zu deutsch: Tüpfelchenscheißer oder Korinthenkakker. Seine liebenswürdigen Krümel wuselten so niedlich und ursympathisch wie Richard von Sankt Viktors scintilla synderesis, Meister Eckharts und Jan van Ruesbroecks apex mentis und scintilla animae (vünkelin der sele, Seelenfünklein), unsichtbarer als paracelsische Elementargeister, Leibniz-Monaden und Omnia animata, Teilhard de Chardins Seelenatome, Petar Petrowitsch Niegoschs »Luca Mikrokozma«, also dessen mikrokosmische oder auch mikroskopische, serbische Lichtfünkchen, vor allem die sog. »Urlebensfunken« der Neuoffenbarer Gottfried Mayerhofer und Jakob Lorber, der drei Jahrzehnte vor Entdeckung objektiver Atome in seinem visionösen Gigantsystem der Frage nachhing, ob Nullitrone und Pione, die er auch Ätheratome, Atomtierchen und Geisterteilchen nannte, kleine Lebewesen seien, wie sie sich ernähren (von Lichtessenz) und welche Lebensdauer sie haben könnten.

Im 18. Jahrhundert wurden Baha'uddins betende Atome vom marokkanischen Mystiker Abdalaziz ad Dabbag ausgebaut, der selbst den Mineralien eine Blickrichtung auf Gott – Atheisten sagen: andichtete; Sympathisanten sagen: zuerkannte. Bahas Erdbeseelung machte ihn zum Seelenbruder des Beseelungsromantikers Gustav Theodor Fechner, also zum Vorläufer der Gaia-Hypothese der vergleichsweise schon wieder entseelteren James Lovelock & Lynn Margulis.

Das Konvolut seiner Sudelblätter machte den zerstreuten Professor und nervös unkonzentrierten Erkenntnistheoretiker, Physicus, Metaphysicus, Aphoristiker und Gelegenheitsaufzeichner verstreuter und höchst zerstreuter Gedankensplitter zur physikalisch-mystischen Mixtur aus einem persischen Georg Christoph Lichtenberg und einem persischen Athenäum-Blüthenstaub-Novalis.

Baha'uddin verlängerte nachtröpfelnd vorislamische und vorchristliche Zeiten der Adamiten, Kamasutristen, Dionysier, Bacchanten, Orgiasten, Satyre, Pansexisten und eilte euphorisch allen späteren Phallokraten, Voluntaristen, Nudisten, Tantraseminarleitern voraus, die immer nur an das Eine denken, von Casanova bis Beate Uhse. Siebenhundert Jahre nach Baha, im Zeitalter von Zytologie, Histologie, Hirnphysiologie, Teleskopie, minimalinvasiven OPs, musikalischem Minimalismus, Diminutiven, Darmflora, Granulatindustrie, Parasitologie, Rastertunnel-Elektronenmikroskopie, Teilchen- und Kernphysik, EDV und DNS, wurde Baha dann ungeahnt verifiziert – und ausgebaut. Seine Atomschwärme lebten nun als rote und weiße Blutkörperchen weiter, mit Thrombozyten als Dritten im Bunde, als arg unpersonifizierte Nervenzellen, Spermien, Infusorien, mit oder ohne Pseudopodien und Osmose-Membran, als Pixel im Mü-Bereich der Kommastellen, als Plankton aus Streptokokken, Organellen, Mikrosomen, Zellkernen, als winzige Riesenmoleküle, als Mikroben, Viren, Ionen, Licht-Photonen, Fermionen, Gluonen, Neutrinos, Sigma-, Lambda- und Antiteilchen, als top-Quarks, Superstrings, Nano-Daktylen. Wenn auch die neuzeitliche »Metaphysik des Staubs« (wie Gaston Bachelard das nannte), also z. B. die Dichotomie in Leptonen (also den sechshundert Jahre nach Baha'uddin Walad entdeckten Elektronen) und Hadronen (also den 1920 entdeckten Protonen, den 1932 entdeckten Neutronen u. v. a.), etwas anderen Aufteilungskriterien gehorcht als bei Baha'uddin, Leukipp, Demokrit u. a. Sogar Bahas gern betonte Drehbewegungen lebten in der Kernspin-Theorie (Eigendrehimpuls) weiter, sowie in yin-yang-bedingter, flach-esoterischer Links- und Rechtsdreherei. Beim Subjektivisten Baha fanden sich sogar Vorformen und Ansätze zu Werner Heisenbergs kantisch-hegelianischem Unschärfetheorem, daß das Beobachtungsobjekt durch den Beobachter tangiert, tingiert oder gar konstituiert wird; Baha notierte: »Bei jedem, den du berührst, dessen Farbe nimmst du an.«

Das postum nachgelieferte, gern falsifizierte Erklärungsmodell, Homöopathie funktioniere via Informationsexpansion bzw. Gedächtnismoleküle im H_2O; zellulär-synaptische Impulsflüsse und Datenströme milliardenzelliger zerebraler Hemisphärenaktivität, samt aller Nervengewitter: alles Variationen auf Baha'uddins Theoreme und aufs sensible Chaos des Theodor Schwenk, mit all seinen Schleiergebilden aus feinstverwirbelten Luftlamellen und Nachlaufformen, strömenden Medien, Luftwalzen, Wirbelfeldern und Warmluftzungen. Vielleicht auch wurde Bahas Teilchengetümmel angeregt von der Urerfahrung aller Wüstenvölker: omnipräsentem Geriesel von Myriaden feinster Mineralkörnchen, Grobsand, Feinstsand, Siebsand, Natursand, Hitzeflimmern, alles hineindenkbar in sandumwehte Menschenkörper. Baha'uddins paradiesische Schilderungen, wie alles in Blütentanz aus schön- und großäugigen Gestalten flockt, fanden sich dann fast wörtlich wieder in Erlebnisprotokollen der Flowerpower-Generation und ihrer LSD-Trips, die bei hoher Dosierung oft in molekulare Feinstofflichkeiten und weißes Licht hineinführten. Aus neurologischer Sicht befand sich Baha'uddin Walad recht oft oder auch durchgehend auf Rauschtrip, oder falls kein Haschisch im Spiel war, unterlag sein Hirn einer gelegentlichen oder ständigen katerlosen Flutung körpereigener Drogen; also wartete Baha nachträglich mit der Syndromatik depersonalistisch bis schizophren gefährdeter Anwärter auf, à la Daniel Paul Schreber, welchselbiger inhaltlich statt mit Teilchen mit Strahlen und Gottesnerven jonglierte, und beide sehr mit Lustgefühlen. So wie Dr. Rudolf Steiner in seiner chronischen Halluzinose alle Pflanzen, besonders Krokuswiesen, von bläulichem Astrallicht umspielt und umwoben sah, notierte Baha'uddin, er sehe die ganze Welt in veilchenfarbene Stäubchen zergrieselt, oder alle Dinge als isoliert herumfliegende Backwaren, auf der Suche nach stabilen Bäckern und Kunden. Heutige interdisziplinäre Diagnostiker würden beim Energetiker Walad zellteilungsartige Strukturen schamanoider Erlebnisweisen, Ich-Flagellum, Amöbengott, Psychoblastom und Seelenkrebs erblicken, zumal Spaltungsirresein und Atomspaltung, beides Zentral- und Leitmotive eigentlich erst des 20. Jahrhunderts, aufschlußreich bis frappant Hand in Hand zu gehen pflegen. Von seinen zum Glück durchweg positiv geladenen, also hochsympathischen Teilchen fühlte Baha sich insektenhaft umschwirrt und konstitutiv durchsetzt wie die Multiple-Disorder-Personality-Patientin Truddi Chase vom Trupp ihrer abgespaltenen inneren Stimmenknäuel. Bisweilen vermochte Baha über die Welt seiner Teilchen visionär – oder wenigstens halluzinierend – hinausschauen ins durchnumerierbare Schichtenmodell der Welt, in die Schicht von Uqul (Vernünfte), und auf noch höhere Ebene, in die Welt von Arwah (Geister), dann die Welt der Sifat i allah (Gottes Eigenschaften), worauf irrealerweise er dann nochmal eine wogende Über- oder Oberschicht aus Geistern vorfand oder diese gespachtelt wurde – hier guckten von unten her, quer durch die wahnhafte Gefühlsverquirlung, Übermalung und Verkuddelung aller unmöglichen Begrifflichkeiten, stapelweise vormonotheistische Sedimente, Rudimente, Pentimente (Reuezüge) und Überbleibsel durch, aus inzwischen vergebens überwundenen neolithischen Feueranbetungs-Stadien. Bei manch einem zusätzlichen Schritt befiel Baha, seine Teilchen und obendrein die ganze Welt ein Zitterspasmus, parallelisierbar mit Blaise Pascals Anfechtungen, die man später »psychische Instabilität« oder »psychotischen Schub« nannte. In seinen Notaten charakterisierte Baha sich selbst als zappelig – Hyperaktivität? ADD (Attention Deficit Disorder)? Tourette-Syndrom? Vielleicht litt er bei intakten Augen an zerebralbedingten Sehstörungen, Augenflimmern, Hirnsausen? Jedenfalls litt er nicht im allermindesten an der Männerkrankheit Alexithymie, also Unsensibilität, Emotionsblokkaden, Gefühlsblindheit, Lustlosigkeit, außer manchmal, sobald Baha dran litt, daß religiöse Lustgefühle ausblieben; dann zitierte er Sure 78,40: »O wär ich doch Staub!« Oder er hub à la Sophokles (»O wäre ich nie geboren!«) zu lamentieren an: »O wär ich doch im Nichtsein!« Weil Baha keine Horrortrips erlebte und sich, wie Dr. Steiner, nie in Unaushaltbarkeiten, Dauerfrust und Leidensdruck hineinmanöverierte, sondern alles sich immer wieder in Wohlgefallen, Maza, Angehaucht- und Überströmtwerdungen auflöste, ganz anders als beim malträtierten Dr. Schreber, behielt der semi-paranoide Baha sich gerade noch knapp im Griff, und zwar, indem er alle Teilchen, Atome, Krümel, Erschütterungen und Ich-Labilitäten mit jener göttlichen, also guten Kraft assoziierte und zusammenhielt, die den von Gott berührten Berg Sinai zerbersten machte. In neuzeitlichen Termini: Der Patient vermochte sein Gefährdungspotential zu integrieren. Gesunder Menschenverstand, der nun aber den mystischen Atomisten, Impressionisten und Pointillisten Baha'uddin Walad als Spinner und Wahnopfer einweisen würde, müßte nun aber ebenso den Monaden-Leibniz, wohl auch Antonie van Leeuwenhoek pathologisieren, ja die ganze Welt, die ja nun in toto und de facto, als wär sie schwer krank, in Bazillen, Mikroben und Atome zerfällt, ins Irrenhaus stecken. Fazit: So koinzidieren in Baha'uddin Walad problemlos, wie vormals in Empedokles, Ältestes und Neuestes: objektive Naturwissenschaft und trotzdem weiterhin atavistisch magisches Denken. In Baha'uddins Satz »Zum Beispiel du siehst das Vorstellungsbild des Hundes, dann bist du der Hund« steckt sowohl das uralte vedische Tat twam asi wie Theodor W. Adornos Theorem vom Primat des Objekts und der Entäußerung in die Sache. In einem Zeitalter, worin eine bevölkerungsexplodierte, atombombengeile Menschheit als ein Mega-Gewühl so rasant wie lieblos herumflitzender Atome molochförmiger Organisationsverbände, Staatenbünde, Machtblöcke überschwappt, muten im Rückblick Empedokles' von Liebe bewegte Atome und Walads ganz besonders liebevolle, ja liebestolle Atome und Teilchen als unsäglich niedlich, drollig, putzig, versöhnlich an. Normalgebauten Gläubigen erscheint Baha'uddin Walad nur deshalb nicht total plemplem, seriös gesagt: höchst befremdlich, weil keiner ihn kennt.

Mein Esel trägt ein Ringlein hold

Mutationen eines Klassikers: Wie unterschiedlich man den Dichterkönig Rumi eindeutschen kann

Rumi kam im europäischen Sprachraum nur eimerweise ein, und im deutschen Sprachraum zunächst nur tropfenweise, bröckchenweise, schubweise. In Joseph von Hammer-Purgstalls Pioniertat seiner monumentalen »Blüthenlese aus zweihundert persischen Dichtern«, 1818 (von Annemarie Schimmel »ungeschliffen« genannt), stach Rumi zwischen all diesen vergessenen Dichterfürsten kaum hervor. Er schlidderte alldort zwischen Reimnot und Rhythmusnot seltsam zeitverhaftet herum, wenig geschmeidig, in kryptischer Klopstock-Syntax und fast hirnrissiger Hamann-Hermetik, gebar Ausdrücke wie »stäts gebührlich« und Verse wie: »Was für Perlenschatz ward im Zeitmörser gestoßen?«, oder: »Welch rosiges Bett lächelt aus lehmichtem Grunde?« Aber Goethe gefiel's, und er ließ sich anregen, in eigener Sache zu orientalisieren. Er sprang hierbei, passenderweise, viel seelenverwandter auf den diesseitig weinseligen Hafiz an als auf das bizarr abhebende, arg metaphysische, jenseitsverbissene, ufer- und bodenlose Überformat Rumi.

Purgstall-Hammer-Rumis herb-sprödes »Als ich Topf voll Gift mich sah, schnell zum Teriak daher ich kam« drückte der spätere poetische Schimmel-Rumi so aus: »Ich war eine Schale Giftes; so ging ich zum Gegengift.«

Der schottische Pfarrer und Rumi-Nachdichter W. Hastie benutzte Rumi 1903 in »The Festival of Spring« als Gegengift gegen übermäßigen Omar-Khajjam-Kult.

Friedrich Rückerts Rumi, 1819/1838, reimte in seinen Übersetzungen aus dem Persischen viel glatter und flotter als Purgstall-Hammers Rumi, in problemlosen Metren. Das ganze Arsenal damaliger Anthologien fuhr der wendige Rückert (von Annemarie Schimmel »unübertrefflich« genannt) neckisch und huldvoll auf.

Nicht umsonst erschien er im »Frauentaschenbuch«, 1825, für die empfindsame musenkußfreudige Damenwelt, für edle Frauen, höhere Töchter und Mädge, wie geschaffen für die Breviers, Kalendarien und Musenalmanache deutscher Lande und saumseliger Gottsched-Zeit, die auch zur Goethe-Zeit einfach so weitersäuselte. Die kupferstichhaltigen Früchtekörbe und Füllhörner im Jahreskreis und Duodezformat, zwischen Schöpferpracht und Herzensschrein, klangen trotz Morgenland kaum anders als Rückerts heimische Jahreszeitenlyrik.

Der deutschsprachige Rumi des neunzehnten ging nahtlos in den deutschsprachigen Rumi des zwanzigsten Jahrhunderts über. Annemarie Schimmels Rumi verweilte betont rückertbeflügelt im europäisch spätromantischen Gefühlskreis, imprägniert vom spezifisch Rückertschen Duktus – hundert Jahre nach Rückert! Ob Rumi wollte oder nicht, unter der Obhut von Frau Prof. Schimmel ließ Rumi weiterhin Gesangbuch-Reimerei, Rokoko und Anthologie-Anakreontik hören, im Zeitalter schöner Empfindsamkeit. Nur steigerte Schimmels Rumi Rückerts Untugenden, indem keinerlei Allergie gegen altdeutsche Spätbarockanklänge, sprich: altbackene Termini wie Huld und hold, Andacht, Demut, Weh, Lenz und Gram zum Zuge kam, inklusive Rosenhag und Herzensschrein, und dadurch alles allzu sentimentalisch und kirchlich rüberkam: »Wir sind ernährt von Deiner Huld und Speise«, grad so, als wär Rumi Pietist. Da tummelten sich Glorie und Amen, so als wär Rumi Katholik, oder auch Verse à la »›O Herz‹, so sprach ich, ›möge es dir frommen, / im Kreis der Liebenden nun anzukommen‹«, so als wär Rumi, trotz persischer Rohrflöte, der Ghostwriter von Emanuel Schikaneders Zauberflöte! Das ganze huldvolle und neckische Arsenal und Repertoire klang, statt nach 1265, nach speziell 1774, garniert mit rationalitätsgeschädigten Neuzeitworten wie auch mal Evolution, so als wäre Rumi Darwinist. Vom Dichterfürsten eines von Tigris und Oxus durchströmten, sandsturmdurchwehten Orients der Thamudäer, Oghusen und Ghaznawiden blieb wenig übrig.

Aus den 1500 Druckseiten des Mathnawi pickte man bevorzugt

fromm oder normalpoetisch klingende Stellen. Jahrzehntelang dominierte und manipulierte die enthusiasmierte Rumi-Laudatorin Frau Schimmel – durch einseitige Auswahl – das Rumi-Bild der Deutschen, hielt das Rumi-Monopol wacker aufrecht und suggerierte jedem Rumi-Freund, daß ihr Rumi identisch sei mit Rumi. In ihren bibliographischen Angaben verschwieg sie ihre eigene Schülerin, die demütige Persischübersetzerin Gisela Wendt. In ihrem Vorwort zu ihrem schmalen Bändchen »Geschichten aus dem Mathnawi« gab sie der Ansicht Ausdruck, daß es in einem Lebenswerk möglich sein müßte, das Mathnawi komplett und mit vielen Anmerkungen ins Deutsche zu übersetzen, sie selber aber brachte in fünf Schaffensjahrzehnten nur besonders winzige Atome rüber. Von den 1500 Mathnawi-Seiten übersetzte sie bloß 65. Hingegen 1435 Seiten ließ sie völlig unübersetzt. Dieser Tropfen enthielt bei weitem nicht den ganzen numinosem Ozean Rumis, dem nur dubiose Rinnsale entflossen, bloß lumpige null Prozent.

Deutschsprachiger Sprachraum wurde genötigt, einen betont positiven, liebenswürdigen, schattenlosen Hausgebrauch-Rumi zu verehren, unsäglich brav, kantenlos, domestiziert, entkoffeiniert, entzahnt und vor allem auch – kastriert. Rumi und sein geliebter Seelenfreund Schamsuddin schliefen natürlich ausschließlich symbolisch im selben Bett, assoziierbar mit friedsam okzidentaler Johannesminne (siehe die Kapitel über den mittelalterlich deftigen und den sexuell unverblümten Rumi). Dämonisches, Rätselhaftes, Archaisches im Rumi ward unter den Perserteppich gekehrt. Bizarrer Rumi wurde gefiltert von unbizarren Bewunderern. Blutrünstige und fiese Verse wurden zu Metaphern oder Fehlübersetzungen erklärt.

In summa: Unähnliches fühlte sich wunderbar wahlverwandt mit Rückerts Rumi. Steigere Rückerts Untugenden, und dir wird Kongenialität zugesprochen! Rumi litt teils an konfessioneller, teils romantizistisch-klassizistischer Vorbelastetung. Ein erleuchteter Welterleuchter, Weltgeist plus Weltseele in Personalunion, der x Dichterfürsten in die Pfanne haut, hatte sich im gefälligen Nähkästchen dumpf-salbungsvoller Erbauungslyrik zu ducken. Er blieb in der Kiste, aber sein Name sprach sich trotzdem herum. Rumi wurde als ein Rumi berühmt, der sich selber nicht glich und kaum aus den Schleiern eines muffigen Konfektions-Sufismus hervorblitzte. Schimmels lesenswerte Rumi-Biographie verkaufte sich im deutschen Sprachraum 14.000mal.

Richard Gramlichs Rumi und Cyrus Atabays Rumi speckte die Rückert-Schimmelsche Huld- und Hold-Quote ein wenig ab – aber das merkte praktisch keiner.

Rumi, falls er sich nach kongenialen Nachdichtern sehnte, fand in der BRD keinen, aber in Angelsachsen: US-poets machten sich no problems – Kongenialität kein Hindernis! Und schon flötete 1996 Jalal al-Din Rumi von »these spiritual window-shoppers, who idly ask, ›How much is that? – Oh, I'm just looking.‹ They handle a hundred items and put them down, shadows with no capital.« »Start a huge, foolish project, like Noah.« Coleman Barks' Rumi dichtete zwar arg wie Coleman Barks, hörte sich dafür aber schön brillant an. Barks' »Essential Rumi« verkaufte sich 500.000mal. Wie Walt Disney sich rühmte, Beethoven endlich weltberühmt gemacht zu haben, so wurde Rumi nun durch Coleman Barks weltberühmt. Diese Rumi-Variante wurde dann auch wieder ins Deutsche übertragen, also eine freie Nachdichtung ähnlich frei nachgedichtet, durch einen Peter Kobbe. Peter Kobbes Rumi hörte sich dann so an: »Jahrelang zerrte ich mein eigenes Dasein heraus aus der Leere.«

Dann aber wurde der vorgegebene, alles bestimmende Schimmel-Rumi kontrollierbar. In gigantischer Fleißarbeit übertrug Bernhard Meyer, beraten von Kaveh Dalir Azar und Jilla Sohrabi, das Mathnawi-Monument, 1500 Druckseiten, komplett ins Deutsche – ein Lebenswerk, das diese Drei in bloß vier Jahre hineinpreßten, so akribisch, als hätt's vier Jahrzehnte gedauert. (Die englische Komplettübersetzung von R.A. Nicholson erschien 1925–1940.) Eine fundierte, kommentierte Wort-für-Wort-Übersetzung, ohne angelsächsische Umwege, ohne poetische oder gar reimende Ambitionen, die erstmals sichtbar machte und erkennen ließ, was alle Kostprobenlieferanten tendenziös kaschiert hatten. Statt gekleckert ward opulent geklotzt! Aus den überflüssig gemachten, fortgefegten Teilbeiträgen und verformten Kinkerlitzchen aller Vorgänger und Vorkoster steigt nun also seit 1999 endlich ein ungeschönter, ungereinigter, prachtvoll wildwüchsiger Rumi hervor, befreit von Reimzwang, christlichen Konnotationen und allzu unsatanischen Versen, in drei dicken schwarzgoldenen Bänden, inzwischen vergriffen, aber nochmal neu ediert in fünf bibliophilen Teilbänden in der Schweizer Edition Shershir. Seither läßt Rumi Sätze, Formulierungen, Gedankengänge los, die ihm bisher keiner zugetraut hat und zutrauen konnte, weil Schimmels Rumi sie wohlweislich nie in den Mund genommen hatte. Nun aber entfaltet der schlichte Wortlaut eine ungeheure Vehemenz, Emphase, wahnwitzige Überfülle und Raumausdehnung, falls dies sich genügend herumsprach. Ein biederer Rumi ward abgelöst von einem heftigen Rumi. Eine Ahnung kam auf, daß Dante viel zu oft und Rumi viel zu wenig ins Deutsche übersetzt worden sein könnte. Selbst Homer, Torquato Tasso und Ariosto könnten neben Firdusi, Fariduddin 'Attar und Dschelaluddin Rumi und Rabelais unpfiffig, undeftig, kurzatmig, engbrüstig, schmalspurig, monothematisch und keusch ausschauen.

Plötzlich kehrte Rumi subtilisierte Hoscha-Nasruddin-Qualitäten hervor. Plötzlich hagelte es eine Mixtur aus spiritueller Inbrunst, mystisch-hitzigem Wahnwitz, atavistischen Hirngespinsten und bodenlosen Wahrheiten – lieber eine falsche Weltsicht als gar keine Flügel! Es hagelte Geschichten, in denen ein Färber durch Parfüm in Ohnmacht fällt, aus der er erst erweckt werden kann, indem man ihm Kacke unter die Nase reibt (*Buch 3, Vers 258 f.*), Geschichten von Leuten, die das Gebet für die Nasenwaschung mit dem Gebet für die Gesäßwaschung verwechseln (*Buch 4, Vers 2221 f.*) Eine Gattin verbirgt ihren Ehebruch hinter magischen Eigenschaften des Birnbaums (*Mathnawi, Buch 4, 3544*); ein Verzichter (Asket) betrügt seine Frau mit der Magd (*Buch 5, Vers 2163*); ein Tschador dient weniger der Verschleierung als der Vermummung; Zwitter erscheinen, und Männer geben sich als Frauen aus und schleichen sich im Badehaus ein (*Buch 5, Vers 2228 f.*). Dschuhi läßt sich unterm Vorwand der Klärung einer Rechtsfrage von Frauen begrapschen (*Buch 5, Vers 3325 f.*). Ein Edelmann treibt seinem Hindusklaven die Liebe zu seiner Tochter aus, indem er ihm einen Mann ins Hochzeitsbett legt. (*Buch 6, Vers 300 f.*) Thematisch werden auch so knifflige Dinge wie Coitus interruptus als unzuverlässige Verhütungsmethode (*Buch 5, Vers 3715*) oder Frauenknappheit als Ursache für Homosexualität (*Buch 4, Vers 1727 f.*) – alles Themata und Verse, die Schimmels Rumi nie oder nur arg ungern in den Mund nahm. Plötzlich platzt einem Jüngling, der durch sechshundert Schleier eine Antwort Gottes gehört zu haben glaubt, vor Aufregung beinah die Gallenblase.

Durch Bernhard Meyers, Jilli und Kaveh Dalir Azars Rumi wurde auch Coleman Barks' und Peter Kobbes Rumi kontrollierbar. Bei ihm hieß es: »Sechzig Jahre bin ich schon vergeßlich, / und dies in jedem Augenblick, aber nicht eine Sekunde lang / hat dieses Strömen in mir aufgehört oder nachgelassen. / Nichts hab' ich verdient. Heute weiß ich wieder, / daß ich der Gast bin, von dem die Mystiker reden. / Ich spiele diese Lebensmusik für meinen WIRT. Alles Heutige ist für den WIRT.« (*Mathnawi, Buch 1, Vers 2084–2085*) Im verläßlicheren Vergleichs-Rumi Bernhard Meyers aber heißt es an dieser Stelle: »Siebzig Jahre lang habe ich Sünden begangen, doch Du hast mir nicht einen Tag Deine Huld vorenthalten. / Ich habe nichts verdient; heute bin ich Dein Gast, ich werde die Harfe für Dich spielen, ich bin Dein.« Anderes Beispiel: Barks' Rumi dichtet: »Es gibt einen Menschentyp, dessen Spezialität / die Schauspielerei ist, das raffinierte Fesseln und Erhaschen / der Blicke; herrliche Fallen stellt er auf, / ohne zu bedenken, was die ständige Fallenstellerei bewirkt.« (*Mathnawi, Buch 5, Vers 395*) Meyers Rumi hingegen sagt an dieser Stelle: »Nun kommen wir zu dem bunten Pfau, der sich für Ruhm und Ehre zur Schau stellt. / Er ist auf der Jagd nach den Geschöpfen; er weiß nichts über Gut und Böse und über das Ergebnis seines Handelns. / Er fängt seine Beute unwissend, wie eine Falle. Was weiß die Falle über den Zweck ihrer Handlung?«

Doch die ersehnte, wahr gewordene Existenz des kompletten, authentischen, herrlichen Mathnawi auf Deutsch konnte nette Pralinenschachteln weiteren Kostprobengekleckers nicht stoppen. Geschenkbändchen kamen geschmackvoll auf sanften Pfoten: »Offenes Geheimnis«, »Traumbild des Herzens«, »Fühle den Trost«, oder »Erfrische dich an der Quelle«. Sowohl ein lieferbares Manesse-Rumi-Büchlein wie ein Franz-von-Assisi-Buch nennt sich: »Weisheiten des Herzens«, jenseits einengender Titelschutzprobleme, beide verdächtig auf dem rosenbestreuten Weg zu: »Geh, wohin dein Herz dich trägt«. Rumi-Vierzeiler-Auswahl-Sammlungen, harmlos und arglos vorbeiträllernd, machten den uferlosen Dämon bekömmlich.

Der mehrmals bloß zum »bedeutenden Dichter« verzwergte Rumi hatte sogar als verkappter Christ vorbeizudefilieren und an demselben Glockenstrang zu ziehen wie sein arg nüchterner, nie im Tanz sich drehender Zeitgenosse Maulana Eckhart (zu deutsch: Meister). Und schon machte Rumi halt weiterhin Verslein, wie kirchgang- und deutschunterrichtgeschädigter Altbackenheit die nachgeborenen Schnäbel wuchsen. Erst wurden ihm Ecclesizismen à la »liebende Fürsorge«, »Lobpreis« »offenbart sich göttliches Erbarmen« entlockt und vorher untergeschoben, alsdann wurde baß gestaunt und verkauft, daß man in ihm, wenn ihm Worte wie »Derwisch« striche, einen christlichen oder jüdischen Autor vermuten würde. Rumi wurde – nicht oft, aber immer öfter – vor den begrenzten Karren spirituell interessierter Normalverbraucher gespannt und der obszöne, frivole, mittelalterliche, schwerverdauliche, partiell sogar talibankompatible Rumi nach bewährtem Frau-Schimmel-Rezept total ausgemendelt.

So empfiehlt sich der Rumi des Trappistenmönchs, Gemeindeseelsorgers, Hausmanns und freien Schriftstellers Bernardin Schellenberger jeder ökumenischen Hausapotheke, in edler Ungiftigkeit, und muß vor Kindern nicht gesichert werden. Petersdom und Ramadan – Roma und Medina reichen sich naht- und bruchlos die gemeinsame Hand, neben Minaretten, die im Ruhrpott aufschießen. Weit und breit leider keinerlei Tante, die dank Hoden plötzlich Onkel wäre! Rumi als Kreidefresser: Nie wieder für Abtrennung ungläubiger Ohren plädieren!

Statt im mystisch-satirischen Elysium dicht bei Zuhuangzi (Dschuang Dsi), Ovidius Naso, Apuleios von Madaura, Lukianos, Aretino oder Wieland stand nun ein humanisierter Correctness-Milchkaffee-Muckefuck-Rumi als Eidhelfer unsäglich ebenbürtig in der Gutmenschen-Clique aus Antoine de Saint-Exupéry, Khalil Gibran, Elisabeth Kübler-Ross, Pater Anselm Grün (alias Jörg Zink, Dorothee Sölle), angekommen auf dem Level von Ethikdiskurs, evangelischen Podien, Goethe-Institut, VHS und Esoterikmesse, deren identische Message: »Es kommt auf die Stille in der Seele des Menschen an« sich eine friedliebende, warmherzige, faszinierende und tröstliche Gleichschaltung gönnt – positiv gesagt: Einswerdung. Novalis, Hermann Hesse, Osho alias Baghwan genau wie Rumi melden unablässig und forever, daß Gott nur in dir zu finden sei. Adornos auswegloses »Es gibt kein richtiges Leben im falschen« wurde vom Kreuz Verlag positiv umformuliert in: »Man muß das richtige Leben im falschen entdecken«, und das tut man, und dabei hilft Rumi, rundum vereinnahmt, meuchlings eingemeindet, biedertöpfisch nippifiziert als spirituell interessierter Weisheitshort, bestellt zum namhaften Lieferanten religiösen Kunstgewerbes, Niveauschwulstes, hedonistischen Kitschs.

Doch siehe, es war sehr gut gemeint.

Gleichwie der nur scheinbar nicht existierende Gott durch die chimärisch aufgeblähte Nichtexistenz der Welt, und wie Atome eines Engels durch den irdischsten Esel und wie gnostischer Platon a tergo durch Rumi schimmert, so durchschimmert wiederum Rumi – punktuell unverballhornbar, ja: verfälschungssicher – sogar den arg- und harmlosen Schellenberger.

Doch auf Iranisten und Arabisten, poetisch nicht ganz untalentiert, ist auch kein Verlaß. Noch 2003 bewog der verlängerbare Arm der Frau Prof. Dr. Annemarie Schimmel ihren Kollegen Prof. Dr. Johann Christoph Bürgel, Rumis holde Huld-Quote weiterzusteigern und zu toppen: »Die Rose Gottes Odem im Herzen stärker spürt«,

»Um ihre Huld sich alles neidet«. Da tummeln sich sogar fromme Wunder. »Sel'ge Armut will ich preisen.« »Der Becher, den Er spendet, bleibt ewig ohne Fehle« – auf daß dergleichen holde Kunst sich reimen mochte auf Seele! Da ziemte, gebeute und gebührte sich der Bäume Flor! O mein Gebieter! O Hort der Treue! Greif zum Weine! Tränen der Reu'! Eilt, eilt und werdet's inn! Ew'ge Freude! Des Herzens Zier! Heil'ger Zirkel! Ew'ge Freude! Des Herzens Zier! Ohn' Weigern! Fehlten itzund bloß noch Zähren und lobesam! Altteutsches Spätbarock, Opitz, Paul Fleming, Hofmannswaldau und Bürgels antiquarischer Rumi 1974 ließen grüßen. Immer noch und fürderhin regierte des allzu unvergeßlichen Rückerts Rosenhag und Annemarie Schimmels holder Lenz. Man ruminierte den geistlich feinsinnigen Formenkram und Formelschatz: »Die Rose Gottes Odem im Herzen stärker spürt« (O-Ton Rumi/Bürgel) bis hin zu »der Frömmigkeit Fug«.

Gottfried August Bürger: »Um ihre Huld sich alles neidet.« Johann Christoph Bürgels Rumi: »auf Gottes Meer, von seiner Gnad' und Huld beglückt«. Gesangbuch-Hommage koninzidierte wider Willen mit Lyrik-Persiflage.

Es war, als habe die Schimmel den Bürgel still geküßt, Bürgels Defizit an Schimmelresistenz postum ausgenutzt, holde Metastasen gekalbt, ihr Attributen-Repertoire im Bürgel subkutan imputiert und hinterlegt. Rückert brockte Schimmel ein; Schimmel brockte Bürgels Schimmeliaden ein, ewiglich innig Vermählte, Schimmel-Bürgel in Personalunion, unter kompletter Umgehung der Mathnawi-Komplettübersetzung.

Hier noch einige peanuts am Wegrand: Bürgels Reimnot gebar »befleißt« statt »befleißigt«, »Glast« statt »Glas«, und türmte »Schlägen« auf »zögen«. Er reimte Epiphanie auf Sinai! Bereits Rückerts Rumi reimte, als Rosenfarbenes drankam, »Ameisenschar« auf »rosenfar«. Immerhin tauchen in Bürgels allzu ergötzlichem Sanctus-Schwulst aus Frühlings Au, »hab acht«, »von hinnen«, »ja, mich dünkt«, ab und zu landestypisch »trunk'ne Kamele« auf. Und immerhin merkt Bürgel an, daß Rumi zu skurrilem Humor neige und daß Rumis klangrauschlösendes Ghasel-Reimgewebe aus übereinandergeblendeten Wortteppich-Mustern im Deutschen nur als schwacher Abglanz ankomme, immerhin als relativ zeitlos gelungene Zeilen, à la »Jüngst weinte ich, der Himmel weinte mit«, oder: »Wenn dir der Sinn samt Kopf und Fuß vergeht«, oder: »Drum soll auch nicht länger Gehirn und Gebein –«, oder: »Wir sahen nie ein Schachbrett, und sind doch mattgesetzt«, »Der Mund erlahmte, verliebt in deine Lippe«, »Was schnarchst du fort und fort in deinem Bette? Befeuchte dir die Stirn, streif dir den Staub vom Haupt!« »Lust am Entwerden spart ihm nun Suchen und Finden. Morsches Gemäuer der Welt sei den Eulen gewährt.« Schöne unverkorkste Metaphern: Bürgels Rumi reitet auf dem schwarzweiß marmorierten Reittier der Zeit durch die Zeit, durch schwarze und weiße Tage und Nächte. Weinende Wolken und lachender Staub lassen einen Rumi ahnen, der den Käfig, worin er dank der Firma seiner Übersetzer festsitzt wie ein Papagei, der von Indien träumt, punktuell sprengt – um sofort wieder drinzubleiben im ästhetischen Käfig dubioser »Veilchenpracht« und »gleichen Glaubens Tracht«.

Andere mystische Poeten haben eher umgekehrte Probleme. Sie reden auf Deutsch viel zu neumodisch: Zhuangzi schrieb sein Buch vom Südlichen Blumenland um 450 v. Chr., und seit er 1998 n. Chr. komplett eingedeutscht wurde, spricht er darin von Rahmenbedingungen, Profit, Verhaltenskodex, instabil, so als würden Hesiod oder Gilgamesch von Peter Hahne synchronübersetzt. Milarepa hat im 11. Jahrhundert, dank seiner heutigen Übersetzer, Termini drauf wie dualistisch, spirituell und Energiebahnen, so als hätte er die Zeitschrift »esotera« abonniert. Schellenbergers Rumi redet abwechselnd Neudeutsch und Barockdeutsch, mal »physisches Licht«, mal »lauteres Licht«, und weiß von »mystischer Intuition« und »Universalem Intellekt« zu künden, von »spontanem Gebet«, ja: »Agonie des Geistes«. Selbst J. Chr. Bürgels Rumi streut in seine schmucken Rückwärtsgewandtheiten Abstrakta und Modernismen ein, à la »kokett«, »Idol«, »Choleriker«. Bei Shree Aurobindo mag's nicht schaden, wenn ecstasy statt mit Verzückung mit Ekstase übersetzt wird, auch wenn heut eher Parfüms so heißen, aber daß in Mittelalter und Altertum vorzeitig Psycho-Jargon geschwätzt wird, geht doch wohl zu weit – nicht weit genug zurück.

Sobald Kaveh Dalir Azars Rumi mitteilt »O Weibischer, du läufst der Armee voraus, aber dein Bart legt Zeugnis gegen deinen Penis ab« (Mathnawi, V., Vers 2510), schwingt im Penis, solang der Lümmel nicht Schamglied heißt, ein klinisches, Freud und Kinsey aktivierendes Element mit. Und sobald so ein Rumi »Kapital der Existenz« oder »Seiendes« sagt, schwingen Marx, Sartre, Heidegger mit.

Der deutsche Rumi wartet, um an die Sprache des 13. Jahrhunderts heranzukommen, auf einen Nachdichter wie Rudolf Borchardt, der Dante in ein spröd-herbes, wunderbar sonderbares Quasi-Mittelhochdeutsch translatisierte.

Martin Buber, der Martin Luthers Altes Testament übersetzte, mochte auf Martin Buber gewartet haben, der Luthers knorzelige frühe Neuzeit in einen archaisch grobgekörnten Wüstendialekt umgoß – Vision als »Schaugeschehnis«, statt Tohuwabohu – »Irrsal und Wirrsal«.

François Villon mochte auf den expressionistischen Rausch und Sound gewartet haben, den ihm dann Paul Zech und Klaus Kinski nachträglich bescherten.

Es sollte natürlich »Wüterich« heißen statt Choleriker und vollkommener Vollmond statt perfekter Vollmond. Räudige Kamele – ein Schritt in die richtige Richtung.

Nur lauern auf Nachdichter wieder andere Fettnäpfchen und Urinpfützen: Paul Zechs François Villon dichtet wie Paul Zech; Raoul Schrotts Kallimachos und Abu Nuwas können Sound-Spuren von Ingeborg Bachmann angeblich nicht abstreifen.

Eins aber hat jeder Auswahl-Rumi dem ungeschönten und ungekürzten Original-Rumi voraus: Er hat nämlich nichts gegen Neger, und findet Türken nicht hellhäutig und also schön, und bleibt nicht typischen Konditionierungen und pogromauslösenden Hauptirrtümern aller Monotheismen verhaftet: Ein Muselmane reiste zusammen mit einem Christen und einem Djahud (Juden), wie die Vernunft mit der Triebseele und dem Teufel (*Mathnawi, VI. Buch, Vers 2378*). Am wenigstens würde des humanen Schellenbergers humaner Rumi in den Rauschtrank seiner Poesie so fundamentalistisch bis talibankompatible Verse einflechten wie: »Das Ohr, das nicht wert ist, ihr Geheimnis zu hören, kannst du abreißen, denn es ist am Kopf für nichts gut.« (*Mathnawi, VI. Buch, Vers 4171*)

Von Rumis Vater Baha wurde siebenhundert Jahre lang nichts in eine europäische Sprache übersetzt. Die betont unmonströse Annemarie Schimmel schauderte vor Baha'uddins unbiederen »Ma'arif«, das sie für alle Fälle lobte, eher zurück, um dann wieder knapp zu vermelden, daß es »oft seltsam« sei. Erst der Schweizer Orientalist Fritz Meier (1912–1998) grub Baha'-i Walads überaus hyper-seltsame Mystik der von Meier so genannten »integralen« sowie der »atomaren Mentalität«, samt deren verschollenen Autor, für Europa extensiv aus, wurde – bei aller philologischen Fachkompetenz – schier von seinem Objekt angesteckt, indem er von »religiösen Vitaminstößen« und »intensiver Bebrütung durch den Mystiker« sprach, fächerte den bis dato unterbelichteten Teilchen-Mystiker mehrdimensional auf, auf Deutsch, in einem Basiswerk, 484 Seiten dick, das dann wieder ins Persische übersetzt wurde, auf daß man auch dort vor Ort von Rumis Vater etwas erfahre. Fritz Meier übersetzte Baha'uddin Walads Darra mit: »Stäubchen«, Richard Gramlich mit »Mikrowesen«.

II. Ausgewählte Texte

Laß dein Streben dir gefallen und mich strebend weiterwallen!

Der poetisch versifizierte und gereimte Rumi

Das Daseyn gab ein Tropfe dir,
Ein Wächter ist gesetzt dem Thier.
(übersetzt von Joseph Hammer-Purgstall, 1818)

»O Frühlingsonn', du hast die Flur mit Prachtgeschmeid' neu bedeckt, o läugn' es nicht.
(übersetzt von Joseph von Hammer-Purgstall, 1818)

Mondnächte sind wieder gekommen, aus Gräbern die Gurken,
Und aus dunkelem Sand ist Geile des Bibers gekommen.
(übersetzt von Joseph von Hammer-Purgstall, 1818)

Staubherz, was für Nachricht von Wärme des Frühlings hast du?
Weil Karawanen von Ameisen aus schwarzem Staub sind gekommen.
(übersetzt von Joseph von Hammer-Purgstall, 1818)

O Wahrheitsonn' Tebrisi! du, der Seelen Ost,
Von deinen Strahlen wird erwärmet unsre Sonne.
(übersetzt von Joseph von Hammer-Purgstall, 1818)

O meine Sonn'! Ich tanz vor dir wie Sonnenstäubchen,
Damit dich Schemseddin als Augenschminke nehme.
(übersetzt von Joseph von Hammer-Purgstall, 1818)

Soll ich der Erde Ruhm bis zum siebenten Himmel tragen?
Engel beneiden mich! was soll Erdenerinnerung mir dann machen?
(übersetzt von Joseph von Hammer-Purgstall, 1818)

Wenn Verstand keck zu der Lieb' hin Bahn sich brach
Schnell wie Langohr im Morast er keuchend lag.
(übersetzt von F.A.D. Tholuck, 1825)

Ei wie könnt' ich jetzt verkünden solche Red',
Jede Ader meines Geists in Flammen steht!
(übersetzt von F.A.D. Tholuck, 1825)

Hundert Netze giebts und Körner, lieber Gott!
Wir sind Vögel, speiselüstern, ohne Brot.
(übersetzt von F.A.D. Tholuck, 1825)

Laß dein Streben dir gefallen
und mich strebend weiterwallen.
(übersetzt von Friedrich Rückert, 1819/1838)

Ich bin das Sonnenstäubchen, ich bin der Sonnenball.
Zum Stäubchen sag ich: bleibe! und zu der Sonn: entwall!
(übersetzt von Friedrich Rückert, 1819/1838)

Obgleich die Sonn' ein Scheinchen ist deines Scheines nur,
Doch ist mein Licht und deines ursprünglich Eines nur.

Ob Staub zu deinen Füßen der Himmel ist, der kreist;
Doch Eines ist und Eines mein Sein und deines nur.

Der Himmel wird zu Staube, zum Himmel wird der Staub;
Und Eines bleibt und Eines dein Wesen, meines nur.

Wie kommen Lebensworte, die durch den Himmel gehn,
Zu ruhn im engen Raume des Herzenschreines nur?

Wie bergen Sonnenstrahlen, um heller aufzublühn,
Sich in die spröden Hüllen des Edelsteines nur?

Wie darf, Erdmoder speisend, und trinkend Wasserschlamm,
Sich bilden die Verklärung des Rosenhaines nur?

Herz, ob du schwimmst in Fluten, ob du in Gluten glimmst,
Flut ist und Glut Ein Wasser; o sei du reines nur!

O *Mewlana!* Am Morgen wacht' ich mit dir, und sah:
Mein Auge statt voll Tränen, voll Himmelsweines nur.

(übersetzt von Friedrich Rückert, 1819/1838)

Solange die Sonne nicht den Nachtflor bricht,
Sind Tagesvögel ohne Zuversicht.

Der Blick der Sonne ruft die Tulpen auf;
Jetzt ist, o Herz, dir zu erwachen Pflicht.

Das Sonnenschwert gießt aus im Morgenrot
Das Blut der Nacht, von der es Sieg erficht.

Voll Schlafs das Auge, sprach ich: Es ist Nacht.
Er sprach: Vor meinem Angesichte nicht.

Solang' es graut, ist zweifelhaft der Tag;
Am hellen Tag, wer zweifelt noch am Licht?

Im Osten steht das Licht, ich steh' im West,
Ein Berg, an dessen Haupt der Schein sich bricht.

Laß dein Streben dir gefallen und mich strebend weiterwallen!

Ich bin der Schönheitssonne blasser Mond;
Schau weg von mir, der Sonn' ins Angesicht!

D*schelaleddin* nennt sich das Licht im Ost,
Deß Widerschein euch zeiget mein Gedicht.

In Leid sind unsre Tage hingeflogen,
Und mit den Tagen Plagen mitgezogen!

(übersetzt von Georg Rosen, 1849)

Der Glanz des Spiegels blitzt durch den Filz hindurch

Eposdichter Rumi, ungeschönt, wörtlich, komplett

Ein Stück Abfall fliegt in den Mund eines lebendigen Menschen, erst wenn er es ausgespuckt hat, fühlt er sich wohl.

Der Sinn eines lebendigen Mannes entdeckt zwischen tausenden von Krümeln ein kleines Stück Abfall.

(Mathnawi, Buch 1, Vers 301+ 302)

Der sprudelnde Wein erbettelt von uns das Sprudeln, das Universum bettelt uns um Wissen an.

(Mathnawi, Buch 1, Vers 1811)

Er ist das Bild eines Derwischs, er ist des Brotes nicht würdig; wirf dem Bild eines Hundes kein Brot vor!

Er will einen Bissen Nahrung, er will nicht Gott; stelle vor ein lebloses Bild keine Speisen!

Der Derwisch, der Brot will, ist ein Landfisch; er hat die Form eines Fisches, flieht aber vor dem Meer.

Er ist ein gezähmter Vogel, nicht der Simurg der Luft; er schluckt Lebensmittel, er ißt nicht von Gott.

(Mathnawi, Buch 1, Vers 2752–2755)

Damit du siehst, daß diese Welt ein enger Brunnen ist und damit du wie Joseph das Seil ergreifst.

Wenn du dann aus dem Brunnen aufs Dach gestiegen bist, wird die Seele sagen: »O Glück! Hier ist ein Jüngling!«

Im Brunnen dieser Welt gibt es optische Täuschungen; die kleinste davon ist, daß Steine als Gold erscheinen.

Den Kindern erscheinen Scherben beim Spiel als Gold und Reichtümer.

Die Gotteserkenner sind Alchimisten geworden; in ihren Augen sind Goldadern wertlos.

(Mathnawi, Buch 4, Vers 673–677)

Geist schert sich wenig um den Bart des Körpers; doch ohne Geist bleibt ein Leib ein scheußlicher Leichnam.

(Mathnawi, Buch 4, Vers 1886)

Schließe Frieden mit diesem Vater, hör auf, ungehorsam zu sein, damit dir Wasser und Lehm als Teppich aus Gold erscheinen.
Dann wird die Auferstehung dein gegenwärtiger Zustand sein; Himmel und Erde werden verklärt.
Da ich mit diesem Vater in Frieden lebe, erscheint mir diese Welt wie das Paradies.
Jeden Augenblick erscheinen eine neue Form und eine neue Schönheit, sodaß keine Langeweile aufkommen kann.
Ich sehe die Welt voller Überfluß; die Wasser strömen dauernd aus den Quellen.
Das Geräusch des Wassers erreicht mein Ohr und berauscht meinen Seelengrund und meinen Verstand.
Die Zweige tanzen wie die Büßer, die Blätter klatschen wie Musikanten in die Hand.
Der Glanz des Spiegels blitzt durch den Filz hindurch; bedenke, wie es sein wird, wenn sich der Spiegel selbst zeigt!
Ich erzähle nicht einmal den tausendsten Teil, denn jedes Ohr ist voller Zweifel.

(Mathnawi, Buch 4, Vers 3261–3269)

Du suchst Wissen in Büchern – wie lächerlich! Du suchst Genuß in Halwa – wie lächerlich!
Du bist das Meer des Wissens, das in einem Tautropfen verborgen ist; du bist das in einem drei Ellen langen Körper verborgene Universum.

Was sind schon Wein, Musik oder Geschlechtsverkehr, daß du darin Entzücken und Vorteil suchen solltest?

Es wäre, als wolle die Sonne etwas von einem Atom leihen, oder Venus einen kleinen Krug um ein Glas Wein bitten.

Du bist der eigenschaftslose Geist, der in Eigenschaft gefangen ist; du bist die von der Sonnenfinsternis gefangene Sonne, wie schade!

(Mathnawi, Buch 5, Vers 3578–3582)

Fliege nicht ohne Flügel!

Rumi-Appelle

Fliege nicht ohne Flügel!

(Mathnawi, Buch 1, aus Vers 237)

O Sohn, wenn du die Form des Ego kennenlernen willst, dann lies die Geschichte von der Hölle und ihren sieben Pforten.
Jeder Augenblick bringt einen Akt der Täuschung, und in jeder Täuschung werden hundert Pharaonen mit ihren Anhängern ertränkt.
Fliehe zum Gott Moses' und zu Moses, verschütte das Wasser des Glaubens nicht auf Pharaos Weise.

(Mathnawi, Buch 1, Vers 779–781)

Hüte dich! Betrachte diese Seile der Verursachung in der Welt nicht als vom trunkenen Himmelsrad stammend!
Sonst bleibst du leer und schwindlig wie das Rad, sonst brennst du gehirnlos wie Brennholz.

(Mathnawi, Buch 1, Vers 849 + 850)

Entwöhne den Säugling, deine Seele, von der Milch Satans, und mache sie dann zur Gefährtin der Engel.
Solange du finster und niedergeschlagen und düster bist, dann wisse, daß du an der gleichen Brust saugst wie der verfluchte Teufel.

(Mathnawi, Buch 1, Vers 1640 + 1641)

Verkaufe dein Eselsohr und kaufe ein anderes Ohr, denn das Eselsohr wird diese Rede nicht verstehen.

(Mathnawi, Buch 1, Vers 1028)

Hier ist ein Ozean im Stroh versteckt. Gib acht, tritt nicht mit Unbedacht auf Stroh!

(Mathnawi, Buch 1, Vers 2503)

Verstehe aus dir selbst heraus, oh du aus Ganzem zusammengesetzter Teil, den Zustand der nicht zusammengesetzten Teile.

(Mathnawi, Buch 1, Vers 1290)

Jage im Wald der Seele wie ein Falke, verspiele deine Seele wie die Sonne dieser Welt.

(Mathnawi, Buch 1, Vers 2219)

Die meisten Leute sind Menschenfresser; suche keinen Schutz in ihrem »Friede sei mit dir.«

(Mathnawi, Buch 2, Vers 251)

Fliehe vor allem, was dir für dich selbst nützlich erscheint: Trinke Gift und schütte das Wasser des Lebens aus.
Beschimpfe jeden, der dich lobt; leihe dem Bankrotteur Zins und Kapital.
Gib die Sicherheit auf und wohne am Ort der Angst; laß den Ruhm hinter dir und nimm öffentliche Schande auf dich.

(Mathnawi, Buch 2, Vers 2331–2333)

Wachse an diesem Flußufer wie eine Wasserlilie, gierig auf den Tod wie der Wassersüchtige auf Wasser.

(Mathnawi, Buch 3, Vers 397)

Komm jetzt, verzweifle nicht! Wenn Gott will, erscheint das Licht vom Himmel in einem einzigen Augenblick.

(Mathnawi, Buch 4, Vers 513)

O Himmel, überschütte den Scheich mit Perlen! O Welt, schäme dich angesichts seiner Welt!

(Mathnawi, Buch 4, Vers 560)

Gewöhn' dich nach und nach ans Tageslicht; sonst bleibst du eine Fledermaus.

(Mathnawi, Buch 4, Vers 2184)

Komm, o Rabe, gib diese Art von Seele auf! Sei ein Falke, opfere dein Leben angesichts der Göttlichen Verwandlung!

(Mathnawi, Buch 5, Vers 1187)

Fürchte dich nicht vor deiner gegenwärtigen Existenz; diese Phantasie ist nichts und du selbst bist nichts.
Ein Nichts hat sich in ein anderes Nichts verliebt. Hat je ein Nichts ein anderes Nichts irregeleitet?

(Mathnawi, Buch 6, Vers 1447 + 1448)

Wenn dein Leib tot ist, wende dich an Israfil; wenn dein Herz gefroren ist, gehe zur Sonne des Geistes.

(Mathnawi, Buch 6, Vers 2183)

Hundert Flügel und hundert Zungen

Rumis orientalische Übertreibungen

Hast du gehört, daß es zur Zeit Omars einen Harfenspieler gab, einen sehr berühmten Musikanten?
Seine Stimme brachte die Nachtigall in Verzückung, seine schöne Stimme machte aus einer Verzückung hundert.
Seine Stimme war ein Schmuck für Gesellschaften und Versammlungen, und seine Lieder erweckten die Toten.
Wie Israfil, dessen Stimme den Toten geschickt die Seele in ihre Körper zurückbringt.
Oder er war wie ein Begleiter Israfils, denn seine Musik ließ dem Elefanten Flügel wachsen.

(Mathnawi, Buch 1, Vers 1913–1917)

Hunderttausend Konformisten und Logiker werden durch ein einziges Mißgeschick in den Abgrund geworfen.

(Mathnawi, Buch 1, Vers 2125)

Wenn der Hörer durstig und ein Sucher geworden ist, wird auch ein toter Prediger redegewandt.
Wenn der Hörer frisch und wach ist, finden Taube und Stumme hundert Zungen zum Sprechen.

(Mathnawi, Buch 1, Vers 2379 + 2380)

Das Ohr dessen, der wie die Lilie hundert Zungen hat und stumm ist, kann die Geheimnisse des Königs verschlingen.
Die Gnade Gottes verleiht der Erde einen Hals, damit sie Wasser trinken kann und hundert Kräuter wachsen läßt.

(Mathnawi, Buch 3, Vers 21 + 22)

Wenn der Drache sich dem Scheich, der Gott nahe ist, nähert, wird seine hundert Ellen lange Zunge gekürzt.
Er hat hundert Zungen, und jede seiner Zungen kennt hundert Sprachen; seine Hinterlist und Tücke sind unbeschreiblich.
Der Beanspruchfer der Kuh, die Triebseele, ist sehr zungenfertig und bringt hunderttausend falsche Beweise an.

(Mathnawi, Buch 3, Vers 2550–2552)

Gleichartiges fliegt mit hundert Flügeln zu Gleichartigem und zerreißt in seinem Verlangen nach ihm alle Fesseln.

(Mathnawi, Buch 4, Vers 2656)

Wie Gabriel – Friede sei mit ihm – sich Mustafa – Gott segne und erlöse ihn – in seiner eigenen Gestalt zeigte; und wie, als einer seiner siebenhundert Flügel sichtbar wurde, dieser den ganzen Horizont bedeckte und die Sonne mit all ihrem Glanz verschleierte.

(Mathnawi, Buch 4, Zwischenüberschrift in Prosa außerhalb der Doppelverse)

Selbst wenn man mit hundert Zungen sprechen könnte, wie könnten sie diesen Zustand enthüllen?

(Mathnawi, Buch 4, Vers 507)

Die Liebe hat fünfhundert Flügel, und jeder davon erstreckt sich von oberhalb des Throns bis unter die Erde.
Der furchtsame Verzichter geht zu Fuß; die Liebenden fliegen schneller als der Blitz und der Wind.
Wie könnten die Furchtsamen den Staub der Liebe erreichen, wenn die Leidenschaft der Liebe den Himmel zu ihrem Teppich macht?

(Mathnawi, Buch 5, Vers 2191–2193)

Wenn Er dir die Eigenschaften Gabriels einpflanzt, wirst du wie ein junger Vogel den Weg hinauf in die Luft suchen,
Erwartungsvoll blickend, dein Auge nach oben gerichtet, von der Erde entfremdet und in den Himmel verliebt.
Wenn Gott dir Eselsohren aufsetzt, würdest du, selbst wenn du hundert Flügel hättest, nur zum Holzstall fliegen.
Die Maus wird nicht wegen ihrer Form verachtet; sie wird wegen ihres schlechten Charakters zum hilflosen Opfer des Mäusefressers.
Sie ist ein Vielfraß und eine Verräterin, eine Anbeterin der Dunkelheit, von Käse, Pistazien und Sirup trunken.
Wenn der weiße Falke das Wesen einer Maus hat, verachtet ihn die Maus und ist er eine Schande für die wilden Tiere.

(Mathnawi, Buch 6, Vers 2997–3002)

Dem Maler und dem Pinsel gegenüber ist das Bild hilflos

Rumi als Metaphernschmied und Parabelschöpfer

Ein Mann hatte einen Esel, aber keinen Sattel; als er einen Sattel bekam, riß der Wolf den Esel.

Er hatte einen Krug, doch er fand kein Wasser; als er Wasser bekam, zerbrach der Krug.

(Mathnawi, Buch 1, Vers 41 + 42)

Ein gedeckter Tisch kam vom Himmel herab, ohne Anstrengung, ohne Kauf und Verkauf.

Da riefen einige unter Moses' Leuten frech: »Wo bleiben Knoblauch und Linsen?«

Da verschwand der Gnadentisch, das Himmelsbrot; es blieb ihnen nur die Mühe des Säens und Erntens.

(Mathnawi, Buch 1, Vers 80–82)

Es war einmal ein tyrannischer jüdischer König, der ein Feind Jesu und Vernichter der Christen war.

Es war zur Zeit Jesu, er war an der Reihe; er war Moses' Seele, und Moses war seine Seele.

Doch der doppelsichtige König trennte diese beiden Propheten, die waren eins.

Ein Herr sagte zu einem Doppelsichtigen: »Geh und hole die Flasche aus dem Zimmer.«

Da sagte der Doppelsichtige: »Welche der beiden Flaschen soll ich dir bringen? Erklär's mir genau!«

»Da sind keine zwei Flaschen«, antwortete der Herr, »hör auf, doppelt zu sehen, sieh nur noch eins.«

»O Herr«, sagte er, »schimpf mich nicht.« Der Herr sagte: »Zerbrich eine davon.«

Da war nur eine Flasche, obwohl seine Augen zwei sahen; als er die Flasche zerbrach, war keine mehr da.
Als eine Flasche kaputt war, verschwanden beide; der Mensch wird durch Neigung und Wut doppelsichtig.

(Mathnawi, Buch 1, Vers 324–332)

Dem Maler und dem Pinsel gegenüber ist das Bild hilflos, gefangen wie ein Kind im Mutterleib.

(Mathnawi, Buch 1, Vers 611)

Auf einem Strohhalm in einer Pfütze aus Eselspisse hob die Fliege ihren Kopf wie ein Steuermann.
»Ich nenn euch Meer und Schiff«, sagte sie, »ich habe lange Zeit darüber nachgedacht.
Schau! Hier ist das Meer und hier das Schiff, und ich bin der geschickte und umsichtige Steuermann.«
Sie trieb das Floß auf diesem »Meer«, dessen Weite ihr grenzenlos erschien.
Im Verhältnis zu ihr dehnte diese Urinpfütze sich grenzenlos weit; wie hätte sie das richtig sehen können?
Ihre Welt erstreckt sich so weit wie ihr Blick; in ihrem Auge erscheint dieses »Meer« groß.

(Mathnawi, Buch 1, Vers 1083–1087)

Jemand kam und klopfte an die Tür des Freundes; sein Freund fragte ihn: »Wer bist du, Vertrauenswürdiger?«
Er antwortete: »Ich.« Der Freund sagte: »Geh, es ist nicht die Zeit; an einer solchen Tafel ist kein Platz für Rohe.«
Wer wird den Rohen kochen, wenn nicht das Feuer der Abwesenheit und Trennung? Wer wird ihn von Heuchelei erlösen?
Der Elende ging weg, und ein Jahr lang reiste er; getrennt von seinem Freund ward er von Feuerfunken verbrannt.
Der Verbrannte wurde gekocht; dann kehrte er zurück und lief wieder vor dem Haus seines Kameraden auf und ab.

Er klopfte mit hundert Ängsten und voll Ehrerbietung an die Tür, auf daß kein respektloses Wort über seine Lippen komme.
Sein Freund rief: »Wer ist an der Tür?« Er rief: »Du bist an der Tür, o Verzauberer der Herzen.«
»Jetzt«, sagte der Freund, »wo du ich bist, komm herein, o Ich; im Haus ist nicht genügend Platz für zwei Ich.
Das doppelte Ende des Fadens geht nicht durch die Nadel; da du eins bist, komm in diese Nadel!«
Es ist der Faden, der mit der Nadel verbunden ist; das Nadelöhr ist nicht für das Kamel da.
Wie kann das Kamel anders dünn gemacht werden als mit der Schere enthaltsamer Übungen und Werke?

(Mathnawi, Buch 1, Vers 3056–3066)

Ein Ababil läßt zwei oder drei Kieselsteine fallen und zerschmettert die mächtige Armee Abessiniens:
Die Kieselsteine, die ein hoch fliegender Vogel fallen läßt, durchsieben den Elefanten und erlegen ihn.

(Mathnawi, Buch 3, Vers 2521 + 2522)

Dein wahres Wesen ist in Falschheit versteckt wie der Geschmack der Butter im Geschmack der Buttermilch.
Deine Lüge ist der vergängliche Körper; deine Wahrheit ist der herrliche Geist.
Jahrelang ist diese Buttermilch – der Körper – sichtbar und manifest, während die Butter – der Geist – darin verschwindet,
Bis Gott einen Botschafter, einen Diener, schickt, der die Buttermilch im Butterfaß schleudert.

(Mathnawi, Buch 4, Vers 3030–3033)

Als der Scheich sagte: »Ich bin Gott« und dies bis zum Ende aufrecht erhielt, besiegte er alle Zweifler.

(Mathnawi, Buch 6, Vers 2095)

Auf der Stute des Strebens zum Ozean der Gnade

Genitivmetaphern von Rumi

Als er aus der Tiefe seiner Seele flehentlich rief, wallte der Ozean der Gnade auf.

(Mathnawi, Buch 1, Vers 61)

Wenn du Sicht und Phantasie aufgibst, wirst du die Kerze der Vereinigung um Mitternacht löschen.

(Mathnawi, Buch 1, Vers 476)

Du hast die Stute des Strebens zu den Sternen getrieben, du hast den verehrten Adam nicht erkannt.

(Mathnawi, Buch 1, Vers 540)

Oh, gesegnet ist sein Lachen, denn durch seinen Mund zeigt er sein Herz wie eine Perle aus dem Kästchen der Seele.

(Mathnawi, Buch 1, Vers 718)

Halte dich an den Einen und an Ahmad! O Bruder, befreie dich vom Abu Dschahl deines Körpers!

(Mathnawi, Buch 1, Vers 782)

O Sohn, wenn du die Augen öffnest, siehst du, daß auch das Feuer des Zorns und das Wasser der Nachsicht von Gott stammen.

(Mathnawi, Buch 1, Vers 852)

Die Wissenschaften der Empiriker wurden zum Maulkorb, damit sie die Milch des höheren Wissens nicht erhalten.

(Mathnawi, Buch 1, Vers 1016)

Die Sonne des Geistes trifft den Körper von einem ortlosen Ort aus; sie ist nicht am Himmel zu finden.

(Mathnawi, Buch 1, Vers 1026)

Wenn Luqmans Geist der Rosengarten Gottes ist, wie könnte dann ein Stachel den Fuß seines Geistes verletzen?

(Mathnawi, Buch 1, Vers 1965)

Der Wunsch nach dem Tod wurde zum Halsband der Aufrichtigen, denn dieses Wort war eine Prüfung für die Juden.

(Mathnawi, Buch 1, Vers 3965–3967)

Dieser Ozean der Großzügigkeit sprach die Wahrheit: »Ich bin freundlicher zu euch als ihr selbst.«

(Mathnawi, Buch 2, Vers 2855)

Denn die schlechte Veranlagung ist stark gewachsen; die Ameise der Begierde ist durch die Gewohnheit zu einer Schlange geworden.
Töte die Schlange der Begierde am Anfang; sonst kannst du zusehen, wie aus deiner Schlange ein Drachen wird.

(Mathnawi, Buch 2, Vers 3473–3474)

Der Vernunft bleibt dieses Geheimnis verschlossen; wenn die Galle der Vorstellung platzt, laß sie platzen!

(Mathnawi, Buch 6, Vers 2183)

Doch plötzlich kam der Rabe der Trennung, um die Maus zu jagen, und er trug sie von ihrem Ort fort.

(Mathnawi, Buch 6, Vers 2944)

Denn das Segel des Schiffes der menschlichen Existenz ist der Glaube.

(Fihi ma fihi)

Wie könnte der Garten lachen, wenn die Wolke nicht weint?

Geflügelte Kernsprüche von Rumi

Der lachende Granatapfel bringt den Garten zum Lachen, Gesellschaft mit Gottesfreunden macht dich zu einem von ihnen.

(Mathnawi, Buch 1, Vers 721)

Du spielst mit dem Schwanz des Löwen; du kämpfst gegen die Engel. Warum redest du schlecht über das Gute?

(Mathnawi, Buch 2, Vers 3342)

Was bedeutet es, wenn einer sagt: »Ich habe Reichtümer angehäuft«? Es bedeutet: »Ich habe all diesen Schmutz hergebracht.«

(Mathnawi, Buch 4, Vers 253)

Konnt' eine Mücke je die Sonne in Erstaunen versetzen? Konnt' ein Falter je die Kerze auslöschen?

(Mathnawi, Buch 4, Vers 3790)

Wie könnte der Garten lachen, wenn die Wolke nicht weint? Wie könnte die Milch fließen, wenn der Säugling nicht schreit?

(Mathnawi, Buch 5, Vers 134)

Flügel tragen den Falken zum König; Flügel tragen Raben zum Friedhof.

(Mathnawi, Buch 6, Vers 1444)

Wie weit ist der Zucker der Weisheit von den Krähen entfernt! Wie weit ist der Mistkäfer vom Obstgarten entfernt!

(Mathnawi, Buch 6, Vers 1881)

Der Teil eilt wie ein Pfeil zum Ganzen. Sollte er wegen einer alten Hexe anhalten?

(Mathnawi, Buch 6, Vers 2089)

Die Länge jedes Tages im Leben des Mystikers entspricht fünfzigtausend weltlichen Jahren.

(Mathnawi, Buch 6, Vers 2182)

Der Mensch ist ein Stück Fleisch

Definitionen von Rumi

Der weltliche Sinn ist die Leiter zu dieser Welt; der Glaube ist die Leiter zum Himmel.

(Mathnawi, Buch 1, Vers 303)

Das Schwert ist in der Waffenkammer der Gottesfreunde; sie zu sehen ist das Elixier für dich!

(Mathnawi, Buch 1, Vers 716)

Das Feuer ist ein Zauber, der das Auge für die Wahrheit blind macht; in Wirklichkeit aber eine sichtbar gewordene Göttliche Gnade.

(Mathnawi, Buch 1, Vers 788)

Der Mensch ist ein Stück Fleisch mit Verstand und Seele, er spaltet die Berge mit Meer und Bergwerk.

(Mathnawi, Buch 1, Vers 1477)

Der Bissen ist der Samen, und die Gedanken sind seine Früchte; der Bissen ist das Meer, und die Gedanken seine Perlen.

(Mathnawi, Buch 1, Vers 1657)

Dieser Körper ist ein Zelt für den Geist, oder wie eine Arche für Noah.

(Mathnawi, Buch 2, Vers 456)

Wenn ein blinder Mann groß und wütend ist, halte ihn doch nur für ein Stück Fleisch, denn er hat kein Auge.

(Mathnawi, Buch 2, Vers 486)

Von dem Stück Fleisch, das die Zunge ist, fließt die Flut der Weisheit wie ein Strom
In eine Höhle, deren Name »Ohr« ist, bis zum Obstgarten der Seele, dessen Frucht die Vernunft ist.
Gottes Gesetz ist die Hauptstraße des Seelengartens; die Obstgärten und Gärten der Welt sind ihre Nebenstraßen.

(Mathnawi, Buch 2, Vers 2453–2455)

Was ist dann Liebe? Das Meer des Nichtseins, in dem die Vernunft untergeht.

(Mathnawi, Buch 3, Vers 4723)

Gott ist die Seele der Seele jedes Dings; wie könnte es dann leicht sein, der Seele der Seelen feind zu sein?

(Mathnawi, Buch 4, Vers 797)

Gott hält uns den Lehm und den Samen und das Stück Fleisch immer vor Augen, als wolle Er sagen: »O Mann mit schlechten Absichten, wo habe Ich dich hergebracht, daß du solch eine Abscheu hast?

(Mathnawi, Buch 4, Vers 889 + 890)

Ein Sufi ist jemand, der nach Reinheit strebt; nicht nach wollenen Gewändern und Flicken und Homosexualität.
Für niedrige Halunken ist Sufitum Flicken und Homosexualität, und das ist alles.

(Mathnawi, Buch 5, Vers 363 + 364)

Sein Sprachorgan ist ein Stück Fleisch; der Sitz seines Sehens ist ein Stück Fett;
Der Sitz seines Hörens besteht aus zwei Knochen; seine Wahrnehmung sitzt in zwei Tropfen Blut, dem Herzen.
Du bist ein kleiner Wurm voller Schmutz und stellst doch auf der Welt Pomp zur Schau.
Du bist aus Samen gemacht; gib die Selbstsucht auf!

(Mathnawi, Buch 5, Vers 1853–1855)

Die Umdrehung des Mühlsteins ist ein Glaubensbekenntnis für das Dasein des Baches.

(Mathnawi, Buch 5, Vers 3317)

Fatalismus ist auch das Gefängnis und die Kette der Nachlässigen. Wisse, daß Glaube an die Vorsehung wie das Wasser des Nils ist – Wasser für den Gläubigen und Blut für den Ungläubigen.

(Mathnawi, Buch 6, Vers 1442 + 1443)

Der Verstand ist im Leib des Menschen wie ein großer Befehlshaber.

(Fihi ma fihi)

Diese Welt ist nur Schaum, voll von Abfall, aber durch das Geschwapp der Wogen erhält der Schaum ein wenig Schönheit.

(Fihi ma fihi)

Wenn du das Wörtlein »wenn« verwendest

Rumi weiß, wo es langgeht

Wenn du ihn einen Heuchler nennst, so sticht ihn dieser üble Name wie ein Skorpion.
Wenn dieser Name nicht aus der Hölle stammt, warum ist dann ein Geschmack von Hölle darin?

(Mathnawi, Buch 1, Vers 293 + 294)

Wenn du jemanden, der ohne Neid ist, täuschst oder beneidest, entstehen aus diesem Neid schwarze Flecken in deinem Herzen.

(Mathnawi, Buch 1, Vers 435)

Wenn du einem Milchkind statt Milch Brot gibst, so wird der Säugling an diesem Brot gewiß sterben.

(Mathnawi, Buch 1, Vers 581)

Unsere Ohren horchen auf, wenn du sprichst; unser trockenes Land ist ein Fluß, wenn du der Ozean bist.

(Mathnawi, Buch 1, Vers 586)

Wenn du hundert Äpfel oder hundert Quitten zählst, so wird aus ihnen doch eins, wenn du sie zerstampfst.

(Mathnawi, Buch 1, Vers 680)

Wenn du einen Granatapfel kaufen willst, kaufe einen lachenden, damit sein Gelächter etwas über seine Kerne sagt.

(Mathnawi, Buch 1, Vers 719)

Wenn du Worte über Reinheit an einen Spiegel hauchst, wird der Spiegel sofort trübe.

(Mathnawi, Buch 1, Vers 1046)

Wenn du ein Elefant bist und dein Feind geflohen ist, dann ist die Vergeltung der Vögel in Scharen über dich gekommen.
Wenn ein armer Mann auf Erden um Vergebung bittet, entsteht in den Armeen des Himmels ein großer Tumult.
Wenn du jemanden mit deinen Zähnen beißt und zum Bluten bringst, bekommst du Zahnschmerzen – was machst du dann?

(Mathnawi, Buch 1, Vers 1314–1316)

Wenn du in dieser Welt einen achtlosen Schritt tust, wird deine Milch mit Blut vermischt.

(Mathnawi, Buch 2, Vers 14)

Wenn du willst, daß der Besitzer der Kuh besiegt wird, stachele ihn wie einen Esel an, in diese Richtung zu gehen, o Eigensinniger!

(Mathnawi, Buch 3, Vers 2549)

Alle Kriege sind hirnlos

Weiche Weisheit für Hardliner, Dogmatiker und Taliban

Meine Sanftmut läßt jeden Augenblick die Sanftmut von hundert Vätern und hundert Müttern aufkeimen und entschwinden.
Ihre Sanftmut ist der Schaum auf dem Meer Meiner Sanftmut; der Schaum kommt und geht, doch das Meer bleibt.

(Mathnawi, Buch 1, Vers 2674 + 2675)

Die Kriege der Menschheit sind wie Kämpfe der Kinder – alle sinnlos, gehirnlos und niedrig.
Alle ihre Kämpfe werden mit hölzernen Schwertern ausgefochten, alle ihre Ziele sind nutzlos.
Sie reiten alle auf einem Bambusrohr und sagen: »Das ist unser Buraq oder unser Esel, der wie Duldul geht.«
Sie tragen ihre Steckenpferde, doch in ihrer Dummheit erhöhen sie sich; sie halten sich für Reiter auf dem Weg.
Warte bis zu dem Tag, an dem die von Gott Erhöhten vorbeikommen, im Galopp, jenseits der neun Schichten des Himmels!
»Die Engel und der Geist steigen zu Ihm empor: »Beim Aufstieg des Geistes wird der Himmel erzittern.
Wie Kinder reitet ihr alle auf euren Röcken; ihr habt euren Rockzipfel als Pferd ergriffen.

(Mathnawi, Buch 1, Vers 3435–3441)

Das Schwert der Sanftmut ist schärfer als das Schwert aus Eisen; nein, es ist siegreicher als hundert Armeen.

(Mathnawi, Buch 1, Vers 3989)

Wenn Gott dir inmitten von Schlangen und Skorpionen die Phantasie der Schönen beläßt,
werden die Schlangen und Skorpione freundlich zu dir sein, denn diese Phantasie ist die Alchimie des Kupfers.

(Mathnawi, Buch 2, Vers 597 + 598)

Wenn Er einem Mann die Natur einer Frau einpflanzt, schon läßt der Mann als Memme sich bespringen.

(Mathnawi, Buch 6, Vers 2995)

Ist es nicht so, daß du, wenn du durch verbotene Getränke oder Haschisch oder durch Musikhören oder aus irgendeinem Grund entzückt bist, zu dieser Zeit sogar mit deinem Feind einverstanden bist und ihm vergibst und ihm auf einmal Hände und Füße küssen möchtest? In dieser Stunde sind Gläubige und Ungläubige gleich in deinen Augen. Wer so ist: Wie sollte er irgend jemanden hassen oder etwas gegen ihn vorhaben?

(Fihi ma fihi)

»Warum hast du deine Mutter umgebracht?«
»Ich sah etwas Unanständiges.«
»Dann hättest du besser den Liebhaber umgebracht.«
»Dann müßte ich täglich einen umbringen. So hab' ich sie umgebracht und brauch keine Männer mehr umzubringen.«

(Fihi ma fihi)

Das Universum bettelt uns um Wissen an

Rumi als Kosmologe und Welterklärer

Der Atem kam, er sah dich und entwich. Er schenkte Leben, wem er wollte, und entwich.
Ein andrer Atem kam herbei, paß auf, o Kamerad, daß du auch diesen nicht versäumst.
Der Atem gestern Nacht kam nun zu mir, in anderer Verkleidung;
Ein Bissen warf sich quer, versperrte ihm den Zugang.
(Mathnawi, Buch 1, Verse 1953, 1954 + 1960)

Den Gelehrten, der davon überzeugt ist, daß der Himmel ein Ei und die Erde wie das Eigelb ist,
Fragte jemand, wie diese Erde mitten in der Weite des Himmels um sie herum stehen bleiben kann.
Sie hängt in der Luft wie eine Lampe, bewegt sich weder nach unten noch nach oben.
Der Gelehrte sagte zu ihm: »Sie bleibt in der Luft wegen der Anziehungskraft, die der Himmel aus sechs Richtungen ausübt.
Das Himmelsgewölbe ist wie ein Magnet; in der Mitte hängt ein Stück Eisen.«
Sagte der andere: »Wie kann der reine Himmel die dunkle Erde anziehen?
Nein, er stößt sie aus sechs Richtungen ab; deshalb bleibt sie inmitten kräftiger Winde hängen.«
Ebenso bleiben wegen der Abstoßung durch die Herzen der Vollkommenen die Seelen der Pharaonen in Verwirrung.
Weil diese Verlorenen von dieser und der nächsten Welt zurückgewiesen werden, bleibt ihnen weder diese noch die andere.
(Mathnawi, Buch 1, Vers 2482–2490)

Jeder Prophet kam alleine auf diese Welt; er war alleine und hatte hundert unsichtbare Welten in sich.
Mit dieser Macht verzauberte er den Makrokosmos, er versteckte sich in einer sehr kleinen Hülle.
Die Dummköpfe hielten ihn für alleine und schwach; wie kann der Gefährte des Königs schwach sein?
Die Dummköpfe sagten: »Er ist ein Mensch, nicht mehr«; wehe dem, der nicht an das Ende denkt!

(Mathnawi, Buch 1, Vers 2505–2508)

Wisse, o Sohn, daß alles im Universum ein Krug ist, bis zum Rand mit Weisheit und Schönheit gefüllt.
Es ist ein Tropfen des Tigris Seiner Schönheit, die wegen ihrer Fülle von der Haut nicht umfaßt wird.

(Mathnawi, Buch 1, Vers 2860 + 2862)

Wenn ich sage, daß zwischen Zunge und von Zweifel freiem Auge eine Reise von hunderttausend Jahren liegt, ist das untertrieben.
Komm jetzt, verzweifle nicht! Wenn Gott will, erscheint das Licht vom Himmel in einem einzigen Augenblick.
Jeden Augenblick läßt Seine Macht den Einfluß der Sterne auf die unterirdischen Minen wirken.
Der Stern am Himmel löscht die Dunkelheit aus; der Stern Gottes ist in Seinen Eigenschaften befestigt.
O der du nach Hilfe suchst, die fünfhundert Reisejahre entfernte Himmelssphäre ist in Wirklichkeit der Erde nahe.
Es ist eine Reise von dreitausendfünfhundert Jahren bis zum Saturn, und doch wirkt seine besondere Eigenschaft dauernd auf die Erde.
Gott macht diesen Einfluß zunichte wie die Sonne den Schatten; was ist schon die Länge des Schattens im Vergleich zur Sonne?

(Mathnawi, Buch 4, Vers 512–518)

Wenn jemand der Universellen Vernunft undankbar gegenübersteht, erscheint ihm auch die Form des Universums als Hund.

(Mathnawi, Buch 4, Vers 3260)

Sonne, Mond und Sterne im Fieber

Sonnenanbetung, Lunatismus und Astralzauber mitten im Islam

Doch in der Dunkelheit legt ein verborgener Dieb seine Finger auf die Sterne.
Er löscht einen Stern nach dem anderen aus, damit keine Lampe am Himmel leuchtet.
Selbst wenn tausend Fallen auf unserem Wege liegen, wenn Du bei uns bist, gibt es keine Schwierigkeiten.
Jede Nacht befreist Du die Geister von den Fallen des Körpers und löschst die Einträge auf den Tafeln des Denkens.
Die Geister werden jede Nacht aus diesem Käfig befreit, mit Befehl und Gerede haben sie nichts mehr zu tun.
In der Nacht denken Gefangene nicht an ihr Gefängnis, in der Nacht wissen Regierende nichts von ihrer Macht.
Es gibt keine Sorgen, keinen Gedanken an Gewinn oder Verlust, keine Phantasie über diese oder jene Person.
Der Mystiker ist sogar ohne Schlaf in diesem Zustand; Gott sprach: »Du hieltest sie für wach, als sie schliefen.« Bestreite das nicht!

(Mathnawi, Buch 1, Vers 385–392)

Mit dir ist die Erde für uns besser als der Himmel. O du, der die Erde von den Fischen am Himmel bis zu den Fischen im Wasser erhellt!
Ohne dich ist die Dunkelheit der Himmel über uns; was ist dieser Himmel überhaupt, verglichen mit dir, o Mond?

(Mathnawi, Buch 1, Vers 587 + 588)

Jetzt wo die Sonne verschwunden ist und uns verbrannt hat, gibt es keine Lampe als Ersatz für ihn?

(Mathnawi, Buch 1, Vers 670)

Der Mond, der die Sterne an Schönheit übersteigt, wird im Fieber zum Trugbild.

(Mathnawi, Buch 1, Vers 1280)

Ebenso beginnen die Geister, die im Lehm gefangen sind, wenn sie mit frohem Herzen Wasser und Lehm entkommen,
In der Luft der Göttlichen Liebe zu tanzen, und sie werden makellos wie die Kugel des Vollmondes.
Ihre Körper tanzen, und ihre Seelen – nein, frag nicht danach! Und wovon die Freuden der Seele kommen – nein, frag nicht danach!
Der Hase hat den Löwen in das Gefängnis eingesperrt. Schmach über den Löwen, den ein Hase hereingelegt hat!

(Mathnawi, Buch 1, Vers 1346–1349)

O Sonne der Wahrheit, strahle geistiges Leben aus, erneuere diese hinfällige Welt!

(Mathnawi, Buch 1, Vers 2221)

Dem Feuer graut es immer vor dem Wasser. Wann hatte das Wasser je Angst, angezündet zu werden?
Du beobachtest Mängel auf dem Gesicht des Mondes; du sammelst Dornen in einem Paradies.
Dornensammler, wenn du in das Paradies gehst, wirst du dort keinen Dorn außer dir selbst finden.
Du bedeckst eine Sonne mit etwas Lehm; du suchst einen Riß in einem vollkommenen Vollmond.
Eine Sonne, die über die ganze Welt scheint – warum sollte sie sich wegen einer Fledermaus verbergen?

(Mathnawi, Buch 2, Vers 3347–3351)

Die Vernunft füllt Bücher mit Schwärze; die Vernunft der Vernunft erfüllt das Universum mit dem Mondlicht.
Die Universelle Vernunft ist frei von Schwärze und Weiße; das Licht ihres Mondes scheint auf Herz und Seele.

Wenn dieses Schwarz und Weiß Macht erlangt hat, dann von der Nacht der Macht, die wie ein Stern schien.

(Mathnawi, Buch 3, Vers 2531–2533)

Sogar der Mond wird von der Mondverfinsterung besiegt.

(Mathnawi, Buch 5, Vers 2167)

Was hat der Mond mit Dicke oder Dünnheit zu tun? Er läuft wie ein Schatten der Sonne hinterher.

Wer beansprucht, mit Gottes Ratschluß ein Abkommen zu treffen, verspottet sich selbst.

Ein Strohhalm im Wind, und dann ein Abkommen! Eine Auferstehung und dann der Entschluss zu handeln!

In der Hand der Liebe werde ich wie eine Katze in einem Sack bald von der Liebe hochgehoben und bald hinuntergeworfen.

Er schleudert mich um Seinen Kopf herum; ich habe weder oben noch unten Ruhe.

Die Liebenden sind in einen wilden Strom gefallen; sie haben ihre Herzen auf den Ratschluß der Liebe gesetzt.

Wie Mühlsteine drehen sie sich Tag und Nacht im Kreis und stöhnen ununterbrochen.

Das Drehen des Mühlsteins ist Beweis für die den Fluß Suchenden, damit keiner sagen kann, der Fluß sei bewegungslos.

Wenn du den verborgenen Fluß nicht siehst, dann sieh das Drehen des himmlischen Wasserrades.

Da die Himmel keine Ruhe vor Ihm haben, suche auch du, o Herz, wie die Sterne nicht nach Ruhe.

Wenn du einen Zweig zu packen bekommst, läßt Er dich dann daran festhalten? An was du auch hängst, Er wird es zerbrechen.

Wenn du die Umdrehung des Ratschlusses nicht siehst, dann schau auf das Wogen und Kreisen der Elemente,

Denn das Wogen des Treibguts und des Schaums wird vom Kochen des Edlen Meeres verursacht.

Sieh, wie der Schwindel erregende Wind heult; sieh, wie die Wellen des Meeres auf Seinen Befehl wogen.

Die Sonne und der Mond sind zwei Mühlenochsen, die immer im Kreise gehen und wachen.

Ebenso laufen die Sterne von Haus zu Haus und bringen Glück und Unglück.

Höre, auch wenn die Sterne des Himmels weit entfernt und deine Sinne zu schwerfällig und nachlässig sind,

Wo sind unsere Sterne – Auge, Ohr und Verstand – in der Nacht, und wo, wenn wir wach sind?

Bald sind sie glücklich, vereint und zufrieden; bald unglücklich, getrennt und ohnmächtig.

Weil der Mond am Himmel einen Kreis dreht, ist er manchmal dunkel und manchmal hell.

Manchmal ist Frühling und manchmal Sommer wie Honig und Milch; manchmal ist diese Welt ein Richtplatz voller Schnee und Eiseskälte.

Wenn du siehst, daß vor Ihm Universen wie Bälle sind, unterwirf dich Ihm und Seinem Schläger.

(Mathnawi, Buch 6, Vers 905–926)

Der Schleier vor der Sonne ist das Licht des Herrn. Die Fledermaus und die Nacht haben daran nicht teil.

Da beide der Sonne fern sind und sie ihnen verhüllt ist, haben sie entweder ein schwarzes Gesicht oder sind kalt.

Da du einen Teil der Geschichte des Neumondes erzählt hast, kleide jetzt die Geschichte des Vollmondes in Worte.

Der Neumond und der Vollmond sind eins; Zweiheit liegt ihnen so fern wie Unvollkommenheit und Verdorbenheit.

Der Neumond ist innerlich frei von Unvollkommenheit. Seine äußerliche Unvollkommenheit kommt von seinem schrittweisen Wachstum.

Nacht für Nacht lehrt er dich, dich schrittweise zu entwickeln, mit Absicht und Geduld.

Bedächtig sagt er: »O eiliger Narr, man kann das Dach nur schrittweise besteigen.«
Laß den Kochtopf allmählich kochen, wie es ein kunstfertiger Koch tut. In Eile gekochtes Fleisch ist nichts wert.
Wäre Gott nicht in der Lage, den Himmel in einem Augenblick mit dem Befehl »Sei!« zu erschaffen? Zweifellos ist Er es.
Warum, o Lernwilliger, hat Er die Zeit dann auf sechs Tage ausgedehnt, wobei jeder Tag wie tausend Jahre war?
Warum dauert die Erschaffung eines Kindes neun Monate? Weil Geduld eine Eigenschaft des Königs ist.
Warum dauerte die Erschaffung Adams vierzig Tage? Weil Er nach und nach diesem Stück Lehm etwas hinzufügte.
Nicht so wie du, o Irdener, der sich jetzt beeilt. Du bist ein Kind und hältst dich für einen Erwachsenen.
Du bist wie ein Kürbis nach vorne gerollt, doch wo sind Kampf und Krieg, um dich zu erhalten?
Du hast dich an Bäume und Mauern gelehnt. Du bist schnell wie ein Kürbis gewachsen, o du Glatzkopf.

(Mathnawi, Buch 6, Vers 1205–1219)

Warum sollte ich jetzt, wo ein glänzender Mond für mich aufgegangen ist, einer Staubwolke folgen?
Das Wasser läuft in meinem Flußbett, und es ist meine Glückszeit. Weshalb soll ich, der nichts braucht, etwas von jemandem erflehen?
Warum soll ich den Kopf verbinden, wenn die Kopfschmerzen vorbei sind?
Die Zeit des bleichen Gesichts und der tränenvollen Augen ist vorbei.
Da meine Lippen süß wie Zucker und meine Wangen hell wie der Mond sind, muß ich ein anderes Geschäft eröffnen.
Als seine Triebseele anfing, diese Selbstsucht zu gebären, kamen hunderttausend stachlige Worte über seine Lippen.

(Mathnawi, Buch 6, Vers 4765–4770)

Ich zittere, denn Zittern gefällt Gott

Rumi über Tränen, Schmerz und Leid

Die Tage vergehen in Leid, unsere Tage reisen Hand in Hand mit brennenden Schmerzen.

Wenn unsere Tage auch vergehen, laß sie ziehen, solange Du nur bleibst, denn nichts ist heiliger als Du!

Nur ein Fisch wird nie von seinem Wasser satt; wer kein tägliches Brot hat, dem erscheint der Tag lang.

Unreifes kann den Zustand des Reifens nicht verstehen, deshalb muß ich mich kurz fassen – lebe wohl!

O Sohn, sprenge deine Ketten und sei frei! Wie lange willst du noch Gefangener von Silber und Gold sein?

Wieviel kann ein Krug aufnehmen, wenn man das Meer hineinfüllt? Einen Tagesvorrat.

(Mathnawi, Buch 1, Vers 15–20)

Was du an Finsternis und Sorgen erleiden mußt, ist das Ergebnis von Unverschämtheit und Respektlosigkeit.

(Mathnawi, Buch 1, Vers 89)

Die Tränen laufen uns wegen der Trennung aus den Augen; Seufzer auf Seufzer entsteigt unseren Seelen.

Ein Säugling streitet nicht mit seiner Amme, aber er weint, obwohl er Gut und Schlecht nicht kennt.

(Mathnawi, Buch 1, Vers 596 + 597)

O mein Herz, zerreiße sie in Stücke, zögere nicht; zerreiß ihr Fell, denn sie sind nur Fell.

Was ist Fell? Trügerische Worte, wie unbeständig sich kräuselndes Wasser.

Wisse, daß Worte die Haut sind, und die Bedeutung ist der Kern; Worte sind die Form, und die Bedeutung ist der Geist.
Die Haut verbirgt den Mangel des schlechten Kerns; sie verbirgt eifersüchtig die Geheimnisse des guten Kerns.
Wenn die Feder aus Wind ist und die Schriftrolle aus Wasser, verschwindet alles, was du schreibst, schnell.
Es ist auf Wasser geschrieben; wenn du hier Beständigkeit suchst, wirst du dich in die Hände beißen.

(Mathnawi, Buch 1, Vers 1095–1100)

Ach! Wären meine Tränen ein Ozean, und ich könnte ihn vor diesem schönen Geliebten als Geschenk ausschütten!

(Mathnawi, Buch 1, Vers 1714)

Ich zittere, denn Zittern gefällt Ihm; Er wünscht das Zittern und den Kummer der beiden Welten.
Ich kann nur bitterlich zittern ob Seiner Täuschung, denn ich gehöre nicht zu dem Kreis der von Ihm Berauschten.
Ich kann mich nur beklagen wie die Nacht ohne Seinen Tag, und ohne die Gunst Seines Angesichts, das den Tag erhellt.
Seine Härte ist meiner Seele süß; möge meine Seele dem Geliebten geopfert werden, der mein Herz verwüstet!
Ich bin verliebt in mein Leiden und meinen Schmerz, damit ich meinem unvergleichlichen König gefalle.
Ich mache aus dem Staub des Liebeskummers eine Salbe für meine Augen, damit sich die beiden Meere meiner Augen mit Perlen füllen.
Die Tränen, welche die Geschöpfe wegen Ihm vergießen, sind Perlen, und die Leute glauben, es sind Tränen.
Ich beklage mich über die Seele der Seelen, aber in Wirklichkeit beklage ich mich nicht, ich erzähle nur mein Leid.
Mein Herz sagt: »Ich nehm' es Dir übel«, und diese nichtige Anmaßung brachte mich zum Lachen.

(Mathnawi, Buch 1, Vers 1774–1781)

Du kannst nicht von jeder Phantasie befreit werden oder einschlafen, um ihr zu entkommen.
Deine Gedanken sind wie Wespen, und dein Schlaf ist wie Wasser; wenn du aufwachst, kommen die Wespen zurück.
Und viele wespenartige Phantasien kommen geflogen und treiben dich bald hierhin, bald dorthin.

(Mathnawi, Buch 5, Vers 730–732)

Wer geringer als diese Lampe ist

Licht und Blindheit und Erleuchtung

Was schadete ihm schon seine abscheuliche Gestalt, wenn sein Geist in einen Ozean von Licht getaucht war!

(Mathnawi, Buch 1, Vers 1023)

Du hast blaues Glas vor deine Augen gehalten; also erschien die Welt dir blau.

Wenn du nicht blind bist, dann weißt du, daß das Blau von dir kommt; sprich schlecht über dich, sprich über keinen anderen mehr schlecht.

(Mathnawi, Buch 1, Vers 1329–1331)

Wenn das Licht von hundert Lampen übertragen wird, wird der Anblick der letzten Lampe zu einem Treffen mit der Ersten.

Nimm mit ganzer Seele vom letzten Licht – es macht keinen Unterschied – oder vom Kerzenleuchter.

Schaue das Licht Gottes in der letzten Lampe, oder schaue Sein Licht in der Kerze derer, die früher gegangen sind.

(Mathnawi, Buch 1, Vers 1949–1950)

Wir, die blind Stöcke schwingen, können nichts dafür, daß wir Lampen zerbrechen.

(Mathnawi, Buch 2, Vers 435)

Komm also in die Werkstatt, das heißt die Nichtexistenz, damit du Werk und Werker zusammen sehen kannst.

Da die Werkstatt der Ort der Hellsicht ist, gibt es außerhalb der Werkstatt nur Blindheit.

(Mathnawi, Buch 2, Vers 763 + 764)

Er ist das Licht, und der Verstand ist sein Gabriel; der Gottesfreund, der geringer als er ist, ist seine Lampe.

Wer geringer als diese Lampe ist, ist unsere Lampennische; das Licht besitzt Rangabstufungen,

Denn »das Licht Gottes hat siebenhundert Schleier«; betrachte die Schleier des Lichts als ebenso viele Stufen.

Hinter jedem Schleier hat eine Rangstufe Heiliger ihren Wohnort; diese Schleier setzen sich Rang für Rang bis zum Imam fort.

Die auf dem letzten Rang können wegen ihrer Schwäche mit ihren Augen das Licht vor ihnen nicht ertragen.

Und der höhere Rang kann aus Sehschwäche das noch stärkere Licht nicht ertragen.

Das Licht, welches das Leben der Ersten ist, ist für diese Schwachsichtigen Seelenqual und Heimsuchung.

Die Sicht wird nach und nach besser, und wer die siebenhundert Schleier überwunden hat, wird zum Lichtmeer.

(Mathnawi, Buch 2, Vers 820–827)

Ein blinder Mann pflegte zu sagen: »Habt Mitleid, ich habe zwei Leiden, o Zeitgenossen.

Deshalb, hört, zeigt mir doppelt so viel Mitleid, denn ich habe zwei Leiden und dazwischen bin ich.«

Jemand sagte: »Wir sehen eines deiner Leiden; was kann das andere Leiden sein? Erkläre es uns.«

Er antwortete: »Ich habe eine häßliche und unangenehme Stimme: Häßlichkeit der Stimme und Blindheit sind zwei.

Meine häßliche Stimme wird zur Quelle des Kummers; die Liebe der Leute wird durch meine Stimme gemindert.

Wohin auch meine häßliche Stimme geht, sie wird zur Quelle des Zorns, des Kummers und des Hasses.

Verdoppelt euer Mitleid für diese zwei Leiden; öffnet mir, der keinen Weg in eure Herzen hat, einen Weg hinein.«

Die Häßlichkeit seiner Stimme wurde durch seine Klage gemindert: Die Leute hatten einmütig Mitleid mit ihm.

Als er das Geheimnis erzählt hatte, wurde seine Stimme durch die
Gnade der Stimme seines Herzens verschönert;
Aber wenn jemand auch noch eine schlechte Herzensstimme hat:
Diese drei Leiden sind ewige Verbannung.
Doch es kann sein, daß die Großzügigen, die ohne Grund geben, eine Hand auf sein häßliches Haupt legen.
Als seine Stimme süß und demütig geworden ist, sind die steinernen Herzen zu Wachs geworden.
Da das Jammern des Ungläubigen häßlich und wie Eselsgeschrei ist,
erhält es keine wohlwollende Antwort.
»Und redet nicht mit Mir« gilt dem Ungläubigen mit der häßlichen
Stimme, denn er ist trunken vom Blut wie ein Hund.

(Mathnawi, Buch 2, Vers 1995–2008)

Wenn jemand von Kiste zu Kiste geht

Rumi über die Enge der Welt – und unbegrenzte Nichtexistenz

Als du mich geboren hast, sah ich den Tod; schmerzhaft war meine Angst, von dir entbunden zu werden.
Als ich geboren wurde, floh ich aus dem engen Gefängnis in eine Welt angenehmer Luft und schöner Farbe.
Nun erscheint mir die Welt wie der Mutterleib, denn in diesem Feuer habe ich eine solche Ruhe gesehen;
In diesem Feuer habe ich eine Welt gesehen, in der jedes Atom den Atem Jesu besitzt.

(Mathnawi, Buch 1, Vers 791–794)

O Gott, enthülle Du der Seele diesen Ort, wo die Rede ohne Buchstaben wächst,
Damit sich die reine Seele auf den Weg macht und zum weiten Platz des Nichtseins geht.
Das ist ein sehr großer und weiter Platz; und er ernährt unsere Phantasie und unsere Existenz.
Phantasien sind enger als die Nichtexistenz; aus diesem Grund ist Phantasie die Ursache des Leids.
Existenz wiederum ist enger als Phantasie; deshalb werden Monde in ihr zu abnehmenden Monden.

(Mathnawi, Buch 1, Vers 3092–3096)

Sie bringen dich in ein enges und sorgenvolles Haus; kein Teppich und keine Matte sind darin;
Keine Lampe in der Nacht und kein Brot am Tag; keinen Geruch und kein Anzeichen von Nahrung gibt es dort.
Keine Tür in gutem Zustand, keinen Weg zum Dach; keinen einzigen Nachbarn als Zuflucht.

Wie kann dein Körper, der von den Leuten geküßt wurde, in ein blindes und dunkles Haus gehen?
In ein erbarmungsloses Haus und einen engen Raum, wo weder dein Gesicht noch deine Farbe bleiben wird.
(Mathnawi, Buch 2, Vers 3119–3123)

Jonas blieb lange im Bauch des Fisches; für seine Erlösung gab es keinen anderen Weg als Gottesverehrung.
Hätte er Gott nicht verehrt, wäre der Bauch des Fisches sein Gefängnis und Kerker gewesen bis zur Auferstehung.
Durch die Verehrung entkam er dem Körper des Fisches. Was ist Verehrung? Das Zeichen des Tages von Alast.
Wenn du diese Verehrung vergessen hast, dann höre mit deinem Geist auf die Verehrung jener Fische.
Wer Gott gesehen hat, ist von Gott; wer dieses Meer gesehen hat, ist dieser Fisch.
Diese Welt ist ein Meer, und der Körper ein Fisch, und der Geist ist Jonas, der vom Morgenlicht ferngehalten wurde.
Wenn er Gott verehrt, wird er aus dem Fischbauch erlöst; ansonsten wird er verdaut und verschwindet.
(Mathnawi, Buch 2, Vers 3136–3142)

O bester Helfer, nur du kannst das Auge, welches das Nichtsein betrachtet, dazu bringen, das Sein zu sehen.
Das Auge, das aus dem Nichtsein erschaffen wurde, betrachtete das Sein selbst als nichtexistent.
Doch wenn deine beiden Augen verwandelt und erleuchtet werden, wird aus unserer geordneten Welt das Jüngste Gericht.
(Mathnawi, Buch 6, Vers 825–827)

Im Koran heißt es: »Wenn ihr imstande seid, so überschreitet sie.« Diese Worte hat er an die Dschinne und an die Menschheit gerichtet.

Er sprach: »Es gibt für euch keinen Weg, den Himmel zu übersteigen, außer durch Meine Macht und durch die Eingebung des Himmels.«

Wenn jemand von Kiste zu Kiste geht, gehört er nicht zum Himmel, sondern zur Kiste.

Der Wechsel zwischen den Kisten berauscht ihn immer wieder. Er merkt nicht, daß er sich in einer Kiste befindet.

Wenn ihn all diese Kisten nicht täuschen können, sucht er wie der Richter nach Befreiung und Erlösung.

(Mathnawi, Buch 6, Vers 4513–4517)

Wer ein Herz hat, versteht die Klage des Baumstumpfs

Schamane Rumi über das angeblich Unbelebte

Der König wandte sich dem Feuer zu und sprach: »O Zerstörer, was ist aus deiner weltverzehrenden Veranlagung geworden?

Warum brennst du nicht? Was ist aus deiner Eigenart geworden? Hat sich deine Absicht wegen unserem Schicksal geändert?

Du hast nicht einmal mit dem Feueranbeter Mitleid, weshalb sind dann die, die dich nicht verehren, verschont geblieben?

Niemals, o Feuer, bist du geduldig; warum brennst du nicht? Was bedeutet das? Hast du keine Kraft mehr?

Hat ein Zauber das Auge oder den Verstand gefesselt? Warum brennt der stolze Scheiterhaufen nicht?

Hat dich jemand verhext? Oder ist es Magie, oder kommt dein widernatürliches Verhalten von meinem Schicksal?«

Das Feuer sprach: »Ich bin dasselbe, ich bin Feuer; komm herein und spüre meine Hitze.

Meine Natur, mein Element hat sich nicht geändert; ich bin das Schwert Gottes und schneide auf Seinen Befehl.«

Die Hunde der Turkmenen katzbuckeln vor dem Gast am Zelteingang.

Doch wenn ein fremdes Gesicht am Zelt vorbeigeht, springen die Hunde ihn wie Löwen an.

Ich bin in bezug auf Hingabe nicht geringer als ein Hund, Gott ist in bezug auf das Leben nicht weniger als ein Türke.

(Mathnawi, Buch 1, Vers 823–833)

Jeder Bissen deines Schlundes sehnt sich Allah zu bewirten und das Jenseits zu erreichen.

(Mathnawi, Buch 1, Vers 1657)

Am Tage des Gerichts, »wenn die Erde erbebt«, wird die Erde über alles, was geschehen ist, Zeugnis ablegen.
Denn sie wird »ihre Geschichten deutlich erzählen«; Erde und Steine werden anfangen zu sprechen.
Wer ein Herz hat, der versteht die Rede des Wassers, die Rede der Erde und die Rede des Schmutzes.

(Mathnawi, Buch 1, Vers 3276 + 3277 + 3280)

Jeden Augenblick kommt von ihm der Ruf: »Bin ich nicht euer Herr?« Und Substanzen und Akzidenzien beginnen zu existieren.
Wenn sie auch kein »Ja« von sich geben, ist doch ihre Seinswerdung wie ein »Ja«.
Höre eine schöne Geschichte zur Erklärung dessen, was ich über die Kenntnisse von Stein und Holz gesagt habe.
Der Baumstumpf beklagte sich über seine Trennung von dem Propheten, genauso wie vernunftbegabte Menschen das tun.
Der Prophet sagte: »O Baumstumpf, was willst du?« Der sagte: »Meine Seele verblutet, weil sie von dir getrennt ist.
Ich war deine Stütze; jetzt hast du mich verlassen; du hast dir eine Kanzel gemacht, an die du dich lehnst.«
»Wünschst du«, sagte er, »eine Dattelpalme zu werden, damit die Leute des Ostens und Westens deine Früchte ernten?
Oder daß Er aus dir eine Zypresse im Jenseits macht, damit du ewig frisch und blühend bleibst?«
Der Baumstumpf antwortete: »Ich wünsche das ewige Leben.« Höre, Achtloser! Sei nicht weniger als ein Stück Holz!
Er begrub den Baumstumpf, damit er wie die Menschheit am Tag der Auferstehung von den Toten erweckt wird,
Damit du weißt, daß jeder, den Gott gerufen hat, sich nicht mehr mit dem Werk der Welt beschäftigt.
Wer sein Werk und Geschäft von Gott hat, erhält dort Zugang und gibt das weltliche Werk auf.

Wer die spirituellen Geheimnisse nicht versteht, wie könnte der an Klagen unbelebter Dinge glauben?

(Mathnawi, Buch 1, Vers 2110–2122)

Durch die Gnade jenes Kaisers wurde der Berg Sinai über und über zu Rubin.

Die Teile des Berges erhielten Leben und Vernunft – sind wir denn weniger wert als Steine, o Leute?

(Mathnawi, Buch 2, Vers 1334–1335)

Sobald du nur das richtig eingestimmte Auge aufschlägst, steckt unter jedem Stein – ein Lehrer.

Sobald dein Auge Meister wird, entdeckst du bald im Faltenwurf fast jeder Derwischkutte – einen Moses.

(Mathnawi, Buch 2, Vers 2349 + 2350)

Als in dieser Welt Moses' Stab eine Schlange wurde, wurde der Verstand über die unbelebten Dinge unterrichtet.

Da Er dich aus einem Stück Erde zum Menschen gemacht hat, sollst du die Gesamtheit der Erdpartikel erkennen:

Unter einem Gesichtspunkt sind sie tot, unter einem anderen lebendig; hier schweigen sie und dort sprechen sie.

Wenn Er sie uns von dort schickt, wird der Stab hier für uns zu einem Drachen.

Auch die Berge singen ein Lied wie David, und die Substanz des Eisens ist Wachs in der Hand.

Der Wind wird zu einem Träger für Salomo, das Meer wird fähig, Worte über Moses zu verstehen.

Der Mond wird fähig, Ahmads Zeichen zu sehen, das Feuer wird für Abraham zu Wildrosen.

Die Erde verschluckt Qarun wie eine Schlange; der klagende Baumstumpf geht den Weg der Gerechten.

Der Stein erweist Ahmad den Friedensgruß; der Berg schickt Yahya eine Botschaft.

»Wir können hören und sehen und sind glücklich; doch bei dir, dem Uneingeweihten, sind wir stumm.«
Denn wie wollt ihr mit dem Geist der unbelebten Dinge vertraut werden, wenn ihr euch auf die Unbelebtheit zubewegt?
Geht aus der Welt der Unbelebtheit in die Welt der Geister, hört auf das laute Geräusch der Partikel der Welt.
Die Verehrung Gottes durch die unbelebten Dinge wird dir offenbar werden; die von Deutungen genährten Zweifel können dich nicht davon abbringen.

(Mathnawi, Buch 3, Vers 1011–1022)

Ich bin ein Bluttrinker wie die Erde und der Mutterleibkeimling; seit ich ein Liebender bin, bin ich damit beschäftigt.
In der Nacht koch' ich wie ein Kessel auf dem Feuer, tagsüber trink' ich wie Sand bis zum Abend Blut.
Ich bereue, daß ich mich der List bediente und vor dem floh, was sein Zorn wünschte.
Möge er seinen Zorn gegen meine trunkene Seele richten; er ist das Opferfest, und der Liebende ist der Büffel.
Ob der Büffel schläft oder etwas frißt, er wird für das Fest und die Schlachtung gemästet.

(Mathnawi, Buch 3, Vers 3892–3896)

Ich starb als Stein und wurde Gras; dann starb ich als Kraut und wurde Tier.
Ich starb als Tier und wurde Mensch – was soll ich also fürchten? Wann hat mich der Tod verkleinert?
Nächstes Mal sterb' ich als Mensch, um als Engel zu fliegen.
Und selbst als Engel muß ich verschwinden, denn »alle Dinge vergehen außer Seinem Angesicht.«
Und wieder werd' ich geopfert und werd' eine Unvorstellbarkeit sein.
Dann werd' ich zu Nichtsein und sing' als Nichts so schön wie eine Orgel: »Siehe, zu Ihm kehren wir heim!«

(Mathnawi, Buch 3, Vers 3901–3906)

Auch wenn die Feder in Wirklichkeit etwas Gefühlloses ist und nicht von der Art des Schreibers ist, ist sie doch sein Vertrauter.

(Mathnawi, Buch 4, Vers 875)

Es ist, wie wenn eine Mutter verzweifelt vor Kummer am Grab eines gerade gestorbenen Kindes
Ernste und aus dem Herzen kommende Worte spricht: Der leblose Körper erscheint ihr lebendig.
Sie betrachtet diesen Staub als lebendig dastehend, sie tut so, als hätte dieser Kehricht Auge und Ohr.
Für sie scheint in ihrem Unglück jedes Atom der Erde Gehör und Vernunft zu haben.
Sie glaubt mit aller Macht, daß die Erde ihr zuhört. Schau dir diese Liebe genau an, die Zauber wirkt!

(Mathnawi, Buch 5, Vers 3265–3268)

Sogar Steine und Erde und Gebirge und Wasser haben ihren unsichtbaren Rückkehrweg zu Gott.

(Mathnawi, Buch 6, Vers 2420)

Wenn beispielsweise eine Schale eine Seele hätte, wäre sie der Sklave des Töpfers und in ihn verliebt.

(Fihi ma fihi)

Sie sagen: »Die Leute dort sind Jünger von diesem Trottel und verehren ihn.« Ich sage: »Dieser Trottel von einem Scheich steht ja nicht niedriger als ein Stein oder Götzenbild. Wer Steine anbetet, verehrt sie, behandelt sie mit Hochachtung, hofft auf sie, sehnt sich nach ihnen und weint um sie. Der Stein merkt davon nichts und fühlt nichts.«

(Fihi ma fihi)

Am Tag der Auferstehung wird der Mensch leugnen: »Ich hab' nicht gestohlen!«, aber seine Hand wird reden können: »Doch, ich hab's ja ergiffen!« Dieser Mensch wird sich an seine Händ' und Füße wenden: »Früher hast du nie geredet – wieso jetzt?« Sie werden sagen: »Sprache hat uns Gott gegeben, der allen Dingen Sprache verleiht.« (Sure 41/20)

(Fihi ma fihi)

Keine Rose ohne Dornen, aber viele Dornen ohne Rosen

Rumi und die Pflanzenwelt

Wenn die Rose vergangen und der Garten dahin ist, kannst du die Geschichte der Nachtigall nicht mehr hören.
(Mathnawi, Buch 1, Vers 29)

Unselig ist das Lachen der roten Tulpe, in deren Mund ihr schwarzes Herz erscheint.
(Mathnawi, Buch 1, Vers 720)

Am Ende jedes Weinens steht immer Lachen; der Mann, der das Ende bedenkt, ist ein gesegneter Diener!
Wo fließendes Wasser ist, sind Pflanzen; wo Tränen fließen, zeigt sich Gnade.
Klage mit feuchten Augen wie das Wasserrad, damit grüne Kräuter dem Hof deiner Seele entsprießen.
(Mathnawi, Buch 1, Vers 819–821)

Hunderttausende von Gegensätzen töten ihre Gegensätze: Dein Ratschluß holt sie wieder hervor.
Andauernd zieht Karawane auf Karawane, O Herr, aus der Nichtexistenz in die Existenz.
So werden jede Nacht alle Gedanken, jedes Verständnis, zu nichts, versunken im tiefen Meer.
Bei Tagesanbruch erheben diese göttlichen Wesen wieder wie Fische ihre Häupter aus dem Meer.
Im Herbst gehen hunderttausend Zweige und Blätter verdorrt in das Meer des Todes ein,
Im Garten klagt die schwarze, Trauerkleider tragende Krähe über das vergangene Grün.

Und dann kommt vom Herrn des Landes wieder der Befehl an das Nichtsein: »Gib zurück, was du vernichtet hast!

Gib zurück, o schwarzer Tod, was du an Pflanzen, Heilkräutern und Blättern und Gras vernichtet hast!«

O Bruder, sammle deinen Verstand einen Augenblick; jeden Augenblick ist in dir Herbst und Frühling.

Betrachte den Garten des Herzens, grün und feucht und frisch, voller Rosenknospen und Zypressen und Jasmin;

Zweige versteckt hinter der Vielzahl an Blättern, weite Ebene und ein hoher Palast versteckt hinter der Vielzahl an Blumen.

Diese Worte, die vom universellen Verstand kommen, sind der Duft dieser Blumen und Zypressen und Hyazinthen.

Hast du je den Duft einer Rose gerochen, wo keine Rose war? Hast du je den Schaum des Weins gesehen, wo kein Wein war?

Der Duft ist dein Führer und führt dich auf deinem Weg; er wird dich nach Eden und Koutara bringen.

Der Duft ist ein Heilmittel für das Auge; er erzeugt Licht: Jakobs Auge wurde durch einen Duft geöffnet.

Der üble Geruch verdunkelt das Auge, der Duft Josephs hilft dem Auge.

Du, der du kein Joseph bist, sei ein Jakob; weine und sei unruhig wie er.

(Mathnawi, Buch 1, Vers 1888–1904)

Die Bäume sind wie Begrabene: Sie strecken ihre Hände aus der Erde heraus.

Sie geben den Leuten hundert Zeichen und sprechen deutlich zu dem, der hört.

Mit grüner Zunge und langen Fingern erzählen sie Geheimnisse aus dem tiefsten Inneren der Erde.

Sie stecken wie Enten mit untergetauchten Köpfen in der Erde, sie sind Pfaue geworden, obwohl sie Raben waren.

Gott sperrte sie zwar im Winter ein, doch Er machte aus diesen Raben Pfaue.

Er tötete sie zwar im Winter, doch Er belebte sie mit dem Frühling wieder und gab ihnen Blätter.

(Mathnawi, Buch 1, Vers 2014–2019)

Das Äußere zeigt absichtlich wie ein Sufi ein bitteres Gesicht, damit es nicht mit jemandem vermischt wird, der das Licht erstickt.

Wie Igel verstecken die Mystiker mit dem bitteren Gesicht ihre Freuden hinter spitzen Stacheln.

Der Garten ist verborgen, doch um ihn herum sind die Dornen sichtbar und sagen: »O diebischer Feind, bleibe von dem Tor weg!«

O Igel, du hast die Stacheln zu deinem Wächter gemacht und wie ein Sufi deinen Kopf in deiner Brust versteckt,

Damit keines der rosenwangigen Wesen mit der dornigen Natur auch nur einem Bruchteil deiner Seligkeit begegnet.

(Mathnawi, Buch 4, Vers 1025–1029)

Jeden Augenblick wird dein Verstand berührt; betrachte die Pflanzen, die immer wieder aufs Neue aus deiner Erde erwachsen!

(Mathnawi, Buch 4, Vers 3078)

Zwischen zwei Raststätten im Jenseits liegt eine größere Entfernung als zwischen dem pflanzlichen Leben und dem menschlichen Geist.

(Mathnawi, Buch 5, Vers 1187)

Warum sollte jemand, der im Rosengärtchen (Gulschan) speist und wohnt, im Heizraum (Gulhan) Wein trinken?

(Mathnawi, Buch 5, Vers 1380)

In solch einem Blumengarten stolzierte er, während jeder Teil von ihm rief: »Gibt es noch mehr?«

Die Blumen, die in der Pflanzenwelt erblühen, leben nur einen Augenblick; die Blumen, die aus der Vernunft erblühen, sind immer frisch.

Die Blumen, die aus der Erde erblühen, verderben; die Blüte des Herzens – o welche Freude!

Wisse, daß alles entzückende Wissen, das du besitzt, nur wie zwei oder drei Blumensträuße aus dem Garten ist.

Wir lassen uns von diesen zwei oder drei Blumensträußen bezaubern, weil wir die Gartentür vor uns selbst verschlossen haben.

Wehe, o Seele, wenn du aus Gier auf Brot die Schlüssel immer wieder aus den Fingern fallen läßt!

Und wenn du einen Augenblick frei von der Beschäftigung mit Brot bist, läufst du hinter dem Tschador her und frönst deiner Leidenschaft für Frauen.

Und wenn dann das Meer deiner Begierde aufwogt, mußt du eine Stadt voller Brot und Frauen beherrschen.

(Mathnawi, Buch 6, Vers 4648–4655)

Wenn du Tag und Nacht Rosen, Rosengärten und die Wiesen von Iram sehen kannst, warum gehst du inmitten von Dornbüschen und Schlangen? Liebe alle, damit du immer unter Rosen weilst! Doch wenn du allen feindlich gesinnt bist, mußt du zwischen Dornen umhergehen.

(Fihi ma fihi)

Teilchen auf Gottes Waage

Von Atomen und Ameisen

Wenn die Welt dir auch weit und grenzenlos erscheint, so wisse doch, daß sie für die Allmacht nicht einmal ein Atom ist.

(Mathnawi, Buch 1, Vers 524)

Liegt unter der Mauer seines Körpers ein Schatz, oder ist es das Haus der Schlange, der Ameise und des Drachens?

(Mathnawi, Buch 1, Vers 2281)

Er sah einige reich gekleidete Leute, und andere, die dort standen und auf Almosen warteten.

Hoch und niedrig, von Salomo bis zur Ameise, sie waren lebendig wie die Welt beim Stoß der Trompete.

(Mathnawi, Buch 1, Vers 2740 + 2741)

Die dich gewärmt haben, werden dir ein Grab ausheben, sie werden aus dir einen Imbiß für Ameisen und Reptilien machen.

(Mathnawi, Buch 1, Vers 3270)

Jede Luft und jedes Atom ist ein Ort der Vision. Doch solange das Tor nicht geöffnet ist, wer sagt: »Da unten ist ein Tor«?

(Mathnawi, Buch 1, Vers 3766)

Ich sagte: »Wenn jedes Atom ein Mörder werden und dich angreifen würde mit dem Dolch in der Hand,

Könnte keins davon dir die Spitze eines einzelnen Haares abschneiden, da die Feder diese Zeile gegen dich geschrieben hat.«

(Mathnawi, Buch 1, Vers 3940 + 3941)

Wenn ich ein Wort über sein Schönheitsmal sagen würde, würde meine Rede meinen Körper zerreißen.
Wie eine Ameise bin ich in diesem Kornhaufen glücklich, daß ich eine Last trage, die zu groß für mich ist.

(Mathnawi, Buch 2, Vers 192 + 193c)

Warum erscheint dir dann in deiner Dummheit, o Blinder, der Körper als ein Salomo, und der Gedanke als Ameise?
In deinen Augen erscheint das Gebirge groß; der Gedanke ist wie eine Maus, und das Gebirge ein Wolf.

(Mathnawi, Buch 2, Vers 1038–1039)

Ich seh' Atome Münder öffnen; wollt' ich über ihre Nahrung reden, würd' es ziemlich lange dauern.

(Mathnawi, Buch 3, Vers 26)

Gottes weise Vorsehung und Sein weiser Ratschluß haben uns zu Liebenden gemacht.
Diese Vorsehung hat alle Atome der Welt paarweise miteinander verbunden, und jedes Atom liebt seinen Partner.
Jedes Atom im Universum sehnt sich nach seinem Partner wie Bernstein das Stroh anzieht.
Der Himmel sagt zur Erde: »Willkommen! Zu dir bin ich wie der Magnet zum Eisen.«
Die Vernunft sieht den Himmel als Mann und die Erde als Frau an: Was der Himmel auswirft, hegt und pflegt die Erde.

(Mathnawi, Buch 3, Vers 4400–4404)

Wer die Stimme der Ameisen hört, hört auch den Schrei aus der innersten Seele der weit Entfernten.
Wer das Geheimnis von »eine Ameise sprach« erklärt, kennt auch das Geheimnis dieser Welt.

(Mathnawi, Buch 4, Vers 871 + 872)

Da jedes Atom jener Welt lebt, verstehen kann und mit Rede begabt ist,
Finden die Propheten in der toten Welt keine Ruhe, denn deren Futter ist nur für das Vieh gut.

(Mathnawi, Buch 5, Vers 1378 + 1379)

Wenn dein Bemühen das eines anderen um ein Atom übersteigt, wird dieses Atom auf Gottes Waage gewogen.

(Mathnawi, Buch 5, Vers 3145)

Der Geist ist wie eine Ameise, und der Körper wie ein Weizenkorn, das die Ameise dauernd hin und her trägt.
Die Ameise weiß, daß die Körner, mit denen sie beladen ist, sich ändern werden und von ihr einverleibt werden.
Eine Ameise nimmt unterwegs Gerste auf, eine andere Ameise nimmt ein Weizenkorn und läuft weg.
Die Gerste eilt nicht zum Weizen, doch die Ameise kommt zur Ameise; so ist es.
Wenn die Gerste zum Weizen kommt, so ist das nur untergeordnet. Die Ameise merke es, kehrt zu ihrem Artgenossen zurück.
Sage nicht: »Warum ist der Weizen zur Gerste gegangen?« Richte deinen Blick auf den Träger, nicht auf das, was er trägt.
Wenn eine schwarze Ameise auf einem schwarzen Filz geht, ist die Ameise verborgen; nur das Korn ist auf seinem Weg sichtbar.
Die Vernunft sagt: »Schau genau hin: Hat sich je ein Korn ohne Kornträger vorwärts bewegt?«
Deshalb kam der Hund zu den Gefährten der Höhle; die Form ist den Körnern vergleichbar und das Herz der Ameise.
Deshalb steigt Jesus zu den Heiligen im Himmel auf.

(Mathnawi, Buch 6, Vers 2955–2964)

Sieh, wie der Wind durch den Mund zieht, er kommt und geht jeden Augenblick, schreitet voran und zieht sich zurück.
Er ist keine Gefahr für Kehle und Zähne; doch wenn Gott es befiehlt, greift er die Zähne an.

Ein Atom Wind wird dann schwer wie ein Gebirge, und die Zahnschmerzen machen euch elend und krank.
Es ist der gleiche Wind, der harmlos durchzog. Er war das Leben der Saat und wurde zum Tod der Saat.

(Mathnawi, Buch 6, Vers 4683–4686)

Du Esel, vergiß nicht, daß du ein Hase bist!

Rumis symbolträchtige Menagerie

Der Köder für den Vogel muß zu seiner Größe passen, wie könnte eine Feige die Nahrung jedes Vogels sein?

(Mathnawi, Buch 1, Vers 580)

Wir sind alle Löwen, aber Löwen auf einem Plakat; der Wind bringt es von Zeit zu Zeit in Bewegung.
Ihre Bewegung ist sichtbar, der Wind ist unsichtbar – möge das Unsichtbare uns nie fehlen!

(Mathnawi, Buch 1, Vers 603–604)

Der Löwe lieferte viele Beweise dieser Art, sodaß die Fatalisten des Antwortens müde wurden.
Fuchs, Reh, Hase und Schakal gaben Fatalismus und Streitgespräch auf.
Sie schlossen einen Bund mit dem wilden Löwen, bei diesem Handel sollte er keinen Verlust erleiden.

(Mathnawi, Buch 1, Vers 892–894)

Was Gott die Bienen gelehrt hat, ist dem Löwen und dem Wildesel verwehrt.
Die Biene baut Häuser aus Süßigkeiten: Gott hat ihr die Tür zu diesem Wissen geöffnet.
Was Gott die Seidenraupe gelehrt hat – kennt der Elefant diese Kunst?
Adam, aus Erde erschaffen, lernte sein Wissen von Gott; sein Wissen strahlt zum siebten Himmel hinauf.
Er brach den Ruhm und Stolz der Engel, zur Verwirrung dessen, der in bezug auf Gott Zweifel hegt.
Gott machte aus dem Büßer so vieler tausend Jahre einen Maulkorb für das junge Kalb,

Damit Adam nicht die Milch des religiösen Wissens trinken und nicht in diesem hohen Schloß wandeln kann.

(Mathnawi, Buch 1, Vers 1009–1015)

Frohe Kunde! Frohe Kunde! Die Zähne eures Todfeindes sind von der Rache seines Schöpfers ausgerissen worden.

Er, der viele Köpfe mit seinen Pranken zerschmettert hat – auch ihn hat der Besen des Schicksals wie Abfall hinweggefegt.

Dann versammelten sich alle wilden Tiere, glücklich, aufgeregt und verzückt lachten sie froh.

Sie bildeten einen Kreis, der Hase in der Mitte wie eine Kerze; alle Tiere der Wüste warfen sich vor ihm nieder.

»Bist du ein Engel des Himmels oder eine Fee? Nein, du bist der Azralil der wilden Löwen.

Wer immer du bist, wir opfern dir unsere Seelen. Du hast gesiegt. Gesegnet seien deine Hände und Arme!

Gott hat dieses Wasser in deinen Fluß verwandelt. Gesegnet seien deine Hände und Arme!

Erkläre uns, wie du schlau nachgedacht hast, und wie du mit List diesen Banditen vernichtet hast.

Erkläre es, damit diese Geschichte unser Heilmittel wird; erkläre es, damit sie Balsam für unsere Seelen wird.

(Mathnawi, Buch 1, Vers 1355–1363)

Bei Gott, wenn ich diesem Dorn des Leidens entkomme und den Garten der Freude betrete, klage ich dann wie die Nachtigall?

Es ist eine wunderbare Nachtigall, die ihren Mund öffnet, um Dornen und Rosen zusammen zu essen.

Was für eine Nachtigall ist das? Sie ist ein feuriges Ungeheuer; wegen ihrer Liebe sind ihr alle nicht süßen Dinge süß.

Sie liebt das Ganze, und ist selbst das Ganze; sie liebt sich selbst und sucht ihre eigene Liebe.

(Mathnawi, Buch 1, Vers 1571–1574)

Wahrlich, was für ein Hund muß der Wolf sein, daß er sich in Anwesenheit eines unvergleichlichen Löwen selbst beachtet!
Dann sagte er: »Komm her, o du selbstsüchtiger Esel!«

(Mathnawi, Buch 1, Vers 3047f.)

Ein Mensch weiß, daß das Haus erbaut worden ist; die Spinne, die darin spielt, weiß es nicht.
Woher sollte die Mücke wissen, seit wann es den Garten gibt, denn sie wurde im Frühling geboren und stirbt im Winter.
Der Wurm, der schwach im Holz geboren wird – woher sollte er etwas darüber wissen, wie das Holz als Sprößling war?
Und wenn der Wurm das Wesen des Holzes kennen würde, wäre das Vernunft; der Wurm wäre nur ihre Form.
Die Vernunft zeigt sich in verschiedenen Formen, wie ein Engel ist sie jedoch meilenweit von diesen Formen entfernt.
Sie steht über den Engeln – warum sie also mit ihnen vergleichen? Aber du hast die Flügel einer Fliege, du fliegst nach unten.
Obwohl dein Verstand nach oben fliegt, ernährt sich der Vogel deines Konformismus von unten.
Überliefertes Wissen ist eine Last für unsere Seelen; es ist etwas Geliehenes, doch wir beharren darauf, daß es uns gehört.
Von dieser Art von Wissen muß man sich frei machen; man muß sich an die Verrücktheit klammern.

(Mathnawi, Buch 2, Vers 2322–2330)

Die Seekuh holt eine Perle aus dem Meer, legt sie auf die Wiese und grast um sie herum.
Im Strahl der leuchtenden Perle ernährt sich die Kuh eifrig von Hyazinthen und Lilien.
Die Ausscheidungen der Kuh sind Ambra, weil ihre Nahrung aus Narzisse und Lotos besteht.
Wie könnte den Lippen dessen, der sich vom Licht der Majestät ernährt, nicht rechtmäßiger Zauber entspringen?

Wie könnte das Haus dessen, der wie die Biene Eingebung als Lohn erhalten hat, nicht voller Honig sein?
Die Kuh grast im Licht der Perle. Plötzlich bewegt sie sich ein kurzes Stück von der Perle weg.
Ein Händler legt schwarzen Lehm auf die Perle, sodaß die Wiese und der grüne Boden dunkel werden.
Dann versteckt sich der Händler auf einem Baum, während die Kuh den Mann mit ihrem harten Stoßzahn sucht.
Zwanzigmal läuft die Kuh die Wiese ab, um ihren Feind auf dem Horn aufzuspießen.
Wenn die wilde Kuh die Hoffnung aufgegeben hat, kommt sie an die Stelle, wo die Perle lag,
Und sieht den Lehm über der Perle. Dann läuft sie vor dem Lehm weg wie Eblis.
Wenn Eblis für den Kern des Lehms blind und taub ist, wie sollte dann die Kuh wissen, daß die Perle in dem Lehm steckt?
»Hinfort mit euch!« hat den Geist in den Abgrund gestürzt; diese Menstruation hat ihn vom Gebet ausgeschlossen.
O Kameraden, hütet euch vor dieser Ruhestätte und solcher Rede; wahrlich, die Begierde ist die Menstruation der Männer.
»Hinfort mit euch!« hat den Geist in den Körper geworfen, damit die Perle aus Aden im Lehm verborgen bleibt.
Der Händler weiß es, aber die Kuh nicht; die Spirituellen wissen es, aber nicht irgendein Lehmgräber.

(Mathnawi, Buch 4, Vers 2922–2937)

»O Kamel, du bist eine Art von wahrem Gläubigen und fällst nicht um, noch läufst du mit erhobener Nase herum.
Was hast du, daß du so unberührt von Mißgeschick bist, so frei von Stolpern und Umfallen?«
Das Kamel sagte: »Auch wenn jedes Glück von Gott stammt, gibt es doch viele Unterschiede zwischen dir und mir.
Mein Kopf steht hoch, und meine Augen sind hoch oben; Sicht aus der Höhe ist ein Schutz gegen Verletzung.

Von der Spitze des Berges seh' ich den Fuß des Berges, ich sehe jede Aushöhlung und jede Ebene, Stufe für Stufe,
Wie der edle Prinz sein zukünftiges Schicksal bis zum Tag des Todes sieht.
So eine Person mit guten Eigenschaften weiß in der Gegenwart, was in zwanzig Jahren geschehen wird.

(Mathnawi, Buch 4, Vers 3389–3395)

Ein Kind weint wegen Nüssen und Rosinen, in den Augen eines vernünftigen Mannes sind das unwichtige Dinge.
In den Augen des Geistes ist der Körper wie Nüsse und Rosinen; doch wie könnte ein Kind das Wissen eines Mannes erreichen?
Wer hinter Schleiern lebt, ist in Wirklichkeit ein Kind. Ein Mann ist, wer jede Ungewißheit hinter sich gelassen hat.
Wenn Vollbart und Beischlaf den Mann ausmachen sollen – jeder Ziegenbock hat einen Bart und viele Haare.
So ein Bock ist ein schlechter Führer: Er leitet seine Herde direkt zum Metzger.
Er hat sich die Haare gekämmt und sagt: »Ich bin der Anführer.« Du bist der Leithammel, aber in Richtung auf Tod und Angst.
Hör, entschließe dich zu reisen und vergiß deinen Bart; laß von Selbstsucht und Verwirrung ab,
Damit du für die Liebenden wie der Geruch der Rose und ihr Führer zum Rosengarten wirst.

(Mathnawi, Buch 5, Vers 3342–3349)

Der Mond verstreut sein Licht, und der Hund bellt. Kann sich der Hund vom Licht des Mondes ernähren?

(Mathnawi, Buch 6, Vers 2087)

Man steckt Papageien und Nachtigallen in Käfige, weil ihre süßen Lieder Vergnügen bereiten.
Aber sperrt man Krähen und Eulen ein? Davon hat noch keine Geschichte berichtet.

(Mathnawi, Buch 6, Vers 4228–4229)

Wie wäre es verwunderlich, wenn ein Esel zum Menschen würde? Gott ist aller Dinge mächtig. Schließlich ist ein Neugeborenes schlimmer als ein Esel; es steckt seine Hand in Unrat und führt sie zum Mund, um sie abzulecken; die Mutter schlägt es und hindert es daran. Der Esel hat wenigstens eine Art Unterscheidungsvermögen; wenn er pißt, spreizt er die Beine, damit der Urin nicht auf sie spritzt. Aber jenes Kind, das weniger Unterscheidungsvermögen hat als ein Esel, das kann Gott der Erhabene zu einem Menschen machen.

(Fihi ma fihi)

Mit dem Staub der Erde befreundet

Von Engeln und Eseln

Die Vernunft steckt hilflos wie ein Esel im Schlamm, wenn sie die Liebe erklären soll,
Nur die Liebe selbst kann die Liebe und den Liebenden erklären.

(Mathnawi, Buch 1, Vers 115)

Ein Land ist fruchtbar, ein anderes brackig und schlecht; dieser ist ein schöner Engel, der andere ein Teufel und ein wildes Tier.
Wenn beide einander im Aussehen auch ähneln, mag sein; Salzwasser und Süßwasser sind gleichermaßen klar.

(Mathnawi, Buch 1, Vers 274+275)

Dein Geist trug dich zu den höchsten Sphären; du gingst zum niedrigsten Wasser und Lehm. Durch diesen Niedergang hast du das Sein verwandelt, um das dich die Engel beneideten.

(Mathnawi, Buch 1, Vers 537–540)

Da sprachen die Tiere: »O du Esel, höre zu! Vergiß nicht, daß du ein Hase bist!«

(Mathnawi, Buch 1, Vers 1005)

»Ich sagte«, schrie der Löwe, »daß das Versprechen dieser Niederträchtigen umsonst ist – umsonst und nicht eingehalten.
Ihr Geschwätz hat mich vom Esel heruntergeworfen; wie lange wird mich diese Welt noch täuschen, wie lange?«

(Mathnawi, Buch 1, Vers 1057+1058)

Ohne die Gnade Gottes und seiner Auserwählten mag einer ein Engel sein, aber seine Seite ist schwarz.

(Mathnawi, Buch 1, Vers 1879)

Wahrlich, die Größe des Throns ist grenzenlos, doch was ist schon Form, wenn die Wirklichkeit kommt?

Dann sagten die Engel: »Vorher waren wir mit dem Staub der Erde befreundet.

Auf der Erde säten wir die Saat des Dienstes; wir wunderten uns über diese Verbindung.

Wir wunderten uns über unsere Verbindung mit Staub, wo wir doch die Natur des Himmels haben.

Warum haben wir Lichtwesen diese Freundschaft mit der Dunkelheit? Wie kann das Licht mit der Dunkelheit leben?

O Adam, diese Freundschaft ist deinem Duft geschuldet, denn die Erde war Kette und Einschuß für deinen Körper.

An diesem Ort wurde dein irdener Körper gewoben, an diesem Ort wurde dein reines Licht gefunden.

Dieses Licht, das unsere Seelen von deinem Geist erhalten haben, schien eine Zeit lang aus dem Staub hervor.

Wir waren in der Erde, wir waren uns der Erde nicht bewußt, und bemerkten den Schatz nicht, der dort begraben lag.

Als Er uns befahl, von diesem Wohnort wegzureisen, enttäuschte uns dieser Wechsel bitter,

Sodaß wir diskutierten und sagten: ›O Gott, wer wird an unsere Stelle treten?

Wirst Du die Hymnen, mit denen wir Dich überschütten, gegen Gerede und Geschwätz eintauschen?‹

Gottes Ratschluß breitete uns den Teppich aus: ›Sprecht unbesorgt,

Und ohne Angst, was auch auf eure Zungen kommt, wie nur Kinder mit ihrem Vater;

Was macht's, wenn diese Worte unziemlich sind? Meine Gnade hat Vorrang über Meinen Zorn.

Um diese Überlegenheit zu erklären, o Engel, werd' Ich Schwierigkeiten und eine Neigung in dich legen, damit du zweifelst.‹«

(Mathnawi, Buch 1, Vers 2658–2673)

Sie wollten keinen Meister annehmen; sie waren durch ihr heuchlerisches gegenseitiges Einverständnis alte Esel geworden.

(Mathnawi, Buch 1, Vers 2567)

O du, der du die Leute Esel genannt hast, jetzt schlitterst du wie ein Esel auf diesem Eis!

(Mathnawi, Buch 1, Vers 2844)

Wir tragen volle Krüge zum Tigris; wenn wir nicht wissen, daß wir Esel sind, sind wir Esel.

(Mathnawi, Buch 1, Vers 2849)

Packe deinen Esel am Genick und führe ihn auf den Pfad, zu den guten Behütern und Kennern des Pfades.

Hab acht! Laß deinen Esel nicht frei und gib ihn nicht aus der Hand, denn seine Liebe gilt dem Ort, wo es viele grüne Kräuter gibt.

Wenn du ihn einen Augenblick achtlos frei läßt, wird er Meilen in Richtung auf die Weide gehen.

Der Esel ist ein Feind auf dem Pfad, verrückt vor Liebe nach Futter, oh, zahlreich sind die Eselsdiener, die er ins Verderben gestürzt hat!

Wenn du den Pfad nicht kennst, dann tue das Gegenteil von dem, was der Esel will; das ist mit Sicherheit der richtige Pfad.

(Mathnawi, Buch 1, Vers 2951–2955)

Auch wenn der Esel sich nicht wissentlich zurückhalten kann, entschuldigt ihn der liebende Gott überhaupt nicht.

(Mathnawi, Buch 1, Vers 3316)

Wenn der Mensch Licht von Gott empfängt, wird er von den Engeln verehrt, weil er auserwählt wurde.

Er wird auch von dem verehrt, dessen Geist wie der Engel von Widerstand und Zweifel befreit wurde.

Welches Feuer? Welches Eisen? Schließe deine Lippen; spotte nicht über den Vergleich.
Setze deinen Fuß nicht in das Meer, sprich nicht darüber; sei am Strand des Meeres still, beiße dir auf die Lippen.

(Mathnawi, Buch 2, Vers 1355–1358)

Dein Sinn ist geringer als der Sinn des Esels, denn dein Herz ist nicht aus dem Dreck geflohen.

(Mathnawi, Buch 2, Vers 3358)

O du, der du wie ein Eselsdiener der Kamerad des Eselshintern bist; du hast eine Stelle zum Küssen gefunden: Bring uns hin!

(Mathnawi, Buch 3, Vers 2238)

Darüber hinaus sind die Menschen durch Prüfungen geteilt worden: Alle haben menschliche Gestalt, tatsächlich sind es aber drei Gruppen.
Ein Teil ist vollständig in Gott vertieft und hat wie Jesus die Natur des Engels erlangt.
So jemand hat die Gestalt Adams, ist in Wirklichkeit aber ein Gabriel; er ist von Zorn und Leidenschaft und Streit erlöst.
Er ist von Disziplin und Askese und Selbstkasteiung erlöst; man könnte sagen, er wurde nicht von einem Kind Adams geboren.
Die zweite Gruppe hat die Natur von Eseln angenommen; sie sind reiner Zorn und reine Begierde.

(Mathnawi, Buch 4, Vers 1505–1509)

Die Milch der menschlichen Geschöpfe kommt aus der Brust, die Milch des Esels aus dem Unterleib.

(Mathnawi, Buch 4, Vers 1642)

Doch wer kann das verstehen? Nur jemand mit Geruchssinn. Für den vom Mist abhängigen Esel ist es tabu.

Der Esel riecht den Eselsurin auf der Straße. Wie könnte ich so jemandem Moschus anbieten?

Deshalb hat der wohlwollende Prophet gesagt: »Der Islam ist ein Fremder auf dieser Welt.«

Denn sogar die Verwandten des Muslims fliehen vor ihm, obwohl die Engel mit seinem Wesen übereinstimmen.

(Mathnawi, Buch 5, Vers 923–926)

Die Engel waren vollständig Vernunft und Geist, bis ein neuer Geist kam, dessen Körper sie wurden.

Als sie sich durch glückliche Fügung an diesen Geist banden, wurden sie diesem Geist wie ein Körper unterworfen.

(Mathnawi, Buch 6, Vers 153 + 154)

Nicht einmal ein halbes Atom von Verärgerung und Zorn war in ihm; nichts als Liebe und Mitleid und Tränen.

Er sagte: »Ich billige, daß du kein Mitleid mit mir hattest. Doch warum war deine Natur so grausam zu sich selbst?«

In diesem Augenblick sagte Gott zu den Engeln: »Soundso ist des Prophetentums würdig.«

(Mathnawi, Buch 6, Vers 3285–3287)

Das war nicht das, was Götzenanbeter und Christen essen, sondern Teil der Nahrung, welche die Engel essen.

(Mathnawi, Buch 6, Vers 4762)

Die Fledermaus beweist, daß ich die Sonne bin

Rumi-Variationen auf ein Thema des Propheten

Gott sagte zu uns: »Sprich: ›Kommt herbei‹«, um uns zu zeigen, wie wir unsere Scham überwinden können.
Wenn Fledermäuse sehen könnten und die Mittel hätten, würden sie herumfliegen und den Tag genießen.

(Mathnawi, Buch 1, Vers 2694 + 2695)

Weil schwache Augen und Herzen die Strahlen und das Zeugnis der Sonne nicht ertragen können,
Wie eine Fledermaus, die die Sonnenglut nicht aushält und die Hoffnung verliert.
Wisse also, daß Engel wie Mond Helfer sind – sie zeigen die Sonne im Himmel.
Sie sagen: »Wir haben unser Licht von einer Sonne; wir scheinen wie Vizeregenten auf die Schwachen.«

(Mathnawi, Buch 1, Vers 3648–3650)

Die kleine Fledermaus ist kein Feind der Sonne; sie ist sich in ihrer Blindheit selbst ein Feind.
Die Glut der Sonne tötet sie; wie könnte die Sonne je von ihr gekränkt werden?
Ein Feind ist jemand, von dem Plage ausgeht, der den Rubin von der Sonne fernhält.
Alle Ungläubigen halten sich von den Strahlen der Juwelen der Propheten fern.
Wie könnten solche Leute einem Unvergleichlichen das Auge verdunkeln?
Sie haben nur ihre eigenen Augen geblendet und entstellt.

(Mathnawi, Buch 2, Vers 792–797)

Was unten ist, ist von oben gekommen; komm, richte dein Auge in die Höhe.
Nach oben Schauen bringt Licht, obwohl es zur Prüfung zuerst schmerzhaft blendet.
Gewöhne dein Auge an das Licht; wenn du keine Fledermaus bist, schau in jene Richtung.

(Mathnawi, Buch 2, Vers 1976–1978)

Es gibt Gesichter, auf denen sich Dämonen wie Fledermäuse als Wächter niedergelassen haben.
Wenn du solch ein Gesicht ansiehst, fallen sie über dich her; entweder sieh dieses Gesicht nicht an oder lache bei seinem Anblick nicht freundlich.

(Mathnawi, Buch 3, Vers 604 + 603)

Wie könnte Gottes Kerze ausgelöscht werden, wenn jemand darauf bläst? Er wird sich Kiefer und Nase verbrennen.
Fledermäuse wie du träumen oft, daß diese Welt zur Waise der Sonne wird.

(Mathnawi, Buch 6, Vers 2082 + 2083)

Und zuletzt des Lichts begierig, bist du Schmetterling verbrannt

Falter und Flamme

Schmeichlerisch führten sie ihn zum König der Könige, damit er wie ein Falter in dieser Kerze von Tarazb verbrenne.

(Mathnawi, Buch 1, Vers 196)

»Komm herein und ruf auch die anderen, denn der König hat eine Festtafel im Feuer gedeckt.
O ihr wahren Gläubigen, kommt alle herein; außer dieser Süße gibt es nur Qual.
O kommt alle herein, wie Falter; kommt in dieses Glück, das hundert Frühlinge hat!«
So rief das Kind der Menge zu; die Seelen der Leute wurden von Ehrfurcht erfüllt.
Danach stürzten sich die Leute, Männer wie Frauen, außer sich in das Feuer –
Ohne Beschützer, ohne Zwang, aus Liebe zum Freunde, denn er versüßt jede Bitternis.
Bis die Wachen des Königs die Leute zurückhielten und sagten: »Geht nicht in das Feuer!«
Der Jude bekam ein schwarzes Gesicht, bestürzt bereute er und wurde krank im Herzen,
Denn das Volk war in seinem Glauben noch liebevoller und im Entwerden des Körpers noch fester geworden.
Dank sei Gott, daß die List des Teufels auf ihn selbst gefallen war; Dank, daß der Teufel ein schwarzes Gesicht bekam.
Was er auf ihre Gesichter gerieben hatte, hatte sich alles auf dem Gesicht dieses elenden Kerls gesammelt.

(Mathnawi, Buch 1, Vers 800–810)

Der Löwe dieser Welt sucht nach Beute und Verpflegung; der Löwe des Herrn sucht Freiheit und Tod.
Weil er im Tod hundert Existenzen sieht, verbrennt er sich selbst wie ein Falter.

(Mathnawi, Buch 1, Vers 3965 + 3966)

Wo immer die Kerze der Heimsuchung entzündet wurde, werden hunderttausend liebende Seelen verbrannt.
Die Liebenden im Hause schwirren wie Falter um die Kerze des geliebten Angesichts.

(Mathnawi, Buch 2, Vers 2575 + 2576)

Denke vernünftig über Zukunft und Vergangenheit nach; laß dich nicht wie ein Falter verbrennen.

(Mathnawi, Buch 3, Vers 3813)

Alle Leute warteten mit hochgerecktem Kopf darauf, ob der Prinz ihn verbrennen oder aufhängen würde.
Sie sagten: »Jetzt wird er diesem Dummkopf zeigen, was das Schicksal den Unglücklichen zeigt.
Wie ein Falter hielt er die Flammen für das Licht; er stürzte sich in seiner Dummheit hinein und wurde des Lebens beraubt.«
Doch die Kerze der Liebe ist anders als eine gewöhnliche Kerze: Sie ist Licht über Licht über Licht.
Sie ist das Gegenteil brennender Kerzen: Sie erscheint wie Feuer, ist aber in Wirklichkeit reine Süße.

(Mathnawi, Buch 3, Vers 3917–3921)

Die Moschee war die Kerze und der Gast der Falter: Dieser Mann mit dem Wesen eines Falters hat sich aufgeopfert.
Die Kerze verbrannte seine Flügel, doch sie erfüllte seinen Wunsch; sein Sturz in die Flammen war gesegnet.
Dieser glückliche Mann war wie Moses, der ein Feuer im Dornbusch sah.

Da er reichlich mit Gottes Gunst gesegnet war, stellte er sich nur vor, es sei Feuer; in Wirklichkeit war es das Licht.

(Mathnawi, Buch 3, Vers 4365–4368)

Weil es der elenden Motte an Vernunft fehlt, erinnert sie sich nicht an die Flamme und wie ihr Leib aufzischte, als sie verbrannte.
Wenn ihre Flügel brennen, bereut sie, doch gierig und vergeßlich stürzt sie sofort wieder in die Flamme.

(Mathnawi, Buch 4, Vers 2291 + 2292)

O »Gabriel«, obwohl du edel und ehrenwert bist, bist du weder der Falter noch die Kerze.
Wenn die Kerze im Augenblick der Erleuchtung ruft, schrumpft die Seele des Falters nicht vor der Glut.

(Mathnawi, Buch 4, Vers 3807 + 3808)

Das Feuer rief: »O ihr verrückten Narren, ich bin kein Feuer, ich bin eine köstliche Quelle.
Deine Augen sind verhext worden, o Blinder; komm in mich und fliehe nicht vor den Funken.
O Halil, hier sind keine Funken und kein Rauch; das sind nur die Magie und der Betrug Nimrods.
Wenn du weise wie der Freund Gottes bist, ist das Feuer dein Wasser und du bist der Falter.«
Die Seele des Falters ruft ununterbrochen: »Oh, ach, hätte ich doch nur hunderttausend Flügel,
Um sie vom Feuer erbarmungslos verzehren zu lassen, zur Verwirrung der Augen und Herzen der Unwissenden!
Der Unwissende hat aus Dummheit mit mir Mitleid; ich bedauere ihn aus Klarsicht.
Besonders dieses Feuer, das die Seele allen Wassers ist; das Verhalten des Falters ist unserem entgegengesetzt.

Er sieht das Licht und geht in ein Feuer; das Herz sieht das Feuer und geht in ein Licht.«

(Mathnawi, Buch 5, Vers 435–442)

Erneut stürzt er sich in Gedanken an und Hoffnung auf Vorteil schnell in das Feuer der Kerze.

Und wieder wird er versengt und schreckt zurück; und wieder macht ihn seine Herzensgier vergeßlich und trunken.

In dem Augenblick, wo er sich zurückzieht, weil er versengt wird, zeigt er wie der Hindusklave der Kerze die zehn Finger

Und sagt: »Oh, dein Gesicht glänzt wie der die Nacht erleuchtende Mond; aber ach, bei der Vereinigung bist du falsch und zerstörst den Getäuschten.«

Und wieder vergißt er seine Reue und seine Klagen, denn »Gott schwächte die List der Ungläubigen«.

Sobald sie das Feuer des Kriegs anfachen, erstickt Gott ihr Feuer, sodaß es ausgeht.

So jemand faßt einen Entschluß und sagt: »O mein Herz, bleibe nicht hier!«

Doch er vergißt das bald, denn er ist nicht wirklich entschlossen.

Weil er den Samen der Aufrichtigkeit nicht gesät hat, hat Gott ihm Vergeßlichkeit bestimmt.

Auch wenn er das Feuer seines Herzens anzündet, löscht die Hand Gottes den Funken immer wieder aus.

(Mathnawi, Buch 6, Vers 348–355)

Acht Paradiese und sieben Höllen

Rumi über Himmel, Teufel, Satan, Ahriman und Eblis

Vor der Allmacht sind alle Höflinge so hilflos wie der Stoff unter der Nadel des Stickers.
Bald stickt Er darauf ein Bild des Teufels, bald ein Bild Adams; bald stickt Er darauf ein Bild der Freude, bald ein Bild des Kummers.

(Mathnawi, Buch 1, Vers 612–613)

Gott brachte die Verehrer aus dem Paradies, um ihnen die Bewohner des Höllenfeuers zeigen zu können.
Über die Bedeutung von: »Losgelassen hat er die beiden Wasser, die sich begegnen; zwischen beiden ist eine Schranke, die sie nicht überschreiten«.
Sieh, wie die Bewohner des Feuers und des Paradieses im selben Laden leben, doch zwischen ihnen ist eine unüberwindliche Schranke.
Er hat die Feuerwesen und die Lichtwesen vermischt; zwischen ihnen hat Er den Berg Qaf errichtet.
Er hat sie wie Erde und Gold in der Mine vermischt; zwischen ihnen liegen hundert Wüsten und Karawansereien.
Vermischt gar wie echte und falsche Perlen in einer Halskette, sie sind so verschieden wie Gäste für eine Nacht.

(Mathnawi, Buch 1, Vers 2568–2573)

Wir sind alle aus Fleisch und mit Fleischlichem beschäftigt; wenn Du uns nicht rufst, sind wir alle Ahriman.
Wir sind von Ahriman erlöst worden, weil Du unsere Seelen von Blindheit gerettet hast.

(Mathnawi, Buch 1, Vers 3918 + 3919)

Der Guhl bringt dich vom Pfad ab und ins Verderben; auf diesem Pfad gab es viel Klügere als dich.

Lerne aus dem Koran die Abweichungen der Wegreisenden, und was der böse Eblis ihnen angetan hat:

Hunderttausend Jahre weg hat er sie von der Hauptstraße abgebracht und ins nackte Unglück gestürzt.

Sieh ihre Knochen und ihre Haare! Sei gewarnt, treibe deinen Esel nicht zu ihnen!

(Mathnawi, Buch 1, Vers 2947–2950)

Du hast Eblis und die Teufel ausgelacht, weil du dich für einen guten Mann gehalten hast. Hunderttausende von Jahren war der verfluchte Eblis ein Gottesfreund und der Prinz der wahren Gläubigen;

Wegen seines Stolzes bekämpfte er Adam und wurde am Morgen wie ein Misthaufen mit Schande bedeckt.

(Mathnawi, Buch 1, Vers 3290–3292)

Die acht Paradiese und sieben Höllen sind für mich so sichtbar wie der Götze für den Götzenanbeter.

Ich unterscheide die Leute, einen nach dem anderen, wie Weizen von Gerste in der Mühle,

Sodaß es mir so klar wie der Unterschied zwischen Schlange und Fisch ist.

(Mathnawi, Buch 1, Vers 3508–3510)

Da Gottesverehrung das Ziel der Menschheit ist, ist das Höllenfeuer der Altar der Aufsässigen.

(Mathnawi, Buch 3, Vers 2985)

Wenn du im Zorn Feuer in die Herzen wirfst, wirst du zur Quelle des Höllenfeuers.
Im Diesseits verbrennt dein Feuer die Menschheit; was daraus entsteht, verbrennt die Menschen in der Hölle.
Dein Feuer greift die Menschen hier an; das Feuer, das daraus erwächst, verschlingt die Leute dort.

(Mathnawi, Buch 3, Vers 3472–3474)

Dein Zorn ist die Saat des Höllenfeuers; habe acht, lösche diese deine Hölle aus, denn sie ist eine Falle.
Nur das Licht kann das Feuer auslöschen.

(Mathnawi, Buch 3, Vers 3480 + 3481)

Als Alexander der Große den Berg Qaf sprechen hörte, sagte er, nachdem der Berg die Perlen der Rede vorgetragen hatte:
»O Redegewandter, du bist weise und kennst die Geheimnisse, erkläre mir Gottes Eigenschaften.«
Der Berg antwortete: »Geh, denn diese Eigenschaften sind für eine Erklärung viel zu unfaßbar,
Als daß eine Feder wagen könnte, sie mit ihrer Spitze auf die Seiten zu schreiben.«
Alexander sagte: »Erzähle eine einfachere Geschichte über die Wunder Gottes, o guter Weiser.«
Der Berg sagte: »Sieh, der König hat die Ebene mit Schneebergen gefüllt, über eine Weite von dreihundert Jahresreisen.
Berg über Berg, unzählbar, und der Schnee kommt andauernd, um sie aufzufüllen.
Schneeberg häuft sich auf Schneeberg, und der Schnee bringt der Erde Kälte.
Jeden Augenblick wird aus dem unbegrenzten und weiten Speicher Schneeberg auf Schneeberg gestapelt.
O König, wenn es kein solches Schneetal gäbe, würde die glühende Hitze der Hölle mich vernichten.«

Wisse, daß die Leichtsinnigen wie Schneeberge sind, die verhindern, daß die Schleier der Vernünftigen verbrannt werden.
Würde der Schnee des Unwissens nicht so wirken, würde dieser Berg Qaf von der Sehnsucht verzehrt.
Das Höllenfeuer ist in Wirklichkeit nur ein Atom von Gottes Zorn; es ist eine Peitsche für die Bedrohung der Gemeinen.

(Mathnawi, Buch 4, Vers 3730–3742)

Deshalb hat sich Eblis vom Geist abgewandt: Er wurde nicht eins mit ihm, weil er ein totes Glied war.
Da er keinen Geist hatte, unterwarf er sich ihm nicht; die gebrochene Hand gehorcht dem Geist nicht.
Doch der Geist wird durch ein gebrochenes Glied nicht beeinträchtigt, denn es steht unter seiner Macht und er kann es lebendig machen.
Es gibt noch ein Geheimnis, aber gibt es noch ein Ohr? Wo ist der Papagei, der diesen Zucker essen kann?

(Mathnawi, Buch 6, Vers 155 + 158)

Wer in die Hölle gehört, ist besser in der Hölle als im Diesseits; denn in der Hölle weiß er um Allah, im Diesseits nicht – und Köstlicheres als das Wissen um Allah gibt es nicht.

(Fihi ma fihi)

Dschinne kauen und schlürfen Gerüche

Magisches Gewimmel im Eingottglauben

Der Mensch kann die Melodie der Fee nicht hören, denn er ist unfähig, die Geheimnisse der Feen zu verstehen,
Obwohl die Melodie der Fee auch zu dieser Welt gehört. Die Melodie des Herzens ist höher als beide Melodien.
Denn Fee und Mensch sind Gefangene; beide befinden sich im Gefängnis der Unwissenheit.
Rezitiere »O Versammlung der Dschinne und Menschen« in der Surat al-Rahman; erkenne die Bedeutung von »wenn ihr imstande seid«.
Die inneren Melodien der Gottesfreunde singen zuerst: »O ihr Teile der Nichtexistenz, habt acht!«

(Mathnawi, Buch 1, Vers 1921–1926)

Die Engel kaufen Adams Lehre; die Teufel und Dschinne haben nicht das Privileg, sie zu erwerben.

(Mathnawi, Buch 2, Vers 3269)

»O Scheich«, sagte er, »hast sogar du ein Laster? Hast du nicht gesagt, daß der Dämon sich beeilt, in den Weinkelch zu strullern?«
Der Scheich antwortete: »Sie haben mir den Kelch so voll gemacht, daß kein Platz für einen einzigen Rautensamen mehr ist.
Schau, ist hier Platz für ein einziges Atom?«

(Mathnawi, Buch 2, Vers 3406–3407)

Was ist das für ein Lärmen und Tumult in der Arena, daß Dschinn und Dämon vor Schreck fliehen?«

(Mathnawi, Buch 3, Vers 892)

Gottes Liebe ist ein Feuer, das Schwierigkeiten verzehrt; das Tageslicht verjagt jedes Gespenst.

(Mathnawi, Buch 3, Vers 1136)

Hätten sie alle gesagt: »Gottes Vorsehung hat diesen betrunkenen Elenden verrückt gemacht;

Durch lange Traurigkeit und Enthaltsamkeit ist das Gehirn dieses armen Elenden verfault wie eine Zwiebel.«

Er hätte sich gewundert und gesagt: »O Herr, was ist los? Was ist das für ein Schleier und für eine Irreführung der Menschen?«

Alle möglichen Menschen bewegen trotz ihres Verständnisses und Unterscheidungsvermögens keinen Fuß in diese Richtung.

Die Vernünftigen und Scharfsinnigen unter ihnen haben alle den Glauben an so einen Garten verloren und sind aufsässig geworden.

Oder bin ich wahnsinnig und verrückt geworden? Hat der Teufel mir etwas in den Kopf gesetzt?

In meiner Vorstellung reib' ich mir die Augen und frage mich, ob ich träum' und ein Gespenst in der Welt der Zeit sehe.

Wie kann es ein Traum sein? Ich steige auf die Bäume, ich esse ihre Früchte: Wie könnte ich das nicht glauben?

Wenn ich die Ungläubigen wieder sehe, die sich von diesem Obstgarten abwenden,

Und die ihr Leben in äußerster Bedürftigkeit und Not ihrem Wunsch nach einer halben unreifen Traube hingeben;

Wenn ich diese elenden Leute sehe, die in ihrer Sehnsucht und Gier nach einem einzigen Blatt jämmerlich klagen;

Diese hunderttausend mal tausend Leute, die vor diesem Baum und diesen Früchten fliehen –

Dann sage ich wieder: »Wundervoll! Bin ich außer mir? Habe ich einen eingebildeten Zweig ergriffen?«

(Mathnawi, Buch 3, Vers 2010–2032)

Woher sollte das Milchkind den Geschmack von Hackfleisch kennen? Dschinne kauen und schlürfen Gerüche wie Fleisch und Gesöffe.

Wie kann ein menschliches Wesen den Geruch eines Dschinn riechen, da sein Wesen dem Wesen des Dschinn entgegengesetzt ist?

Der riechende Dschinn ergötzt sich am Geruch; du wirst an hundert Leckerbissen keine Freude haben.

Für den Ägypter ist das Wasser des Nils Blut; für den guten Israeliten ist es Wasser.

(Mathnawi, Buch 3, Vers 3025–3028)

Höre dieser Geschichte sehr aufmerksam zu! Der Morgen graut, hör auf zu schlummern!

Alle sagten, daß in der Moschee wilde Dschinne hausten, die die Gäste mit Schwertern töteten.

Einer sagte: »Das ist Magie und Zauberei, und dieser Zauberspruch ist eine lebensgefährliche Falle.«

(Mathnawi, Buch 3, Vers 3925–3926)

So verborgen äußerlich die Fee auch sei, der Mensch ist hundertmal verborg'ner als die Fee.

(Mathnawi, Buch 3, Vers 4255)

Die Mücke kam aus dem Garten und dem Gras und verlangte von Salomo ihr Recht.

Sie sagte: »O Salomo, du sprichst Recht über die Teufel, die Menschenkinder und die Dschinne.

Vogel und Fisch stehen unter dem Schutz deiner Gerechtigkeit; wo gibt es einen Verlorenen, den deine Güte nicht gefunden hat?

(Mathnawi, Buch 3, Vers 4624–4626)

Der König setzte sich durch und gab seinem Sohn eine gutmütige Tochter aus der Familie eines gerechten Mannes.

Sie hatte wirklich in ihrer Lieblichkeit nicht Ihresgleichen. Ihr Gesicht war heller als die Sonne am Morgen.

So schön war die Magd, und ihre Eigenschaften waren so vorzüglich, daß man sie nicht beschreiben kann.

Mache den Glauben zu deiner Beute, und du wirst Schönheit, Reichtum, Macht und ein vorteilhaftes Schicksal dafür erhalten.

Wisse, daß das Jenseits in bezug auf Besitz wie eine Karawane von Kamelen ist: Das Diesseits liegt dahinter, wie die Haare und der Mist des Kamels.

Wählst du das Haar, gehört das Kamel nicht dir, und wenn das Kamel dir gehört, welchen Wert hat dann das Haar?

Als der König die Hochzeit mit der Familie der friedliebenden, gerechten Leute ausgerichtet hatte,

Kam eine altersschwache Hexe, die in den gut aussehenden und großzügigen Prinzen verliebt war,

Eine alte Frau aus Kabul, und verhexte ihn mit einem Zauber, auf den die Magie Babylons neidisch wäre.

Der Prinz verliebte sich in die häßliche Hexe und verließ seine Braut und seine Ehe.

Ein schwarzer Teufel, eine Frau aus Kabul, hatte den Prinzen plötzlich verführt.

Diese neunzigjährige, aus der Scheide stinkende Hexe ließ dem Prinzen weder Weisheit noch Verstand übrig.

Ein Jahr lang war der Prinz gefangen; er küßte die Schuhsohlen der stinkenden Alten.

Die Verbindung mit der Hexe mähte ihn nieder, bis er so schwach wurde, daß er nur noch halb lebendig war.

Die anderen machten sich wegen seiner Schwäche Sorgen, doch er war wegen der betörenden Wirkung des Zaubers außer sich.

Die Welt war für den König zum Gefängnis geworden, während sein Sohn über die Tränen der anderen lachte.

Der König stand in diesem Kampf am Rande der Verzweiflung; Tag und Nacht brachte er Opfer dar und gab Almosen.
Doch welches Heilmittel der Vater auch anwandte, die Liebe zu der alten Hexe wurde nur noch größer.
Da wurde ihm klar, daß das ein absolutes Geheimnis war und daß von nun an sein einziges Heilmittel Flehen war.
Er warf sich nieder zum Gebet und sagte: »Du hast die Macht, zu befehlen; wem außer Gott gehört der Befehl über Gottes Reich?
Doch dieser arme Kerl brennt wie Aloeholz; nimm ihn an der Hand, o Barmherziger und Liebender!«
So betete er, bis wegen dieses »O Herr! O Herr!« und der Klagen des Königs ein Zaubermeister von der Straße zu ihm kam.
Er hatte in der Ferne die Nachricht gehört, daß der Junge von einer alten Frau gefangen war,
Einer Hexe, die in der Zauberei nicht Ihresgleichen hatte und vor etwas Ähnlichem und Zweiten sicher war.
Hand liegt über Hand, o Jüngling, in Fertigkeit und Stärke bis hinauf zum Wesen Gottes.
Das letzte Ende aller Hände ist die Hand Gottes; das letzte Ende aller Ströme ist zweifellos das Meer.
In ihm haben die Wolken ihren Ursprung und in ihm hat der Fluß ein Ende.
Der König sagte: »Dieser Junge ist nicht mehr bei Sinnen.« Der Zauberer sagte: »Siehe, ich komme als wirksames Heilmittel.
Keiner der Zauberer ist der alten Frau gewachsen außer mir, dem Weisen, der aus jenem Gebiet gekommen ist.
Siehe, auf Befehl des Schöpfers werde ich wie die Hand Moses' ihren Zauber vollständig zunichte machen.
Denn ich habe mein Wissen aus dem Jenseits erhalten und bin nicht in billiger Zauberei unterrichtet worden.
Ich bin gekommen, um ihren Bann zu brechen, damit der Prinz kein bleiches Gesicht mehr hat.
Geh zur Stunde des Abendessens auf den Friedhof. Neben der Mauer ist ein weißes Grab.

Grabe dort in Richtung der Qeble, damit du die Macht und das Werk Gottes siehst.«

Diese Geschichte ist sehr lang, und du bist erschöpft. Ich werde die Sahne erzählen und das Überflüssige weglassen.

Der Zauberer entwirrte die festen Knoten und wies dem Königssohn einen Weg aus der Not.

Der junge Mann kam zu sich und lief mit hundert Entschuldigungen zum Thron des Königs.

Er warf sich nieder und schlug sein Kinn auf den Boden; der Sohn hielt ein Schwert und ein Leichentuch in seinen Armen.

Der König befahl, die Stadt zu schmücken, und die Bürger und die verzweifelte, enttäuschte Braut freuten sich.

Die Welt wurde wieder lebendig und strahlend; die Leute sagten: »Wie wunderbar! Welch Unterschied zwischen gestern und heute!«

Der König gab ein solches Hochzeitsfest, daß sogar die Hunde Zuckersirup bekamen.

Die alte Hexe starb vor Kummer und gab ihr scheußliches Gesicht und ihr Wesen Malek.

Der Prinz war immer noch erstaunt: »Wie konnte sie mir Verstand und Einsicht rauben?«

Er sah eine frisch verheiratete Braut wie der schöne Mond; ihre Schönheit ließ alle anderen Schönheiten verblassen.

Er wurde ohnmächtig und fiel auf das Gesicht. Drei Tage lang verließ das Bewußtsein seinen Körper.

Drei Tage und Nächte war er bewußtlos, und die Leute machten sich Sorgen um ihn.

Mit Rosenwasser und anderen Mitteln kam er schließlich wieder zu sich. Stück für Stück begriff er Gut und Böse wieder.

Nach einem Jahr sagte der König im Spaß zu ihm: »O Sohn, denke an deine alte Freundin.

Erinnere dich an diese Bettgefährtin und an das Bett; sei nicht so treulos und schroff!«

»Hör auf«, sagte er. »Ich habe die Wohnung der Freude gefunden und bin aus der Grube des Hochmuts befreit.«

Genauso ist es: Wenn der wahre Gläubige den Weg zum Licht Gottes gefunden hat, wendet er sich von der Dunkelheit ab.

(Mathnawi, Buch 4, Vers 3138–3188)

Durch Zauberei hat eine Kuh geblökt

Rumi über Musa (Moses), Pharao und goldenes Kalb

Ein Moses ließ den Pharao mit seiner Armee und seinen mächtigen Truppen im Nil ertrinken.
Eine einfache Fliege mit einem halben Flügel spaltete schonungslos Nimrods Schädel.

(Mathnawi, Buch 1, Vers 1188 + 1189)

Moses und Pharao waren Diener der Wirklichkeit, äußerlich war Moses auf dem richtigen Weg, Pharao von ihm abgekommen.
Tagsüber flehte Moses zu Gott; um Mitternacht begann Pharao zu weinen.
Er sagte: »O Gott, was für eine Kette habe ich um meinen Hals? Gäb' es diese Kette nicht, wer würde sagen ›Ich bin ich‹?
Womit Du Moses erleuchtet hast, damit hast Du mich verfinstert.
Womit Du Moses' Gesicht mondgleich gemacht hast, damit hast Du dem Mond meiner Seele das Gesicht geschwärzt.
Mein Stern war nicht besser als ein Mond; welche Hilfe bleibt mir, wenn eine Mondfinsternis kommt?
Wenn sie mir als Sultan und Herr zu Ehren die Trommeln schlagen, ist das wie eine Mondfinsternis; die Leute schlagen auf Becher.
Sie schlagen diese Becher und machen Lärm; sie bringen mit ihren Schlägen Schande über den Mond.
Wehe mir, der ich Pharao bin, wegen der Leute; mein Titel ›Mein höchster Herr‹ ist wie Schläge auf Becher.
Wir sind Deine Diener, doch Deine Axt schlägt die Äste in Deinem Wald. Er macht einen Ast zum Leitast; ein anderer Zweig bleibt unberücksichtigt.
Der Zweig hat keine Macht gegen die Axt; kein Zweig entkommt der Macht der Axt.

Bei der Wahrheit der Macht, die zu Deiner Axt gehört: Mache in deiner Gnade unsere krummen Taten zu geraden.«

Noch einmal sprach Pharao bei sich: »Oh, wundervoll! Rufe ich nicht die ganze Nacht ›O unser Herr!‹?

Insgeheim werde ich demütig und ausgeglichen; wenn ich Moses erreiche, was werde ich dann sein?

Die Farbe des Goldes weist zehn Farbtöne auf; wie bekommt sie im Feuer ein schwarzes Gesicht?

Stehen mein Herz und mein Körper nicht unter Seinem Befehl, in einem Augenblick macht Er mich zum Kern, im anderen zur Schale?

Wenn Er mir befiehlt, ein Kornfeld zu sein, werde ich grün; wenn Er mir befiehlt, häßlich zu sein, werde ich gelb.

In einem Augenblick macht er mich zum Mond, im anderen macht er mich schwarz. Wahrlich, ist Gottes Werk anders als das?«

Unter dem Zepter seines Befehls: »Sei, und es war«, laufen wir in Raum und Nichtraum herum.

Weil die Farblosigkeit von der Farbe gefangen wurde, geriet ein Moses in Streit mit einem Moses.

Wenn du die Farblosigkeit erreichst, die du besaßest, sind Moses und Pharao versöhnt.

(Mathnawi, Buch 1, Vers 2447–2468)

Auf dem Weg sah Moses einen Hirten, der sprach: »Du wählst, wen Du willst;

Wo bist Du, daß ich Dein Diener werde, Dir die Schuhe flicke und das Haar kämme,

Deine Kleider wasche und Deine Läuse töte, Dir Milch bringe, o Du Hocherhabener?

Daß ich Dein Händchen küsse und Dein Füßchen reibe, und zur Schlafenszeit Dein Räumlein fege?

O Du, dem ich alle meine Ziegen opfere, o Du, dem ich mit meinen Rufen ›He, ho!‹ gedenke!«

Solche närrischen Worte sprach der Hirte.

Moses sagte: »Mann, an wen ist das gerichtet?« Er antwortete: »An Den, der uns erschaffen hat,

Der Himmel und Erde sichtbar machte!«

»Höre«, sagte Moses. »Du bist sehr unglücklich, du bist wirklich noch kein Muslim geworden, du bist ein Heide!

Was für ein Geschwätz! Was für eine Gotteslästerung und Verrücktheit! Stopfe dir Watte in den Mund!

Der Gestank deines Unglaubens verpestet die ganze Welt; dein Unglaube hat den Brokat des Glaubens in Lumpen verwandelt.

Schuhe und Socken passen zu dir, wie könnten solche Dinge einer Sonne angemessen sein?

Wenn du nicht aufhörst, solche Worte zu äußern, kommt ein Feuer und verbrennt die Leute.

Wäre kein Feuer gekommen – woher dann dieser Rauch? Warum ist deine Seele schwarz geworden, und dein Geist verflucht?

Du weißt doch, daß Gott der Richter ist, warum sollte dir dann dieses freche Gerede gestattet sein?

Wahrlich, die Freundschaft des Dummen ist Feindschaft – der erhabene Gott braucht solchen Dienst nicht!

Zu wem sagst du das? Zu deinen Onkeln? Gehören der Körper und seine Bedürfnisse zu den Eigenschaften des glorreichen Herrn?

Nur wer sich entwickelt und wächst, trinkt Milch; Schuhe trägt, wer Füße braucht.

Und wenn diese Worte Seinem Diener gelten, über den Gott gesagt hat: ›Er ist Ich und Ich bin er‹,

Über den Er sagte: ›Wahrlich, Ich war krank, und du hast Mich nicht besucht‹; das heißt ›Ich wurde krank, nicht nur er‹;

Der ›durch Mich sehend und hörend‹ wurde – sogar in bezug auf diesen Diener ist deine Rede närrischer Unsinn.

Wer unhöflich mit Gottes Auserwählten spricht, dessen Herz stirbt und das Buch seiner Taten wird geschwärzt.

Wenn du einen Mann Fatme nennst, auch wenn Mann und Frau von gleicher Art sind,

Wird er dein Blut vergießen wollen, wenn es möglich ist, auch wenn er gutherzig und sanft und ruhig ist.

Fatme ist eine Ehre für die Frau, wenn du einen Mann so ansprichst, ist es ein Stoß mit dem Speer.

Für uns sind Hand und Fuß nützlich, für Gottes Reinheit sind sie eine Besudelung.

›Er zeugt nicht und wird nicht gezeugt‹ ist Seiner würdig; Er schuf Zeuger und Gezeugte.

Geburt ist die Eigenschaft alles Körperlichen; was geboren wurde, ist auf dieser Seite des Flusses,

Denn es gehört zu Werden und Vergehen und ist niedrig; es ist erschaffen und braucht gewiß einen Schöpfer.«

Er sprach: »O Moses, du hast mir den Mund verschlossen, und du hast meine Seele mit Reue verbrannt.«

Er zerriß sein Gewand und stöhnte laut, und eilig wandte er sich zur Wüste und ging.

Gott sandte Moses eine Offenbarung: »Du hast Meinen Diener von Mir getrennt. Kamst du, um zu verbinden, oder kamst du, um zu trennen?

Wenn du kannst, trenne nicht: ›Am verhaßtesten ist Mir die Scheidung.‹

Jedem habe Ich einen Charakter gegeben: Ich habe jedem eine besondere Ausdrucksform zugeteilt.

Für ihn ist es Lobpreis, und für dich ist es Schande: Für ihn ist es Honig, für dich Gift.

Ich bin frei von Unreinheit und Reinheit, von jeder Langsamkeit und Schnelligkeit.

›Ich habe nicht zum Eigennutz befohlen‹; nein, um Meinen Dienern etwas Gutes zu tun!

Bei den Indern eignet sich die Hindi-Sprache, Mich zu lobpreisen, bei den Sindis ist es die Sindi-Sprache.

Ich werde durch ihren Lobpreis nicht gereinigt; sie werden gereinigt und klar.

Ich schaue nicht auf Sprache und Rede; Ich schaue auf die Seele und den inneren Zustand.

Ich blicke in das Herz, ob es demütig ist, auch wenn die Worte nicht demütig geäußert werden,

Denn das Herz ist die Substanz, und die Rede das Akzidens; so ist das Akzidens abgeleitet, die Substanz das Wesentliche.

Wie viel noch von diesen Reden, Metaphern, diesem verborgenen Sinn? Glut will Ich,

Glut; freunde dich mit dieser Glut an!

Entzünde das Feuer der Liebe in deiner Seele, verbrenne Gedanken und Phrasen vollständig!

O Moses, wer auf das Benehmen achtet, ist von einer Art; wessen Seele und Geist brennt, ist von einer anderen Art.«

Die Liebenden brennen mit jedem Atemzug; das zerstörte Dorf braucht keinen Zehnten und keine Steuer zu bezahlen.

Wenn er Falsches spricht, nenne ihn doch nicht falsch; und wenn der Märtyrer in Blut badet, wasche ihn nicht.

»Für Märtyrer ist Blut besser als Wasser«; solch ein Mangel besser als hundert gute Werke.

In der Kaa'ba gibt es die Regel der Qeble nicht; was macht es aus, wenn der Taucher keine Gamaschen anhat?

Erwarte bei Betrunkenen nicht gute Führung; warum bestellst du die, die ihre Kleider zerrissen haben, zum Flicken?

Die Religion der Liebe ist anders als alle Religionen; für die Liebenden ist Gott die Religion und das Glaubensbekenntnis.

Was schadet es, wenn der Rubin kein Siegel trägt; die Liebe ist im Meer der Sorgen sorglos.

Danach verbarg Gott in Moses' Seelengrund unaussprechliche Geheimnisse.

Worte ergossen sich in Moses' Herz, Sehen und Rede wurden vermischt. Wie oft war er entrückt, dann wieder bei sich!

Wie oft flog er von Ewigkeit zu Ewigkeit! Es wäre dumm, diese Geschichte zu erzählen,

der Verstand kann ihren Sinn nicht erfassen.

Und redete ich darüber – der Verstand würde zerrissen; und schrieb ich darüber – viele Stifte zerbrächen.
Als Moses Gottes Vorwürfe gehört hatte, lief er in die Wüste und suchte den Hirten.
Er eilte den Fußspuren dieses verwirrten Mannes nach und wirbelte den Staub der Wüste auf.
Die Fußspuren eines verwirrten Mannes sind wirklich ganz besondere Spuren.
Einen Schritt setzt er gerade wie der Turm im Schach, den anderen quer wie der Läufer.
Bald hebt er seinen Kamm wie eine Welle, bald kriecht er auf dem Bauch wie ein Fisch,
So schreibt er seinen Zustand in den Sand, wie der Wahrsager, der aus Linien im Sand liest.
Endlich fand Moses den Hirten und sah ihn an; der Überbringer froher Botschaft sprach: »Es ist dir erlaubt,
Zu sagen, was dein bedrücktes Herz ersehnt – du brauchst keine Regel und keinen Ritus.
Dein Unglaube ist in Wahrheit Religion, und deine Religion das Licht der Seele; du bist erlöst, und durch dich eine ganze Welt.
O du, ›Gott tut was Er will‹ hat dich erlöst; geh und löse deine Zunge ohne Bedenken.«
Der Hirt sprach: »O Moses, darüber bin ich hinaus, ich bade jetzt in meinem Herzblut.
Der ›Lotusbaum, über den kein Weg ist‹, liegt hinter mir; hunderttausend Jahre bin ich auf der anderen Seite gereist.
Du hast die Peitsche geschlagen, mein Pferd scheute, machte einen Satz und flog über den Himmel.
Möge Gottes Wesen meinem menschlichen Wesen nahe sein – gesegnet seien deine Hand und dein Arm!
Mein Zustand ist jenseits aller Beschreibung; was ich sage, ist nicht mein wahrer Zustand.«

Du siehst das Bild in einem Spiegel, doch es ist dein Abbild, nicht das Bild des Spiegels.

(Mathnawi, Buch 2, Vers 1722–1794)

Moses sagte: »O gütiger Helfer, o Du, einen Augenblick Gedenken an Dich ist ein langes Leben wert,
Ich habe das entstellte Bild in Wasser und Lehm gesehen, und wie die Engel hat mein Herz einen Einwand,
Was der Zweck davon ist, ein solches Bild zu machen und die Saat der Fäulnis hineinzuwerfen.
Das Feuer des Unrechts und der Verderbtheit zu entfachen; die Moschee anzuzünden und jene, die sich zum Gebet niederwerfen;
Blut und Tränen zu vermischen und so die Leute zum Flehen zu bringen.
Ich weiß gewiß, daß das die Essenz Deiner Weisheit ist, doch mein Ziel ist Sehen und Vision.
Die Gewißheit sagt mir: ›Bleibe ruhig‹; die Sehnsucht nach Vision sagt zu mir: ›Nein, bewege dich‹.
Du hast Dein Geheimnis den Engeln gezeigt, sodaß sie wissen, daß solch ein Honig einen Stich aufwiegt.
Du hast Adams Licht den Engeln deutlich gezeigt, die Schwierigkeiten wurden erklärt.
Deine Auferstehung erklärt das Geheimnis des Todes; die Früchte erklären das Geheimnis der Blätter.«

(Mathnawi, Buch 2, Vers 1818–1827)

Moses sagte zu einem Phantasten: »O du, der aus Gemeinheit und Verwirrung schlecht denkt,
Du hast hundert Zweifel in bezug auf mein Prophetentum, trotz vieler Beweise und meines gütigen Wesens.
Du hast hunderttausend Wunder von mir gesehen, gleichzeitig hast du hundert Phantasien, Zweifel und Einwände.
Du wurdest von Phantasie und teuflischer Einflüsterung gedrängt, du hast mein Prophetentum verhöhnt.

Ich habe vor deinen Augen das Meer verschwinden lassen, damit du von der Bosheit der Pharaonen erlöst wirst.
Vierzig Jahre lang hat dir der Himmel den Tisch gedeckt, und durch mein Gebet ist der Fluß aus dem Felsen geflossen.
Dies und hundertmal mehr, und Freud und Leid haben nicht bewirkt, daß dein Zweifel dich verläßt, o kalter Mann!
Durch Zauberei hat ein Kalb geblökt; du warfst dich in Verehrung nieder und sagtest: ›Du bist mein Gott.‹
Da wurden deine Zweifel durch eine Flut weggeschwemmt, und deine dumme Schlauheit ist eingeschlafen.
Warum hast du ihm gegenüber kein Mißtrauen? Warum hast du dich so niedergeworfen, o Häßlicher?
Warum ist dir kein Gedanke an seine Täuschung und die Verderbtheit seiner narrenfängerischen Zauberei gekommen?
Wer ist Samiri wirklich, o ihr Hunde, daß ihr euch aus ihm einen Gott in dieser Welt macht?
Warum bist du mit seiner Täuschung einverstanden und hast alle Zweifel ausgeräumt?
Verdient es eine Kuh, für eine Prahlerei vergöttert zu werden, während es hundert Meinungsverschiedenheiten über die prophetische Mission Meinesgleichen gibt?
Aus Dummheit hast du dich vor einer Kuh niedergeworfen; dein Verstand ist zur Beute von Samiris Zauberei geworden.«

(Mathnawi, Buch 2, Vers 2038–2053)

Ich bin wie die Kuh Moses', die zum Leben erweckte; jedes meiner Glieder läßt die Freien von den Toten auferstehen.
Moses' Kuh war geopfert worden; ihr kleinstes Glied erweckte einen Ermordeten zum Leben.
Bei seiner Berührung stand der Ermordete von seinem Ort auf, bei den Worten Gottes: »Schlagt ihn!«
O ihr Edlen, schlachtet diese Kuh, wenn ihr die Geister der Einsicht erwecken wollt.

(Mathnawi, Buch 3, Vers 3897–3900)

Moses sagte: »Niemals kann jemand die Herrschaft mit diesem König teilen.
Er ist Eins; Er hat keinen Partner in Seinem Reich; Seine Sklaven haben keinen anderen Herrn als Ihn.
Seine Geschöpfe haben keinen anderen Besitzer; wer außer ein dem Untergang Geweihter beansprucht Partnerschaft mit Ihm?
Er hat den Plan gemacht, Er ist mein Schöpfer; wenn jemand anders das beansprucht, dann sucht er das Unrecht.
Du kannst noch nicht einmal meine Augenbrauen formen; woher willst du meine Seele kennen?
Nein, du bist der Verräter und der Unverschämte, denn du beanspruchst Dualität mit Gott.
Wenn ich unabsichtlich einen Nichtsnutz getötet habe, dann hab' ich ihn weder aus Selbstsucht noch aus Spaß getötet.
Ich habe ihn mit meiner Faust geschlagen, und er fiel plötzlich um; einer, der wirklich keine Seele hatte, hat seinen Geist aufgegeben.
Ich habe einen Köter getötet; du aber hast die Kinder des Gesandten – hunderttausend unschuldige und harmlose Säuglinge –
Getötet, und ihr Blut klebt an deinem Hals; denke darüber nach, was wegen deines Blutrausches über dich kommen wird.
Du hast die Nachkommen Jakobs getötet, die du gesucht hast in der Hoffnung, mich zu töten.
Dir zum Trotz hat Gott Selbst mich gerettet; was deine Seele ausgeheckt hatte, wurde zunichte gemacht.«

(Mathnawi, Buch 4, Vers 2324–2335)

Er ist ein Angeber, ein Habsüchtiger, ein Schmarotzer; der Lärm seiner Trommel hat die entferntesten Teile der Welt erreicht.
Seine Anhänger sind wie Israeliten und Verehrer des goldenen Kalbes. Warum streicheln sie so eine Kuh?
Jeder, den dieser Schmarotzer getäuscht hat, ist nachts ein Kadaver und tagsüber ein Nichtsnutz.
Diese Leute haben hundert Arten von Wissen und Vollkommenheit

aufgegeben und Täuschung und Betrug mit den Worten: »Das ist Ekstase!« gebilligt.

Ach, wo ist Moses' Familie, damit sie jetzt das Blut der Kalbsverehrer vergießt, die Glauben und Frömmigkeit zurückgewiesen haben?

(Mathnawi, Buch 6, Vers 2060 + 2065)

Isa (Jesus) sprang in den Vierten Himmel

Rumi über den Messias der Christen

Moses hat mit einem Stab unzählige Speere Pharaos zerschmettert.
Unzählig sind die heilenden Künste des Galen; im Vergleich zu Jesus und seinem Atem sind sie lächerlich.

(Mathnawi, Buch 1, Vers 527 + 528)

Von drinnen rief der Wesir heraus: »O Jünger, dies möchte ich euch bekannt geben:
Jesus hat mir folgende Botschaft gebracht: ›Halte dich von Freunden und Verwandten fern,
Setze dich mit dem Gesicht zur Wand, sitz alleine, und löse dich sogar von deiner eigenen Existenz ab.‹
Danach habe ich nicht mehr die Erlaubnis zu sprechen; danach habe ich nichts mehr mit Reden zu tun.
Lebt wohl, o Freunde! Ich bin tot; ich habe meine Habseligkeiten in den Vierten Himmel getragen,
Damit ich nicht unter der Feuersphäre wie Brennholz vor Kummer und Schaden brenne,
Sondern fortan oben auf dem Vierten Himmel an Jesu Seite sitze.«

(Mathnawi, Buch 1, Vers 644–648)

Der Tod des Papageis bedeutete Flehen; mache dich tot in Flehen und Armut,
Damit dich der Atem Jesu wieder belebe und dich so schön und gesegnet macht wie Jesus selbst.
Wie könnte der Frühling einen Stein zum Blühen bringen? Werde zu Erde, damit aus dir Blumen in vielen Farben wachsen.
Jahrelang warst du ein herzzerreißender Stein; versuche einmal, Erde zu sein!

(Mathnawi, Buch 1, Vers 1909–1912)

Jemand ging in den Rosengarten, um sich zu erholen, die Schönheit des Gärtners wurde seine Erholung.
Wie der Araber, der Wasser aus dem Brunnen holte und das Wasser des Lebens vom Gesicht Josephs schmeckte.
Moses ging Feuer holen; er sah solch ein Feuer, daß er dem Feuer entkam.
Jesus sprang auf, um seinen Feinden zu entkommen; dieser Sprung trug ihn in den Vierten Himmel.

(Mathnawi, Buch 1, Vers 2786–2789)

Ein gewisser Dummkopf begleitete Jesus. Er entdeckte ein paar Knochen in einem tiefen Loch.
Er sagte: »O Gefährte, lehre mich diesen erhabenen Namen, mit dem du die Toten lebendig machst,
Damit ich Gutes tun und mit ihm die Knochen wieder mit Leben erfüllen kann.
Jesus sagte: »Sei still, denn das ist nicht deine Sache; es paßt nicht zu deinem Atem und deiner Rede,
Denn dafür braucht man einen Atem, der reiner als Regen ist und ein wirkungsvolleres Handeln als das der Engel.
Lebenszeiten dauerte es, bis der Atem gereinigt wurde, sodaß ihm die Schätze der Himmel anvertraut wurden.
Selbst wenn du den Stab fest in deiner Hand hieltest: Wie könnte deine Hand die Klugheit Moses' erhalten?«
Er sagte: »Wenn ich diese Geheimnisse nicht aussprechen kann, dann sprich du den Namen über die Knochen.«
Jesus rief: »O Herr, was sind Deine geheimen Absichten? Was ist der Wunsch dieses Dummkopfes bei dieser Fronarbeit?
Warum kümmert sich dieser kranke Mann nicht um sich selbst? Warum kümmert sich dieser Leichnam nicht um Leben?
Er ist selbst tot, hat sich selbst verlassen und möchte einen fremden Toten wieder zusammenflicken.«
Gott sagte: »Der Unglückliche sucht das Unglück; die in ihm gewachsene Distel ist die Vergeltung für seine Saat.«

Wer Distelsamen in die Welt sät, nach dem suche nicht im Rosengarten.
Wenn er eine Rose in seine Hand nimmt, wird sie zur Distel; und wenn er zu einem Freund geht, wird er zur Schlange.

(Mathnawi, Buch 2, Vers 140–154)

Sorge dich nicht um dein Auge, wenn dieser Jesus dein ist; geh nicht nach links, damit er dir zwei rechte Augen gibt.
Der Jesus deines Geistes ist in dir anwesend; bitte ihn um Hilfe, denn er ist ein guter Helfer;
Doch leg nicht jeden Augenblick die nutzlose Arbeit eines Körpers voller Knochen auf Jesu Herz,
Wie der Dummkopf, den wir in der Geschichte erwähnt haben, um der Gerechten willen.
Verlange von deinem Jesus nicht das Leben des Körpers, bitte deinen Moses nicht um den Wunsch eines Pharao.

(Mathnawi, Buch 2, Vers 450–454)

Du hast Jesus vergessen und den Esel gepflegt; folglich stehst du wie der Esel außerhalb des Schleiers.
Wissen und Erkenntnis sind das Los Jesu; sie sind nicht das Los des Esels, du Esel!
Du hörst auf das Blöken des Esels, und Mitleid überkommt dich; dann weißt du nicht, daß der Esel dir befiehlt, ein Esel zu sein.
Habe Mitleid mit Jesus und kein Mitleid mit dem Esel; laß die Natur nicht deinen Verstand beherrschen.

(Mathnawi, Buch 2, Vers 1852–1855)

Jesus, Marias Sohn, lief auf die Berge zu; man konnte meinen, ein Löwe wolle sein Blut vergießen.
Jemand rannte hinter ihm her und sagte: »Geht es dir gut? Niemand ist hinter dir her; warum fliehst du wie ein Vogel?«

Jesus lief so eilig weiter, daß er nicht antworten konnte. Der andere verfolgte Jesus ein oder zwei Felder weit und rief ihn dann äußerst ernst an

Und sagte: »Um Gottes Wohlgefallen willen halte einen Augenblick an, denn ich verstehe deine Flucht nicht.

Vor wem fliehst du, o Edler? Kein Löwe verfolgt dich, kein Feind, es gibt keine Gefahr und nichts zu fürchten.«

Er sagte: »Ich fliehe vor den Dummen. Geh weg! Ich rette mich. Halte mich nicht auf!«

»Warum denn«, sagte er, »bist du nicht der Messias, der die Blinden und Tauben heilt?«

Jesus sagte: »Ja.« Der andere sagte: »Bist du nicht der König, in dem die Beschwörungen aus der Unsichtbaren Welt wohnen?

Wenn du einen toten Mann besprichst, springt er wie ein Löwe auf, der Beute gemacht hat.«

Er sagte: »Ja, der bin ich.« Der andere sagte: »Machst du nicht lebende Vögel aus Lehm, o Schöner?«

Er sagte: »Ja.« Der andere sagte: »Dann, o reiner Geist, tust du, was immer du willst; vor was hast du Angst?

Wer auf der Welt könnte bei so vielen Beweisen nicht einer deiner Sklaven sein?«

Jesus sagte: »Beim heiligen Wesen Gottes, des Schöpfers des Körpers und der Seele in der Urzeit;

Bei der Heiligkeit Seines reinen Wesens und Seiner Eigenschaften, Er macht sich das Himmelsgewölbe untertan;

Die Beschwörungen und der Höchste Name, die ich über die Tauben und Blinden gesprochen habe, waren gut.

Ich habe sie über den steinigen Berg gesprochen; er wurde gespalten und hat sich den Mantel bis zum Nabel aufgerissen.

Ich habe sie über den Leichnam gesprochen: Er wurde lebendig. Ich habe sie über das Nichtsein gesprochen; es wurde Sein.

Ich habe sie hunderttausendmal liebevoll über das Herz der Dummen gesprochen; es gab keine Heilung.

Er wurde zum harten Felsen und änderte sein Wesen nicht; er wurde zu Sand, auf dem nichts wächst.«

Der andere sagte: »Warum nutzte der Name Gottes dort und hatte hier keine Wirkung?

Das eine ist eine Krankheit, und das andere ist auch eine Krankheit; warum hat er das eine geheilt und das andere nicht?«

Jesus sagte: »Die Krankheit Dummheit kommt vom Zorn Gottes; Gebrechen und Blindheit kommen nicht vom Zorn; sie sind eine Heimsuchung.

Heimsuchung ist eine Krankheit, die Mitleid erregt; Dummheit ist eine Krankheit, die Ablehnung hervorruft.

Dieses Brandmal hat Gott dem Dummen aufgedrückt; keine Hand kann hier heilend wirken.«

Fliehe vor den Dummen; du siehst, daß sogar Jesus floh; wieviel Blut ist durch die Gesellschaft mit Dummen geflossen!

Die Luft stiehlt das Wasser Stück um Stück; ebenso stiehlt dir der Dumme den Glauben.

Er stiehlt deine Hitze und gibt dir Kälte, wie jemand, der dir einen Stein unter den Hintern legt.

Jesus floh nicht aus Angst, er braucht nichts zu fürchten; es geschah zum Zwecke der Unterrichtung.

Selbst wenn starker Frost die ganze Welt erfüllen würde, was könnte das der strahlenden Sonne schaden?

(Mathnawi, Buch 3, Vers 2571–2599)

Jesus enthält dem Esel den Zucker nicht vor, doch der Esel ist von Natur aus mit Stroh zufrieden.

Wenn Zucker das Entzücken des Esels vergrößern würde, hätte Jesus dem Esel hundert Kilo Zucker vorgelegt.

(Mathnawi, Buch 6, Vers 160 + 161)

Der Götze ist das schwarze Wasser in einem Krug

Was Rumi über Ungläubige, andere Religionsanhänger und Pluralismus sagt

Wenn die Ungläubigen streiten, haben sie die Natur eines Affen; diese Natur ist ein Geschwür in der Brust.
Was ein Mensch auch tut – der Affe macht immer das, was er den Menschen tun sieht.

(Mathnawi, Buch 1, Vers 281 + 282)

Der ungläubige Wesir war scheinbar ein wahrer Glaubensberater, doch er hatte absichtlich Knoblauch in den Mandelkuchen gesteckt.

(Mathnawi, Buch 1, Vers 445)

Es gibt viele leicht zu verfolgende Wege; und jeder geht seiner Religion mit Eifer nach.
Doch wenn Gott den richtigen Weg leicht gemacht hätte, würde jeder Jude und Zoroastrer Ihn kennen.

(Mathnawi, Buch 1, Vers 483–484)

Weil die Ungläubigen zum Geschlecht der Hölle gehören, sind sie gut vorbereitet auf das Gefängnis dieser Welt.
Weil die Propheten zum Geschlecht des Himmels gehörten, gingen sie zum Himmel des Geistes und Herzens.

(Mathnawi, Buch 1, Vers 640 + 641)

Nun seht, was für einen Plan dieser verwerfliche Jude ausgeheckt hat! Er stellte einen Götzen neben das Feuer
Und sagte: »Wer sich vor dem Götzen verbeugt, wird verschont; wer sich nicht verbeugt, wird im Herzen des Feuers sitzen.«

Weil er seinem Egogötzen nicht die verdiente Strafe erteilt hat, wurde aus seinem Egogötzen der andere Götze geboren.
Dein Egogötze ist die Mutter aller Götzen, denn ein materieller Götze ist eine Schlange, der Egogötze aber ein Drachen.
Das Ego ist wie Eisen und Stein, der materielle Götze wie Funken; Wasser kann diese Funken löschen.
Wie können Stein und Eisen mit Wasser beschwichtigt werden? Wie kann ein Mann, der diese beiden hat, sicher sein?
Der Götze ist das schwarze Wasser in einem Krug; das Ego ist eine Quelle für das schwarze Wasser.
Die Götzenfigur ist wie ein schwarzer Strom; das götzenerzeugende Ego eine Quelle voller Wasser für ihn.
Ein einzelnes Stück Stein zerbricht hundert Krüge, doch aus der Quelle sprudelt ununterbrochen Wasser hervor.
Es ist leicht, einen Götzen zu zerbrechen, sehr leicht; doch das Ego für leicht bezwingbar zu halten, ist verrückt – verrückt.
O Sohn, wenn du die Form des Ego kennenlernen willst, dann lies die Geschichte von der Hölle und ihren sieben Pforten.

(Mathnawi, Buch 1, Vers 769–779)

Er sagte im Koran: »O Volk der Juden, der Tod ist für die Aufrichtigen ein Schatz und Gewinn.
Auch wenn es den Wunsch nach Gewinn gibt, ist der Wunsch nach dem Tod besser.
O Juden, um der Ehre wertvoller Männer willen, laßt eure Zungen diesen Wunsch äußern.«
Kein einziger Jude hatte so viel Mut, als Muhammad dieses Banner hißte.
Er sagte: »Wenn sie es mit ihrer Zunge äußern, wird wahrlich kein Jude mehr auf der Welt bleiben.«
Dann brachten die Juden den Tribut und die Landsteuer und riefen: »Beschäm uns nicht, o Fackel!«

(Mathnawi, Buch 1, Vers 3968–3972)

Die geistigen Fische sind zahlreich in diesem Meer, du siehst sie nicht, obwohl sie um dich herumschwirren.

Diese Fische stürzen sich auf dich; öffne deine Augen, damit du sie deutlich siehst.

Wenn du die Fische nicht deutlich siehst, hat doch dein Ohr schließlich ihre Gottesverehrung gehört.

(Mathnawi, Buch 2, Vers 3143–3145)

Die Trauben ähneln sich wie Brüder: Wenn du sie preßt, werden sie ein Saft.

Die unreife und die vollreife Traube sind Gegensätze, aber wenn die unreife Traube gereift ist, wird sie ein guter Freund.

Die unreife Traube, die steinhart und roh geblieben ist, hat Gott in der Urewigkeit einen Ungläubigen genannt.

So jemand ist weder ein Bruder noch ein Seelenverwandter; er ist ein unglücklicher, verdammter Ketzer.

Wenn ich erzählen würde, was er versteckt hält, würde auf der Welt ein heftiger Aufruhr entstehen.

Es ist besser, das Geheimnis des blinden Ungläubigen nicht zu verraten; es ist besser, wenn der Höllenrauch aus Eram verbannt bleibt.

Die guten unreifen, aber reifungsfähigen Trauben werden schließlich durch den Atem der Meister des Herzens im Herzen eins.

Sie bewegen sich schnell auf die Reife zu, sodaß Zwietracht und Haß und Streit sie verlassen.

Dann zerreißen sie in ihrer Reife die Haut, bis sie eins werden; Einheit ist deren Eigenschaft.

Ein Freund wird zum Feind, weil er immer noch zweigeteilt ist; streitet jemand mit sich selbst?

Gesegnet sei die allumfassende Liebe des Meisters, die hunderttausend Atomen Einheit gab!

Wie Staub waren sie auf der Straße verstreut; die Hand des Töpfers hat einen Krug aus ihnen gemacht.

(Mathnawi, Buch 2, 3718–2729)

Wenn du weiter auf das Glas der Lampe siehst, bist du verloren, denn aus dem Glas entstehen die Zahlen der Zweigeteiltheit;

Doch wenn du deinen Blick auf das Licht richtest, wirst du von Zwiespältigkeit und Vielfalt des endlichen Körpers erlöst.

Aus dem Blickwinkel, o Kern der Existenz, entsteht der Unterschied zwischen dem wahren Gläubigen, dem Zoroastrer und dem Juden.

Der Elefant war in einem dunklen Haus; einige Hindus hatten ihn zur Ausstellung gebracht.

Um ihn zu sehen, gingen viele Leute einzeln in die Dunkelheit.

Da Sehen mit dem Auge unmöglich war, befühlten sie ihn in der Dunkelheit mit der Handfläche.

Einer legte die Hand auf seinen Rüssel und sagte: »Dieses Geschöpf gleicht einem Wasserschlauch.«

Die Hand eines anderen berührte sein Ohr; ihm erschien es wie ein Fächer.

Da die Hand eines anderen sein Bein berührte, sagte er: »Ich finde, daß der Elefant die Form eines Pfeilers hat.«

Ein weiterer legte seine Hand auf seinen Rücken; er sagte: »Wahrlich, dieser Elefant ist wie ein Thron.«

So verstand jeder, der etwas hörte, nur den Teil, der berührt worden war.

Wegen der unterschiedlichen Berührungspunkte unterschieden sich ihre Aussagen; ein Mann nannte ihn »dal«, ein anderer »alef.«

Wenn jeder eine Kerze in der Hand gehabt hätte, wäre der Unterschied zwischen ihren Aussagen verschwunden.

Das Auge der Sinneswahrnehmung ist nur wie die Handfläche: Die Handfläche hat nicht die Macht, alles zu erreichen.

Das Auge des Meeres ist eine Sache, und der Schaum eine andere; laß den Schaum und sieh mit dem Auge des Meeres.

Tag und Nacht bewegen sich die Schaumkronen auf dem Meer: Du siehst den Schaum, aber nicht das Meer. Wunderbar!

Wir schlagen aneinander wie Boote; unsere Augen werden verdunkelt, obwohl wir im klaren Wasser sind.

O du, der im Boot des Körpers eingeschlafen ist, du hast Wasser gesehen, doch sieh auf das Wasser des Wassers.

Das Wasser hat ein Wasser, das es antreibt; der Geist hat einen Geist, der ihn ruft.

Wo waren Moses und Jesus, als die Sonne dem Saatfeld der existierenden Dinge Wasser gab?

Wo waren Adam und Eva zu der Zeit, als Gott den Bogen der Schöpfung spannte?

Auch diese Rede ist unvollkommen und verstümmelt; die Rede, die nicht unvollkommen ist, existiert nur im Jenseits.

Wenn der Gottesfreund von dort spricht, wirst du stolpern; und wenn er nichts darüber sagt, wehe dir!

Und wenn er eine Form als Vergleich nimmt, wirst du an dieser Form hängen bleiben, o junger Mann.

Du bist wie das Gras mit dem Fuß an die Erde gebunden; bei jedem Wind nickst du mit dem Kopf, auch wenn du unsicher bist.

Doch du hast keinen Fuß, mit dem du abreisen oder den du vielleicht aus dem Schlamm ziehen könntest.

Wie kannst du deinen Fuß herausziehen? Dein Leben kommt aus diesem Schlamm; es ist sehr schwer für dein Leben, weiterzugehen.

(Mathnawi, Buch 3, Vers 1257–1282)

Gott hat die Heiden »unrein« genannt, weil sie in der Urewigkeit im Inneren des Mistes geboren wurden.

Der Wurm, der im Mist geboren wurde, wird seine schlechte Natur niemals durch Ambra ändern.

Da die Fülle des Lichtes nie auf den Sünder geschienen hat, ist er vollständig Körper, ohne Herz, wie eine leere Hülse.

Und wenn Gott ihm einen Teil des Lichtes gäbe, würde der Mist einen Vogel ausbrüten, wie es in Ägypten der Brauch ist,

Aber kein billiges gezähmtes Geflügel, sondern den Vogel des Wissens und der Weisheit.

(Mathnawi, Buch 4, Vers 296–300)

Jemand sagte zu einem Feueranbeter: »O Soundso, höre, werde ein Muslim, sei ein wahrer Gläubiger!«

Der Feueranbeter antwortete: »Wenn Gott will, werde ich ein Gläubiger, und wenn Er Seine Gnade vergrößert, werde ich überzeugt.«

Der Muslim sagte: »Gott will dich als wahren Gläubigen, damit dein Geist von der Macht der Hölle befreit wird.

Doch deine unheilvolle Triebseele und der üble Teufel ziehen dich zum Unglauben und zum Feuertempel.«

Der Feueranbeter antwortete: »O vernünftiger Mann, wenn diese beiden vorherrschen, bin ich der Freund des Stärkeren.

Ich kann nur der Freund des Vorherrschenden sein. Ich schlage mich auf die Seite, zu der mich der Vorherrschende zieht.

Wenn Gott von mir festen Glauben verlangt, was nutzt dann Sein Wunsch, wenn Er ihn nicht durchsetzen kann?

Die Triebseele und der Teufel haben ihren Willen durchgesetzt, während Gottes Gnadenakt zunichte gemacht wurde.

Es ist, als ob du einen Palast und einen Pavillon gebaut und darin hundert schöne Verzierungen angebracht hättest,

Und wünschtest, daß dieser schöne Platz eine Moschee sei – und jemand anders kommt und macht ein christliches Kloster daraus.

Oder als hättest du ein Stück Leinenstoff zusammengenäht, um geschickt einen Mantel für jemanden zu machen,

Und während du einen Mantel machen wolltest, hat ein feindlicher Rivale den Leinenstoff dir zum Trotz zu einer Hose zusammengenäht.

Was bleibt dem Leinen anderes, mein Freund, als sich der Absicht dessen zu unterwerfen, der vorherrscht?

Es bleibt ihm nichts als Unterwerfung, was ist dann das Verbrechen des Leinens? Wer wird nicht vom Herrschenden beherrscht?

Wenn jemand gewaltsam eingedrungen ist und gegen den Willen des Hausbesitzers einen Dornbusch auf sein Eigentum gepflanzt hat,

Ist der Hausbesitzer niedergeschlagen, weil ihm solch eine Erniedrigung widerfahren ist.

Auch ich würde, obwohl ich frisch und neu bin, erniedrigt, wenn ich mich mit so einer schändlichen Person verbinden würde.
Wenn der Wille der Triebseele um Hilfe gerufen wird, ist es Spott, zu sagen, daß alles eintritt, was Gott wünscht.
Ich mag eine Schande für die Feueranbeter oder ein Ungläubiger sein, aber so etwas würde ich nicht über Gott denken,
daß jemand in Seinem Königreich Macht gegen Seinen Willen und Ihm zum Trotz ausüben könnte,
Und so Sein Königreich besetzen würde, sodaß der Schöpfer des Atems es nicht wagen würde, ein Wort zu hauchen,
Und obwohl Er den Teufel zurückschlagen will und muß, dieser jeden Augenblick Seine Angst vergrößern würde.
Wäre es so, müßte ich den Teufel verehren, weil er in jeder Versammlung vorherrschen würde.
Weil sich Satan sonst an mir rächen würde; und was könnte mir in diesem Fall der Gnädige Gott nutzen?
Was der Teufel will, geht in Erfüllung; wer sonst könnte mir bei meinen Geschäften Wohlstand bringen?«

(Mathnawi, Buch 5, Vers 2912–2936)

Der Gottlose will von allen Leuten getragen werden. Sie bringen ihn wie einen toten Reiter zu Grabe.

(Mathnawi, Buch 6, Vers 325)

So schliefen sie diese Nacht, und am Morgen erhoben sie sich und zogen sich an,
Und wuschen ihre Gesichter und Münder; und jeder hatte seine eigenen Methoden und Praktiken des Gebets.
Jeder widmete sich eine Zeit lang seinen Gebeten und suchte Gnade bei Gott.
Wahrer Gläubiger und Christ, Jude, Zarathustrier und Feueranbeter – alle ihre Gesichter richten sich auf den mächtigen Sultan.

(Mathnawi, Buch 6, Vers 2416–2419)

Jemand sagte: »Ich weiß bestimmt, daß die Propheten und Heiligen alle leeren Wahnvorstellungen folgen. Da gibt's nichts als Prahlerei.« Maulana erwiderte: »Sagst du das nur als Erwägung, oder redest du, nachdem du geschaut hast?«

(Fihi ma fihi)

Wer wie ein Hindu ist

Rumi über andere Ethnien

Die Hunde der Turkmenen katzbuckeln vor dem Gast am Zelteingang.
Doch wenn ein fremdes Gesicht am Zelt vorbeigeht, springen die Hunde ihn wie Löwen an.
Ich bin in bezug auf Hingabe nicht geringer als ein Hund, Gott ist in bezug auf das Leben nicht weniger als ein Türke.

(Mathnawi, Buch 1, Vers 831 f.)

Oh, viele Inder und Türken sprechen die gleiche Sprache; o, zahlreich sind die Paare von Türken, die einander fremd sind.
Deshalb ist die Sprache des gegenseitigen Verständnisses anders; im Herzen eins sein ist besser als in der Zunge eins sein.
Ohne Rede und ohne Zeichen und ohne Schriftrolle erwachsen hunderttausend Dolmetscher aus dem Herzen.

(Mathnawi, Buch 1, Vers 1206–1208)

Was bedeutet dem Bild eines Fisches der Unterschied zwischen Meer und Land?
Was bedeutet der Farbe des Hindu der Unterschied zwischen Seife und schwarzem Vitriol?

(Mathnawi, Buch 1, Vers 1765 und 1766)

Er legte sein Haupt nieder, und Schlaf übermannte ihn. Er träumte, daß eine Stimme von Gott zu ihm kam.
Seine Seele hörte diese Stimme, die der Ursprung jeden Rufs und Tons ist: Sie ist in Wirklichkeit die einzige Stimme, der Rest ist Echo.
Türken und Kurden und Perser und Araber haben diese Stimme ohne Ohr und Lippen verstanden.

Was rede ich von Türken, Persern und Äthiopiern? Holz und Stein haben diese Stimme verstanden!

(Mathnawi, Buch 1, Vers 2106–2109)

Wer wie ein Hindu ist, der schlechten Handel treibt, für den ist der Tag der Prüfung die Zeit der Schande.
Weil er kein Gesicht wie die Sonne hat, wünscht er sich die Nacht als Schleier.
Da sein Dorn kein einziges Rosenblatt hat, ist der Frühling der Feind seines Gewissens.
Dagegen ist der Frühling für den, der von Kopf bis Fuß Rosen und Lilien ist, wie ein Paar klare Augen.
Der geistlose Dorn sehnt sich nach dem Herbst, nach dem Herbst, damit er sich mit dem Rosengarten messen kann,
Und damit der Herbst die Schönheit der Rose und die Schande des Dorns verbirgt, sodaß du die Farbe der beiden nicht siehst.
Deshalb ist der Herbst Frühling und Leben des Dorns, der Stein und der reine Rubin erscheinen gleich.

(Mathnawi, Buch 1, Vers 2918–2924)

Die Äthiopier sagen: »Sie gehört zu uns«; die Byzantiner sagen: »Nein, sie ist schön«.
Sobald sie in die Welt des Geistes und der Gnade geboren wird, gibt's keine Zwistigkeit zwischen Weißen und Schwarzen mehr.
Wenn sie eine Äthiopierin ist, tragen die Äthiopier sie fort; und wenn sie eine Byzantinerin ist, nehmen die Byzantiner sie mit.
Bis sie geboren wird, ist sie ein Rätsel für die Welt; wenige nur kennen den Ungeborenen.
So jemand »sieht gewiß durch das Licht Gottes«, denn er hat die Mittel, unter die Haut sehen zu können.
Das Wasser des menschlichen Samens ist weiß und schön, doch die Reflexion der Seele, ob byzantinisch oder äthiopisch,
Gibt Farbe denen, »die in der schönsten Form erschaffen sind«, sie läßt die andere Hälfte in die tiefsten Tiefen hinabfallen.

Diese Rede hat kein Ende. Eile zurück, damit wir die Kamelreihe der Karawane nicht verlieren.
»Am Tag, da weiß werden Gesichter und schwarz werden Gesichter«, wer wird den Türken und Hindus Ehre erweisen?
Im Mutterleib sind Türken und Hindus nicht unterscheidbar, wenn jeder geboren ist, sieht man, wer elend oder ruhmreich ist.

(Mathnawi, Buch 1, Vers 3516–3525)

Wie der Hinduslave, der einen Groll hegt und sich selbst tötet, um seinen Herrn zu verdrießen:
Er fällt kopfüber vom Dach des Hauses, um seinem Herrn Schaden zuzufügen.
Wenn der Kranke den Arzt zum Feind macht oder der Junge den Lehrer angiftet,
handeln sie in Wirklichkeit als Straßenräuber gegen sich selbst; sie überfallen ihren eigenen Geist und Verstand.
Wenn ein Wäscher sich über die Sonne ärgert, wenn ein Fisch das Wasser verpönt,
Dann bedenke einmal, wer dadurch verletzt wird, und wessen Stern dadurch schließlich verdunkelt wird.

(Mathnawi, Buch 2, Vers 797–802)

Der Neger war über dieses offensichtliche Wunder erstaunt; sein Glaube tauchte aus der Raumlosigkeit auf.
Er sah, daß eine Quelle aus der Luft zu fließen angefangen hatte und daß seine Wasserhaut ein Schleier vor diesem Überfluß war.
Der Schleier wurde durch diesen Anblick zerrissen, sodaß er die Quelle im Unsichtbaren deutlich sah.
Daraufhin füllten sich die Augen des Sklaven mit Tränen; er vergaß seinen Herrn und seinen Wohnort.
Hände und Füße versagten ihm den Dienst; Gott hatte seine Seele erschüttert.

(Mathnawi, Buch 3, Vers 3164–3168)

Es ist besser, einem betrunkenen Neger ein Schwert zu geben, als einer wertlosen Person Wissen zur Verfügung zu stellen.
(Mathnawi, Buch 4, Vers 1438)

Während ich bewußtlos bin, bin ich überhaupt nichts; während ich dann wieder wach bin, krümm' ich mich vor Kummer.
Leg auf solch ein Nichts nicht noch ein andres Nichts. Gib solchem Kummer nie den Namen »Glück«!
(Mathnawi, Buch 6, 2332 + 2333)

Komm heute Nacht dorthin, wenn es möglich ist. Was man nachts tut, sollen die Leute nicht hören oder sehen.
Dann sind alle Spione betrunken vom Wein des Schlafes. Alle sind vom Neger, der Nacht, geköpft worden.«
(Mathnawi, Buch 6, Vers 4467 + 4468)

Der Sekretär antwortete: »Wir sind Angreifer, jeder von uns, aber trotz der Schwärze unseres Gesichts sind wir fröhlich,
Wie ein Neger, der fröhlich und glücklich ist, denn er sieht sein Gesicht nicht, aber die anderen sehen es.«
(Mathnawi, Buch 6, Vers 4534 + 4535)

Willst du von Indien träumen? Dann schlaf als Elefant auf dem Rücken!

Rumi, angehaucht von Hindustan

Denn Gott hatte mir befohlen: »Höre, nimm ihm heute sein Leben in Indien!«
Verwundert dachte ich bei mir: »Selbst mit hundert Flügeln ist es eine lange Reise für ihn bis nach Indien.«

(Mathnawi, Buch 1, Vers 967–968)

Wenn die Tugend des Menschseins in der Form läge, wären Abu Dschahl und Ahmad genau dasselbe.

(Mathnawi, Buch 1, Vers 1019)

Seine Augen waren blind, und sein Herz leuchtete wie die Sonne; wie ein Elefant, der von Indien träumt.
Mit geschlossenen Augen, im Schlaf, sieht er hundert Wonnen; wenn er sie öffnet, sieht er das nicht – o wie wundervoll!
Manch ein Wunder wird im Schlaf sichtbar; im Schlaf wird das Herz zum Fenster.

(Mathnawi, Buch 2, Vers 2235–2237)

Welchen Platz gibt es im Nichtsein für »oben« und »unten«? Im Nichtsein gibt es kein »bald« oder »fern« oder »spät«.
Gottes Werkstatt und Schatzkammer liegen im Nichtsein. Du läßt dich vom Sein täuschen; woher willst du wissen, was Nichtsein ist?

(Mathnawi, Buch 3, Vers 4515 + 4516)

Der ehrenwerte Derwisch Bayazid kam zu seinen Jüngern und sagte: »Seht, ich bin Gott.«
Dieser Meister der Wissenschaften sagte laut wie ein Betrunkener: »Hört, es gibt keinen Gott außer mir, also betet mich an.«

Als diese Ekstase vorbei war, sagten sie am Morgen zu ihm: »Du hast dies und jenes gesagt, und das ist Gottlosigkeit.«

Er sagte: »Das nächste Mal, wenn ich mich wieder so verhalte, müßt ihr sofort mit Messern auf mich einstechen.

Gott übersteigt den Körper, und ich habe einen Körper. Ihr müßt mich töten, wenn ich so etwas sage.«

Als der edle Mann diese Anweisung gegeben hatte, legte jeder Jünger ein Messer bereit.

Wieder wurde er von diesem starken Wein betrunken, und seine Anweisungen kamen ihm aus dem Sinn.

Die Köstlichkeit kam, und sein Verstand war verwirrt. Das Morgengrauen kam, und seine Kerze wurde hilflos.

Die Vernunft ist wie ein Polizist: Wenn der Sultan kommt, verkriecht sich der hilflose Polizist in einer Ecke.

Die Vernunft ist der Schatten Gottes; Gott ist die Sonne. Welche Macht hat der Schatten, Seiner Sonne widerstehen zu können?

Wenn ein Dschinn sich einen Menschen unterwirft, verliert der Mensch seine menschlichen Eigenschaften.

Was er auch sagt, in Wirklichkeit hat es dieser Dschinn gesagt. Der jener Welt Zugehörige hat durch den dieser Welt Zugehörigen gesprochen.

Wenn schon ein Dschinn seinen Einfluß und seine Regeln hat, wie muß es dann beim Schöpfer dieses Dschinns sein!

Der Besessene hat seine Persönlichkeit verloren und ist tatsächlich ein Dschinn geworden; der Türke kann ohne göttliche Eingebung arabisch sprechen.

Wenn er wieder zu sich kommt, kann er kein Wort arabisch mehr. Da der Dschinn dieses Wesen und diese Eigenschaft hat,

Wie könnte der Herr über Dschinn und Mensch dem Dschinn unterlegen sein, ich bitte dich?

Wenn ein betrunkener Kerl das Blut eines mutigen Löwen getrunken hat, wirst du sagen, daß der Wein das getan hat, nicht er.

Und wenn er goldene Worte von sich gibt, wirst du sagen, daß der Wein diese Worte gesprochen hat.

Wein kann diese Störungen und diesen Aufruhr anrichten; hat das Licht Gottes nicht die Tugend und Macht,

Dich vollständig selbstvergessen zu machen, sodaß du darniederliegst und Er die erhabenen Worte sagt?

Auch wenn die Lippen des Propheten den Koran diktiert haben – wer sagt, Gott hat ihn nicht gesprochen, ist ein Ungläubiger.

Als der Homa der Selbstvergessenheit aufflog, begann Bayazid wieder, diese Worte zu sagen.

Die Flut des Staunens hatte seinen Verstand weggespült; er sprach noch heftiger als zuvor:

»Unter meinem Mantel ist nichts als Gott; wie lange willst du noch auf der Erde und im Himmel suchen?«

Alle Jünger gerieten außer sich und stießen ihre Messer in seinen heiligen Körper.

Wie die Ketzer von Gerdkuh stachen alle rücksichtslos auf ihren spirituellen Führer ein.

Jeder, der einen Dolch in den Scheich stach, fügte seinem eigenen Körper eine Wunde zu.

Auf dem Körper des Weisen gab es keine Spur, während die Jünger verwundet und in Blut getränkt waren.

Wer in Bayazids Kehle stach, mußte zusehen, wie seine eigene Kehle durchgeschnitten wurde, und starb elendiglich.

Und wer ihm in die Brust stach, dessen eigene Brust wurde geöffnet und der war für immer tot.

Und wer mit diesem mit Gott Vereinten vertraut war und nicht das Herz hatte, kräftig zuzustechen,

Dem wurden vom Halbwissen die Hände gebunden, sodaß sein Leben gerettet und er nur verletzt wurde.

Der Tag brach an, und die Reihe der Jünger hatte sich gelichtet; Klageseufzer stiegen aus ihren Häusern auf.

Tausende Männer und Frauen kamen zu Bayazid und sagten: »O du, unter dessen Hemd beide Welten Platz finden,

Wenn dein Körper ein menschlicher Körper wäre, wäre er wie ein menschlicher Körper von den Dolchen zerstört worden.«

Ein Egoist begegnete einem Selbstlosen im Kampf: Der Egoist stach sich selbst einen Dorn ins Auge.

O du, der die Selbstlosen mit einem Schwert niedersticht, du stichst deinen eigenen Körper damit. Hüte dich!

Denn der Selbstlose ist entworden und sicher; er lebt bis in alle Ewigkeit in Sicherheit.

Seine Form ist vergangen, und er ist ein Spiegel geworden; darin gibt es nichts als das Abbild eines anderen Gesichts.

Wenn du darauf spuckst, spuckst du dir selbst ins Gesicht, und wenn du auf den Spiegel schlägst, schlägst du dich selbst.

Und wenn du ein häßliches Gesicht darin siehst, dann bist du es; und wenn du Jesus und Maria siehst, dann bist du es.

Der Spiegel ist weder dies noch das; er ist einfach. Er hält dir dein Bild vor.

Wenn die Rede an diesen Punkt gelangt, schließen sich die Lippen. Wenn die Feder diesen Punkt erreicht, zerbricht sie.

(Mathnawi, Buch 4, Vers 2102–2144)

Man braucht die Seele eines Elefanten, der auf dem Rücken schläft, um vom Land Indien zu träumen.

Der Esel träumt überhaupt nicht von Indien; der Esel ist nie aus Indien in ein fremdes Land gereist.

Man braucht einen elefantengleichen, robusten Geist, um im Schlaf schnell nach Indien gehen zu können.

Aus Sehnsucht erinnert sich der Elefant an Indien, und in der Nacht nehmen seine Gedanken Gestalt an.

»Gedenket Gottes« ist nicht das Werk jedes Gauners; »Kehre zurück« liegt nicht in der Macht jedes Müßiggängers.

Doch verzweifle nicht, sei ein Elefant, und wenn du kein Elefant bist, strebe nach Verwandlung.

(Mathnawi, Buch 4, Vers 3068–3073)

Trennung und Vielgötterei werden verschwinden; in der wirklichen Existenz gibt es nur Einssein.

Wenn mein Geist deinen Geist vollständig erkennt, erinnern sich beide daran, daß sie in der Vergangenheit eins waren,

Und sie werden auf der Erde wie Moses und Aaron süß miteinander vermischt wie Milch und Honig.

Wenn mein Geist etwas von deinem Geist erkennt und ihn dann ablehnt, wird aus der Ablehnung ein verdeckender Schleier.

Manch einer, der etwas erkannt hat, hat sich wieder davon abgewandt; diese Undankbarkeit machte den Mond zornig.

(Mathnawi, Buch 4, Vers 3829–3833)

Während hundert Auferstehungen vorübergehen

Rumi über die Liebe

Von Begierde und Unvollkommenheit wird nur gereinigt, wem eine mächtige Liebe das Gewand zerrissen hat.
Heil dir, o Liebe, du bringst uns Nutzen; du bist Ärztin für alle unsere Krankheiten,
Die Medizin gegen unseren Hochmut und unsere Ruhmsucht, unser Platon und unser Galen!
Die Liebe ließ den Leib zum Himmel schweben, der Berg begann zu tanzen und zerbarst.
O Liebender, die Liebe entzückte den Berg Sinai so, daß er trunken wurde und Moses »ohnmächtig niederstürzte«.
Wär' ich mit der Lippe meines Geliebten verbunden, würd' auch ich wie die Flöte alles erzählen.
Doch wer getrennt von dem ist, der seine Sprache spricht, verstummt, selbst wenn er hundert Lieder kennt.
Wenn die Rose abfiel und der Garten dahin ist, kannst du die Geschichte der Nachtigall nicht mehr hören.
Der Geliebte ist alles, der Liebende nur ein Schleier; der Geliebte ist lebendig, der Liebende tot.
Um wen sich die Liebe nicht kümmert, der ist wie ein Vogel ohne Flügel; wehe dem Armen!
Wie könnte ich voraus oder zurück schauen, wäre nicht das Licht des Geliebten vor und hinter mir!

(Mathnawi, Buch 1, Vers 22–32)

Verliebtheit zeigt sich in Krankheit des Herzens; der Liebeskrankheit ist keine andere Krankheit vergleichbar.
Das Gebrechen des Liebenden ist ein besonderes Gebrechen: Liebe ist das Astrolab zu Gottes Geheimnissen.

Ob diese Liebe nun von dieser Welt oder der anderen ist: Sie führt uns schließlich immer zu Ihm.
Wie ich Liebe auch beschreiben und erklären will, wenn ich zu ihr komme, schäme ich mich dafür.
Mag auch die Sprache manches erklären, Liebe ohne Sprache macht es klarer.
Die Feder beeilt sich, zu schreiben, wenn sie zur Liebe kommt, zerbricht sie.

(Mathnawi, Buch 1, Vers 109–114)

Weil die Liebe zu den Toten nicht anhält, weil der Tote nie mehr zu uns zurückkommt;
Die Liebe zu den Lebenden dagegen in jedem Augenblick in Geist und Sehen frischer als eine Knospe ist,
Erwähle die Liebe zum Ewig Lebenden, der dir den lebensverlängernden Wein zu trinken gibt.
Wähle die Liebe zu Ihm, dessen Liebe allen Propheten Macht und Ehre gab.

(Mathnawi, Buch 1, Vers 217–220)

Wo sind Schwelle und Oben in Wirklichkeit? Wo sind »wir« und »ich« in dem Viertel, in dem unser Geliebter lebt?
O du, dessen Seele von »wir« und »ich« befreit ist, o Du, feiner Geist im Mann und der Frau.
Wenn Mann und Frau eins werden, bist Du dieses Eine; wenn diese Einheiten ausgelöscht werden, bist Du diese Einheit.
Du hast dieses »ich« und dieses »wir« erschaffen, damit Du das Spiel der Verehrung mit Dir selbst spielen kannst.
Damit alle »ich« und »du« zu einer einzigen Seele werden und schließlich im Geliebten verschmelzen.
Das ist alles. Komm, o Du Herr, der befiehlt, o Du, der jenseits von »Komm« und jeder Rede ist.
Der Körper kann Dich nur auf fleischliche Weise wahrnehmen; er stellt sich Deine Traurigkeit oder Dein Lachen vor.

Nenne das Herz, das von Traurigkeit und Lachen gefangen ist, nicht würdig, Dich zu sehen.
Wer von Traurigkeit und Lachen gefangen ist, lebt in diesen beiden geborgten Dingen.

(Mathnawi, Buch 1, Vers 1784–1792)

Wenn der Liebende sich selbst von reinem Wein ernährt, bleibt der Verstand verloren und alleine zurück.
Der partielle Verstand leugnet die Liebe, obwohl es so aussieht, als kenne er die Geheimnisse.
Er ist klug und wissend, aber er ist nicht nichts; bis der Engel zu nichts geworden ist, ist er ein Ahriman.
Der Verstand ist unser Freund in Wort und Tat, doch wenn du in einem mystischen Zustand bist, nutzt er nichts.
Er nutzt nichts, weil er nicht vom Sein zum Nichts gegangen ist; da er nicht freiwillig nichts wurde, gibt es viele, die unfreiwillig nichts geworden sind.

(Mathnawi, Buch 1, Vers 1981–1985)

Derjenige, der in deiner Anwesenheit oft vor Sehnsucht starb, wird sich die Nase vor deinem Gestank zuhalten.

(Mathnawi, Buch 1, Vers 3271)

Liebende haben ihre Zelte in der Nichtexistenz aufgeschlagen; sie sind wie die Nichtexistenz von einer Farbe und einem Wesen.

(Mathnawi, Buch 3, Vers 3024)

In den Augen der Liebe ist Angst weniger wert als ein Haar; dem Gesetz der Liebe werden alle Dinge geopfert.
Liebe ist eine Eigenschaft Gottes, Angst dagegen ist eine Eigenschaft des Dieners, der versessen auf Geschlechtsverkehr und Essen ist.
Da du im Koran die Worte »sie lieben Ihn« gelesen hast, die an dieser Stelle mit den Worten »Er liebt sie« verbunden sind,

Wisse, daß Güte und Liebe Eigenschaften Gottes sind. Angst ist keine Eigenschaft Gottes, o ehrenwerter Herr.

(Mathnawi, Buch 5, Vers 2184–2187)

Wenn ich die Liebe weiter beschreiben würde, gingen hundert Auferstehungen vorbei, und ich wär' immer noch nicht fertig.

(Mathnawi, Buch 5, Vers 2189)

Die Liebe ist unstillbar durstig und sucht einen unstillbar Durstigen. Liebe und Liebender folgen einander wie Tag und Nacht.

Tag ist in Nacht verliebt, zum Äußersten bereit; sieh nur genauer hin und sieh: Die Nacht ist noch verliebter!

Keinen Augenblick lang hören sie auf, zu suchen; keinen Augenblick lang hören sie damit auf, einander zu verfolgen.

(Mathnawi, Buch 6, Vers 2675–2677)

Hunderttausend Geheimnisse wurden ihm offenbart

Überirdische Augenblicke bei Rumi

Als die Zeit gekommen war, der Tag anbrach und die Sonne vom Osten her die Sterne verbrannte,

Stand der König auf seiner Terrasse und wartete auf das, was ihm geheimnisvoll gezeigt worden war.

Da sah er eine beeindruckende und gottesfürchtige Person, eine Sonne mitten im Schatten,

Sich von Weitem nähern wie der Neumond; ein Nichts, das seine Phantasie ausfüllte.

Im Geist ist die Phantasie ja wie ein Nichts, doch stelle dir eine Welt vor, die sich um eine Einbildung dreht!

Frieden und Kriege der Menschen entspringen der Einbildung, und ihr Stolz und ihre Schande entfließen der Einbildung.

Doch die Hirngespinste, die die Gottesfreunde verzücken, sind Abbilder der Schönen aus Gottes Garten.

Im Gesichtsausdruck des fremden Gastes erschien die Traumphantasie des Königs.

Der König ging selbst anstelle seiner Kammerdiener, um seinen Gast aus dem Unsichtbaren zu empfangen.

Zwei Seeleute, die schwimmen gelernt hatten; ihre Seelen wurden ohne Nähnadel miteinander verbunden.

(Mathnawi, Buch 1, Vers 66–75)

Als Faruq ein Spiegel der Geheimnisse wurde, wurde das Herz des alten Mannes von innen erweckt.

Wie die Seele ward er frei von Weinen und Lachen; seine Seele entschwand, und eine andere Seele lebte auf.

In dieser Stunde entstand in ihm solch eine Verwirrung, daß er sich über Erde und Himmel erhob –

Ein Suchen und Streben jenseits von Suchen und Streben. Ich weiß es nicht; falls du es weißt, erzähl es!
Wörter und Gefühle jenseits aller Gefühle und Wörter – er war in die Schönheit des Herrn der Majestät versunken.
Nicht so versunken, daß es für ihn eine Erlösung gäbe, oder daß ihn jemand außer dem Ozean kennen würde.
Partielle Vernunft würde nicht über die Universelle Vernunft reden, wenn es nicht Anfrage auf Anfrage gäbe.
Weil Anfrage auf Anfrage kommt, gelangen die Wellen dieses Meeres bis hierher.
Die Geschichte des Zustandes des Alten ist jetzt da angekommen, wo sich der Vorhang vor dem alten Mann und seinen Zuständen gehoben hat.
Der alte Mann hat seinen Rock von Rede und Sprache gelöst; die Hälfte der Geschichte ist in unserem Mund geblieben.
Es macht nichts, für das Entzücken und Vergnügen hunderttausend Seelen zu verspielen.

(Mathnawi, Buch 1, Vers 2208–2217)

Wie könnte der Westwind den von Gott Berauschten ernüchtern? Nicht einmal die Fanfare des Jüngsten Gerichts würd' ihn wekken.
Gottes Wein ist echt, nicht falsch; du hast Buttermilch getrunken, du hast Buttermilch getrunken – Buttermilch, Buttermilch!
Du hast dich für einen Dschunaid oder Bayazid gehalten, als du sagtest: »Geh, denn ich kann ein Beil nicht von einem Schlüssel unterscheiden.«

(Mathnawi, Buch 3, Vers 690–699)

Er spürte in seinem Herzen eine erhabene Unruhe, die ein Sufi nicht in hundert vierzigtägigen Klausuren verspürt.
Der Hof, die Wand, die Berge und Steine schienen sich vor ihm aufzuspalten wie ein lachender Granatapfel.
Eins nach dem anderen öffneten ihm alle Atome wie Zelte auf hundert verschiedene Weisen die Türen.
Bald ward aus der Tür ein Fenster, bald die Sonnenstrahlen; die Erde bald zu Weizen, bald zur Waagschale.
In den Augen der Menschen sind die Himmel sehr alt; in seinen Augen fand jeden Augenblick eine neue Schöpfung statt.
Wenn der schöne Geist vom Körper befreit wird, erhält er zweifellos von der Vorsehung ein solches Auge.
Hunderttausend Geheimnisse wurden ihm offenbart. Er sah, was nur das Auge der Eingeweihten sieht.
Er öffnete das innere Auge und blickte auf die Gestalt dessen, was er bislang nur aus Büchern kannte.
Der Staub des Pferdes dieses mächtigen Königs gab ihm eine wertvolle Salbe für seine Augen.

(Mathnawi, Buch 6, Vers 4639–4647)

Wenn der Schleier gehoben wird, erreichen uns die Geheimnisse.
Ein kleiner Schleier wie eine Scheibe gebratenes Fleisch verbirgt die Form von hundert Sonnen.

(Mathnawi, Buch 6, Vers 4891 + 4892)

Entbunden, frei erfahren, was das Leben sei

Rumi in und über Ekstase

In einem schrieb er: »Das alles ist eines; wer zwei sieht, ist ein doppelsichtiges Männchen.«
In einem schrieb er: »Wie können hundert eins sein? Wer so denkt, ist bestimmt verrückt.«
Alle Lehren widersprachen sich; wie konnten sie eins sein? Sind Gift und Zucker eins?
Wenn du nicht über Gift und Zucker erhaben bist, wie kannst du dann einen Hauch von Einssein erfassen?

(Mathnawi, Buch 1, Vers 495–497)

Die Wellen der Erde sind unsere Phantasie, unser Verstand und Denken; die Wellen des Wassers sind Selbstauflösung, Rausch und Entwerden.
Der Rausch der Sinne ist weit von jenem Rausch entfernt; wenn du von ihnen trunken bist, bist du für jenen Pokal blind.

(Mathnawi, Buch 1, Vers 575 + 576)

Er spielte lange Zeit auf der Harfe und legte sich dann weinend nieder; er nahm seine Harfe als Kissen und legte sich auf ein Grab.
Der Schlaf übermannte ihn; der Vogel, seine Seele, entkam der Gefangenschaft, er ließ Harfe und Harfenspieler gehen und floh.
Er wurde vom Leib und Leid dieser Welt befreit und ging in die einfache Welt und Ebene der Seele.
Dort sang seine Seele, was ihr widerfahren war: »Wenn man mich nur hier bleiben lassen würde,
Meine Seele wäre glücklich in diesem Garten und diesem Frühling, trunken von dieser Ebene und vom unsichtbaren Tulpengarten.
Ohne Kopf oder Fuß würde ich reisen, ohne Lippen oder Zähne würde ich Zucker essen.

Mit Gedenken und Gedanken frei von Kopfschmerzen würde ich mit den Himmelsbewohnern scherzen.
Mit geschlossenen Augen würde ich eine Welt sehen, ohne Hand würde ich Rosen und Basilikum pflücken.«

(Mathnawi, Buch 1, Vers 2088–2095)

Dein Zeugnis ist manchmal wahr, manchmal falsch, manchmal trunken von Wein, manchmal von saurer Milch.
Wer saure Milch getrunken hat, spielt Trunkenheit vor, schreit ekstatisch und benimmt sich wie ein Berauschter.
Solche Heuchler fasten und beten, damit es so aussieht, als seien sie von Hingabe trunken.

(Mathnawi, Buch 1, Vers 2629 + 2631)

Wenn der Betrunkene aus einer Taverne heraustorkelt, wird er zum Spott und Spielzeug der Kinder.
Welche Straße er auch geht, er fällt in den Schmutz, einmal hierhin, einmal dahin, und jeder Narr lacht ihn aus.
So geht er weiter, während die Kinder auf seinen Fersen nichts von seinem Rausch und dem Geschmack seines Weines wissen.

(Mathnawi, Buch 1, Vers 3427–3429)

So viele ekstatische Schreie kamen aus seinem Herzen, daß das Volk von Bohara sich um ihn versammelte.
Er sprach verrückt, weinte verrückt, lachte verrückt; Männer und Frauen, Groß und Klein waren verwirrt.
Die ganze Stadt vergoß Tränen mit ihm zusammen; Männer und Frauen waren versammelt wie bei der Auferstehung.
In diesem Augenblick sagte der Himmel zur Erde: »Wenn du die Auferstehung noch nicht gesehen hast, sieh jetzt!«
Die Vernunft war verwirrt und sagte: »Was ist Liebe und was ist Ekstase? Ich weiß nicht, ob Trennung von Ihm oder Vereinigung mit Ihm wundervoller ist.«

Der Himmel las die Ankündigung der Auferstehung und zerriß sich das Gewand bis zur Milchstraße.
Die Liebe ist beiden Welten fremd; zweiundsiebzig Verrücktheiten liegen in ihr.

(Mathnawi, Buch 3, Vers 4713–4717)

Such keinen Riß im vollkommenen Vollmond!

Rumi über den Propheten

Auch der Prophet pflegte bei seinen Ratschlägen verschlüsselt zu sprechen, und sie antworteten ihm, ohne es zu verstehen.
Er äußerte seine Meinung oft in eine Parabel verpackt, damit der Gegner den Kopf nicht vom Fuß unterscheiden kann.
Er erhielt eine Antwort von ihm, doch der andere hatte den Geruch seiner Frage nicht aufgenommen.

(Mathnawi, Buch 1, Vers 1054–1056)

Mustafa spaltet den Mond um Mitternacht; Abu Lahab redet aus Haß Unsinn.
Der Messias bringt die Toten zum Leben, und der Jude rauft sich vor Zorn den Bart.

(Mathnawi, Buch 2, Vers 421 + 422)

Du bedeckst eine Sonne mit etwas Lehm; du suchst einen Riß in einem vollkommenen Vollmond.
Eine Sonne, die über die ganze Welt scheint – warum sollte sie sich wegen einer Fledermaus verbergen?

(Mathnawi, Buch 2, Vers 3350 + 3351)

Einer der Gefangenen sagte: »Wenn unser Gegner so ist, warum hat er dann gelacht, als er uns gefesselt sah?
Wenn er doch verwandelt wurde und seine Freude nicht in diesem weltlichen Gefängnis und seiner Freiheit liegt,
Warum erfreut er sich dann an der Unterwerfung seiner Feinde? Warum haben ihn seine Siege und Eroberungen so hochmütig gemacht?

(Mathnawi, Buch 3, Vers 4520–4522)

Die Gewöhnlichen sagen: »Warum macht der Prophet ein bitteres Gesicht und warum tötet er die Freude?«

Die Auserwählten sagen: »In euren Augen, o Leute, erscheint er als bitter;

Doch tretet einmal in unsere Augen ein, damit ihr das Lachen sehen könnt, das in der Sure ›Kommt nicht‹ beschrieben wird.«

(Mathnawi, Buch 4, Vers 1105–1107)

Mustafa war Gottes Stallhüter für die Tiere, für die schändliche Triebseele.

Von Liebe bewegt sagte Er: »Sprich: ›Kommt herzu‹, damit ich dich zureiten kann; ich bin der Zureiter.«

Der Prophet sagte: »Seit ich die Triebseelen erziehe, habe ich viele Tritte von diesen Bestien einstecken müssen.«

Wenn jemand gerne erzieht, so gibt es keine Möglichkeit für ihn, Tritten zu entgehen.

Notgedrungen müssen die Propheten am meisten Elend erleiden, denn es ist ein Elend, die Rohen zu erziehen.

(Mathnawi, Buch 4, Vers 2005–2009)

Als Mustafa vom Trennungsschmerz überwältigt wurde, war er kurz davor, sich vom Berg zu stürzen.

Da sagte Gabriel zu ihm: »Höre, tue das nicht, denn der Befehl ›Sei!‹ bringt dir großes Glück.«

Da nahm Mustafa Abstand davon, sich herunterzustürzen, doch wenn ihn der Trennungsschmerz wieder ergriff,

War er wieder vor Kummer und Sorge kurz davor, sich kopfüber vom Berg zu stürzen.

Und wieder erschien Gabriel persönlich und sagte: »Tue es nicht, o unvergleichlicher König!«

(Mathnawi, Buch 4, Vers 3535–3539)

So hat der Prophet die Ungläubigen getötet und Blut vergossen und Raubzüge unternommen, doch die anderern waren es, die Unrecht taten, und er war es, dem Unrecht geschah, da Gott bei ihm war.

(Fihi ma fihi)

Etwas ist über mich gekommen

Rumi zitiert und deutet den Propheten – oder der Prophet spricht durch Rumi

Der Prophet sagte: »Wer seine innersten Gedanken verbirgt, wird bald mit dem Gegenstand seines Wunsches vermählt.«
Wenn Samen in der Erde versteckt werden, entsteht aus ihrem inneren Geheimnis das Grün des Gartens.

(Mathnawi, Buch 1, Vers 176 + 177)

Rezitiere aus dem Koran die Ausdeutung des Verses: Gott sprach: »Du warfst nicht, als du warfst.«
Wenn wir einen Bogen abschießen, dann ist das nicht unsere Tat; wir sind der Bogen, und der Bogenschütze ist Gott.
Das ist nicht Zwang; es ist die Bedeutung von Allmacht; von Allmacht wird hier gesprochen, um uns demütig zu machen.
Unsere Demut ist der Beweis für Abhängigkeit; unser Schuldgefühl der Beweis für Willensfreiheit.

(Mathnawi, Buch 1, Vers 615–618)

Der Prophet hat über die Unterscheidung der Menschen gesagt: »Der Mensch bleibt verborgen, wenn seine Zunge schweigt.«
Die Farbe des Gesichts zeigt den Zustand des Herzens an; habe Mitleid mit mir, pflanze die Liebe zu mir in Dein Herz.
Eine rote Gesichtsfarbe drückt Dankbarkeit aus; ein bleiches Gesicht bedeutet Geduld und Undankbarkeit.
Etwas ist über mich gekommen und hat mir Hand und Fuß geraubt, die Farbe aus dem Gesicht, die Stärke und jedes äußere Zeichen.
Dieses Etwas verschlimmert alles, was von ihm befallen wird, und reißt jeden Baum mit den Wurzeln aus der Erde.
Etwas hat mich erfaßt, das Mensch und Tier, Stein und Pflanze schachmatt setzt.

Das sind in Wirklichkeit nur Teile, aber auch Ganzheiten werden vom Schicksal gelb gefärbt und mit einem faulen Geruch versehen.

So ist die Welt manchmal geduldig, manchmal dankbar; der Garten zieht jetzt ein Gewand an und ist dann wieder nackt.

Die Sonne, die sich in feuriger Farbe erhebt, sinkt zu einer anderen Stunde kopfüber hinab.

Die Sterne, die in den vier Himmelsrichtungen scheinen, verbrennen von Zeit zu Zeit.

Der Mond, der die Sterne an Schönheit übersteigt, wird durch die Fieberkrankheit zum Phantom.

Diese ruhige und stille Erde wird von Erdbeben in Fieberkrämpfe versetzt.

Oh, mancher Berg auf dieser Welt wurde von dieser vererbten Bürde in winzige Stücke und Sandkörner verwandelt.

Unsere Luft ist mit dem Geist des Lebens verbunden, aber wenn das Göttliche Schicksal kommt, wird sie unrein und faul.

Das süße Wasser, das die Schwester des Geistes ist, wird in einem Tümpel gelb und bitter und trübe.

Das prahlerische Feuer wird von einem einzigen Windstoß getötet.

Aus dem Schäumen und der Bewegung des Meeres kannst du auf Veränderungen seiner Verfassung schließen.

Das Firmament, das sich dreht, immer auf der Suche, ähnelt in seinem Zustand den Kindern.

Manchmal im Nadir, manchmal in der Mitte, manchmal im Zenit; dort finden sich Heere von günstigen und ungünstigen Sternen.

Verstehe aus dir selbst heraus, o du aus Ganzem zusammengesetzter Teil, den Zustand der nicht zusammengesetzten Teile.

Wenn das Ganze Leid und Kummer verspürt, wie könnte der Teil dann nicht erbleichen?

Besonders ein Teil, der aus Gegensätzen zusammengesetzt ist, aus Wasser und Erde und Feuer und Luft.

Es ist kein Wunder, daß das Schaf vor dem Wolfe flieht; ein Wunder wäre es, wenn das Schaf mit dem Wolf Freund würde.

Leben ist die Harmonie der Gegensätze; der Tod entsteht durch Krieg zwischen den beiden.
Gottes Gnade hat den Löwen mit dem Wildesel befreundet, diese so sehr verschiedenen Gegensätze.
Da die Welt krank und gefangen ist, wundert es nicht, wenn der Kranke stirbt.

(Mathnawi, Buch 1, Vers 1270–1295)

Mustafa sagte: »Glücklich ist, wer mich gesehen hat und wer jemanden anschaut, der mein Gesicht gesehen hat.«
Wenn eine Lampe Licht von einer Kerze erhält, sieht jeder, der die Lampe sieht, auch die Kerze.
Wenn das Licht von hundert Lampen übertragen wird, wird der Anblick der letzten Lampe zu einem Treffen mit der ersten.

(Mathnawi, Buch 1, Vers 1946–1948)

Der Prophet sagte: »Wenn du einen Finger auf das Auge legst, siehst du die Welt ohne Sonne.
Eine Fingerspitze wird zum Schleier vor dem Mond – und das ist ein Symbol für Gottes Bedecken –
Sodaß die Welt durch einen einzigen Punkt bedeckt wird, und die Sonne durch einen Splitter verfinstert wird.«

(Mathnawi, Buch 1, Vers 3555–3557)

»Gott ist schön und liebt die Schönheit«; warum sollte ein frischer junger Mann eine alte Greisin erwählen?

(Mathnawi, Buch 2, Vers 79)

Warum solltest du, wenn zwei, drei Dummköpfe nicht an dich glauben, verbittert werden, wo du doch eine Zuckermine bist?
Wenn zwei oder drei Dummköpfe dich beschuldigen, legt Gott für dich Zeugnis ab.
Er sagte: »Ich kümmere mich nicht um die Anerkennung der Welt; was kümmert das den, dessen Zeuge Gott ist?

Wenn eine Fledermaus eine Sonne genießt, ist das der Beweis dafür, daß diese Sonne nicht die Sonne ist.
Der Abscheu der elenden Fledermäuse ist der Beweis dafür, daß ich die leuchtende, glorreiche Sonne bin.
Wenn der Käfer ein Verlangen nach Rosenwasser verspürt, stellt das den Beweis dafür dar, daß es kein Rosenwasser ist.
Wenn eine falsche Münze zu einem Prüfstein strebt, wird es unsicher und zweifelhaft, ob das ein Prüfstein ist.
Der Dieb braucht die Nacht, nicht den Tag – merke dies! Ich bin nicht die Nacht, ich bin der Tag, denn ich scheine auf der ganzen Welt.
Ich bin unterscheidungsfähig und scharfsichtig und wie ein Sieb, durch das die Spreu keinen Weg findet.
Ich trenne den Weizen von der Spreu, um zu zeigen, daß dieses die Form ist, und jenes die Seele.
Ich bin auf der Welt wie eine Waage Gottes; ich zeige das Gewicht jeder Art an.
Die Verehrer der Kälber halten die Kuh für Gott; du Eselskäufer paßt zu deiner gewünschten Ware.
Ich bin keine Kuh, daß ein Kalbverehrer mich kaufen könnte; ich bin keine Distel, an der sich ein Reittier weiden könnte.
Er nimmt an, er habe mich verletzt; nein, er hat den Staub von meinem Spiegel weggewischt.«

(Mathnawi, Buch 2, Vers 2083–2096)

Als der Prophet ihre Worte verstand, sagte er: »Ich habe nicht aus Feindschaft gelacht.
Die Gefangenen sind tot und im Verfall begriffen; nach meinem Urteil gebührt es einem wahren Mann nicht, die Toten zu töten.
Wer sind sie in Wirklichkeit? Der Mond wird gespalten, wenn ich meinen Fuß auf das Schlachtfeld setze.
Zu der Zeit, als ihr frei und mächtig wart, habe ich euch wie jetzt in Ketten gesehen.

O der du stolz auf deine Besitztümer und deinen Haushalt bist, in den Augen der Vernünftigen bist du ein Kamel in der Regenrinne.
Seit die Schüssel – die körperliche Form – vom Dach gefallen ist, habe ich vor meinen Augen: ›Was kommen soll, kommt.‹
Ich schaue auf die unreife Traube und sehe den Wein deutlich; ich schaue auf das Nichtseiende und sehe das Seiende deutlich.
Ich schaue auf den Seelengrund und sehe ein Universum darin verborgen, und Adam und Eva noch nicht erschaffen.
Euch habe ich schon zur Zeit des Alast gefesselt und überwältigt und verbittert gesehen.
Was ich schon wußte, wurde nicht dadurch vergrößert, daß der säulenlose Himmel zu existieren begann.
Ich habe schon immer euren Fall gesehen, bevor ich aus Wasser und Lehm erwuchs.
Ich habe nichts Neues gesehen, über das ich mich freuen könnte; ich habe dasselbe zur Zeit eures früheren Wohlstands gesehen.
Von einem unsichtbaren Zorn gefesselt – und was für ein Zorn! –, habt ihr mit Gift versetzten Zucker gegessen.
Wenn dein Feind Freude daran hat, vergifteten Zucker zu essen, warum solltest du ihn beneiden?
Ihr habt dieses Gift mit Vergnügen gegessen, und der Tod hat euch schon heimlich in den Klauen.
Ich habe keinen Krieg geführt, um Siege zu erringen und die Welt zu erobern,
Denn diese Welt ist ein Kadaver und Aas und wertlos: Wie könnte ich gierig auf Aas sein?
Ich bin kein Hund, der den Toten die Haarbüschel ausreißt; ich bin wie Jesus: Ich komme, um sie wieder zu erwecken.
Ich habe die Schlachtreihen durchbrochen, um euch vor Vernichtung retten zu können.
Ich schneide den Menschen nicht die Kehle durch, um Macht und Ehre und Anhänger zu gewinnen;
Ich schneide einige Kehlen durch, damit eine ganze Welt von diesen Kehlen erlöst wird.

›Denn ihr habt es euch in eurer Unwissenheit zur Gewohnheit gemacht, wie Falter ins Feuer zu stürzen.

Und ich jage euch wie Betrunkene mit beiden Händen weg, damit ihr nicht in das Feuer stürzt.‹

Mit dem, was ihr für eure Siege gehalten habt, habt ihr die Saat eurer Verdammnis gesät.

Ihr habt euch gegenseitig ernstlich zum Kampf gerufen, ihr habt eure Pferde zum Drachen geritten.

Ihr habt mich überwältigt, doch durch die Überwältigung seid ihr selbst vom Löwen Zeit überwältigt worden.«

(Mathnawi, Buch 3, Vers 4535–4560)

Deswegen hat Mustafa gesagt: »Adam und die anderen Propheten folgen mir unter meinem Banner.«

Aus diesem Grund hat dieser Meister allen Wissens weise gesprochen: »Wir sind die Letzten und die Ersten.«

Das bedeutet: »Wenn ich der Erscheinung nach auch ein Nachkomme Adams bin, bin ich in Wirklichkeit doch der Vorvater aller Vorväter.«

Denn die Engel haben Adam um meinetwillen verehrt, und er ist um meinetwillen zum Siebten Himmel aufgestiegen.

Deshalb wurde der Urvater in Wirklichkeit aus mir geboren, deshalb wurde der Baum in Wirklichkeit aus der Frucht geboren.«

Der Gedanke, der am Anfang da war, wird am Ende verwirklicht, besonders der ewige Gedanke.

Zusammenfassend: In einem einzigen Augenblick bricht die Karawane im Himmel auf und kommt hier an.

Der Weg ist für diese Karawane nicht lang; dem Siegreichen erscheint die Wüste auch nicht rauh.

Das Herz reist jeden Augenblick zur Ka'aba, und durch Gottes Großzügigkeit nimmt der Körper die Natur des Herzens an.

Länge und Kürze gehören zum Körper; was ist »lang« und was ist »kurz« dort, wo Gott ist?

Wenn Gott den Körper verwandelt hat, läßt er ihn ohne Meile oder Farsang reisen.
Es gibt zur Zeit hundert Hoffnungen. Schreite voran, junger Mann, wie ein Liebender, und verzichte auf Disput.
Auch wenn deine Augenlider geschlossen sind, reist du schlafend auf dem Schiff weiter.

(Mathnawi, Buch 4, Vers 525–537)

Mustafa sagte in der Gegenwart Gabriels: »O Freund, zeige mir deine Gestalt, sichtbar und spürbar, damit ich dich wie ein Zuschauer betrachten kann.«
Gabriel antwortete: »Du kannst das nicht, du hast nicht die Kraft, es zu ertragen; der Sinn ist schwach und gebrechlich; es wäre schmerzlich für dich.«
»Zeige dich«, sagte er, »damit mein Körper wahrnimmt, in welchem Ausmaß die Sinne gebrechlich und mittellos sind.«

(Mathnawi, Buch 4, Vers 3755–3757)

Im Diesseits wie im Jenseits gibt es nichts – außer Gott

Rumi über Allah

Sage nicht: »Wir haben keinen Zutritt zu diesem König.« Es ist nicht schwierig, mit Großzügigen umzugehen.

(Mathnawi, Buch 1, Vers 221)

Auf Gottes Befehl wird Luft zu Feuer; beide sind trunken vom Wein Gottes.

(Mathnawi, Buch 1, Vers 851)

Wenn das Feuer der Natur dich mit Freude erfüllt, dann deshalb, weil der Herr des Glaubens Freude hineinlegt.

(Mathnawi, Buch 1, Vers 835)

Er ist der Schöpfer. Er folgt keinem Meister. Er ist die Stütze aller Dinge. Er hat keine Stütze.

(Mathnawi, Buch 1, Vers 1630)

Schreib ihm diese Leiden zu, obwohl alles das Werk des Schöpfers ist.

So ist es mit Säen und Atmen, Fallen stellen und Beischlaf; deren Ergebnisse sind von Gott bestimmt.

Die Gottesfreunde besitzen Macht von Gott; sie lassen den Pfeil zurückfliegen.

(Mathnawi, Buch 1, Vers 1667–1669)

Wenn Er jemandem einen Kopf vom Körper trennt, setzt Er ihm in einem Augenblick hunderttausend Köpfe auf.

(Mathnawi, Buch 1, Vers 3887)

Gott sagte: »Nicht warfst du, als du warfst«; Gottes Werk geht unserem Werk voraus.
Zerbrich deinen eigenen Zorn, zerbrich nicht den Pfeil; das Auge deines Zorns hält Milch für Blut.
Gib dem Pfeil einen Kuß und bringe ihn zum König – den blutgefärbten Pfeil, feucht von deinem Blut.
Das Sichtbare ist hilflos und beschränkt und schwach, und das Unsichtbare ist heftig und eigensinnig.
Wir sind die Beute; wem gehört die Falle? Wir sind der Ball für den Poloschläger – und wo ist der Polospieler?
Er zerreißt, er näht; wo ist der Schneider? Er bläst, er brennt; wo ist der, der das Feuer anzündet?
In einer Stunde macht Er aus dem wahren Gottesfreund einen Ungläubigen; in einer anderen macht Er aus dem Ketzer einen Asketen.

(Mathnawi, Buch 2, Vers 1308–1314)

Gott sagte: »Wenn es euch leicht erscheint, dann erschafft eine einzige Sure, die so ›leicht‹ wie dieser Koran ist.
Mögen die Dschinne und die Menschheit und die Begabten unter euch einen einzigen so ›leichten‹ Vers hervorbringen!«

(Mathnawi, Buch 3, Vers 4243)

Gott nahe zu sein heißt nicht, nach oben oder unten zu gehen; Gott nahe zu sein heißt, dem Gefängnis der Existenz zu entkommen.

(Mathnawi, Buch 3, Vers 4514)

Denn die Rede gilt dem Zweck des Glaubens; der Geist der Vielgötterei kennt keinen Glauben an Gott.

(Mathnawi, Buch 4, Vers 3295)

Der Knochen und die Luft sind nur ein Schleier. In beiden Welten gibt es nichts außer Gott.

(Mathnawi, Buch 6, Vers 1023)

Aber Ihm verachtenswerte Dinge zuzuschreibem ist unschicklich, als wenn man sagte: »O Schöpfer von Mist und Fürzen« – das ziemt sich nicht. Doch ziemt sich zu sagen: »O Schöpfer des Himmles und der Erde!«, und: »O Schöpfer des Geistes und der Seelen!«

(Fihi ma fihi)

Die Meinung nützt nichts im Angesicht der Wahrheit

Rumi zitiert Gott, oder Gott spricht durch Rumi

Alle Menschen sind Kinder, außer den von Gott Trunkenen; niemand ist erwachsen, außer den von Begierde Befreiten.
Er sagte: »Diese Welt ist ein Spiel und ein Zeitvertreib, und ihr seid Kinder«; und Gott spricht die Wahrheit.

(Mathnawi, Buch 1, Vers 3430 + 3431)

Gott sagte: »Die Meinung nützt nichts gegenüber der Wahrheit«; ist das Reittier der Meinung je zu den Himmeln gelaufen?

(Mathnawi, Buch 1, Vers 3442)

Gott hat in Seiner Güte Mustafa versprochen: »Wenn du stirbst, wird diese Lehre nicht sterben.
Ich erhöhe dein Buch und dein Wunder, Ich verteidige den Koran gegen die, die ihn kürzen oder ihm etwas hinzufügen wollen.
Ich erhöhe dich in beiden Welten, ich verjage die Spötter von deinen Überlieferungen.
Keiner soll in der Lage sein, etwas hinzuzufügen oder wegzulassen. Suche keinen besseren Beschützer als Mich.
Tag um Tag werde Ich deine Pracht vergrößern, Ich werde deinen Namen auf Gold und Silber schlagen.
Für dich werde Ich Kanzel und Gebetsnische vorbereiten; in Meiner Liebe ist deine Rache zu Meiner Rache geworden.
Sie sprechen deinen Namen vor Furcht heimlich und verborgen aus, wenn sie ihre Gebete verrichten;
Vor Schrecken und Angst vor den verfluchten Ungläubigen ist dein Glaube unter der Erde verborgen;
Ich werde die Welt von einem Ende zum anderen mit Minaretten füllen; Ich werde die Augen der Aufsässigen blind machen.

Deine Diener werden Städte und Macht erobern; deine Religion wird sich von den Fischen bis zum Mond ausdehnen.
Wir werden sie bis zur Auferstehung am Leben halten; fürchte dich nicht vor der Vernichtung der Religion, o Mustafa.
O Mein Botschafter, du bist kein Zauberer; du bist wahrhaftig, du trägst den Mantel Moses'.
Für dich ist der Koran wie der Stab:
Wenn du auch unter der Erde schläfst, ist deine reine Rede wach wie sein Stab.
Angreifer haben keine Macht über seinen Stab.
Schlafe du, o König, einen gesegneten Schlaf! Während dein Körper schläft, hat dein Licht im Himmel einen Bogen für deinen Kampf gespannt.
Der Bogen deines Lichts durchbohrt den Philosophen und das, was sein Mund sagt, mit Pfeilen.«

(Mathnawi, Buch 3, Vers 1197–1212)

Gott hat über den Teufel folgendes Gleichnis gesagt: »Er führt dich mit seiner trügerischen List in den Kampf,
Und sagt: ›Ich werde dir helfen, ich bin an deiner Seite, ich werde mich vor dir in Gefahr begeben;
Ich werde dein Schild gegen die Pfeile aus Pappelholz sein, ich werde deine Zuflucht in der Stunde der Bedrängnis sein.
Ich werde mein Leben für dich opfern, um dich zu retten. Du bist ein Rostam, ein Löwe. Komm, sei mannhaft!‹«
Mit solchem Getändel führt dieser Sack voll Betrug und List und Kunstfertigkeit einen zum Unglauben.

(Mathnawi, Buch 6, Vers 3610–3614)

Dann schluchzen die Engel vor Gott und sagen: »O Du, Der jedes Gebet beantwortet und Dessen Schutz angerufen wird,
Ein treuer Diener bittet demütig; er kennt niemanden außer Dich, auf den er sich verlassen kann.

Du gibst Deine Gnade sogar Fremden. Jeder, der sich etwas wünscht, erhält seinen Wunsch von Dir erfüllt.«

Gott spricht: »Er erniedrigt sich dadurch nicht, die verzögerte Antwort auf sein Gebet dient dazu, ihm zu helfen.

Die Bedürftigkeit hat ihn von seiner Vergeßlichkeit zu Mir gebracht; sie hat ihn an den Haaren zu Mir gezogen.

Wenn Ich seinen Wunsch erfülle, wird er wieder damit anfangen, sich mit Spielereien zu beschäftigen.

Auch wenn er jetzt aus ganzer Seele ›O Du, Den wir um Hilfe flehen!‹ ruft – laß ihn mit gebrochenem Herzen und verwundeter Brust weiter seufzen!

Seine Stimme, seine Rufe ›O Herr!‹ und sein geheimes Gebet gefallen Mir,

Und wie er Mich mit Flehen und Schmeicheln bezaubern will.«

(Mathnawi, Buch 6, Vers 4218–4227)

Verzichte auf Diesseits und Jenseits!

Rumi als Asket über Askese

Wenn du ein, zwei Tage auf den weltlichen Wein verzichtest, wirst du deine Lippen in das Getränk des Paradieses tauchen.

(Mathnawi, Buch 1, Vers 1372)

Gott sagte zu ihnen: »Wenn ihr erleuchtet seid, schaut nicht verächtlich auf die vergeßlichen Übeltäter.
Seid dankbar, o himmlisches Heer und Gottesdiener! Ihr seid befreit von Begierde und Geschlechtsverkehr.
Wenn ich euch diese Art von Natur auferlegen würde, würde der Himmel euch nicht mehr gut finden.

(Mathnawi, Buch 1, Vers 3350–3352)

Unser Körper ist Walnuß und Rosinen, o Sohn; wenn du ein Mann bist, verzichte auf diese beiden Dinge.
Und wenn du sie nicht selbst aufgibst, wird es dir Gottes Gnade ermöglichen, die neun Himmelssphären zu übersteigen.

(Mathnawi, Buch 2, Vers 200 + 201)

Das Gehirn des Asketen ist trocken, und zur Zeit ist seine Vernunft geringer als die Vernunft und das Verständnis eines Kindes.
Askese und hohes Alter haben sich summiert, und er hat mit seiner Askese keinen Erfolg gehabt.
Er hat sich bemüht, aber keinen Schatz vom Geliebten erhalten. Er hat viele Werke verrichtet, aber keinen Lohn dafür bekommen.
Entweder enthielt sein Werk nicht das Wesentliche, oder die Zeit der Belohnung ist auf Gottes Ratschluß noch nicht gekommen.
Entweder waren seine Mühen wie die Mühen der Juden, oder die Belohnung wurde auf eine festgelegte Zeit aufgeschoben.

Es ist Kummer und Unglück genug für ihn, daß er in diesem Tal voller Blut alleine ist.

Seine Augen schmerzen, und er sitzt mit bitterem Gesicht und heruntergezogenen Lippen in einer Ecke.

Kein Augenarzt nimmt sich seiner an, noch hat er genug Vernunft, um selbst eine Augensalbe zu finden.

Seine Anstrengungen beruhen auf Annahmen und Unsicherheit; das Werk bleibt im Ungewissen, bis es gut ausgeht.

Der Weg zum Anblick des Geliebten ist weit, denn er sucht keinen Führer, sondern will der Führer sein.

Bald macht er Gott Vorwürfe: »Wenn ich es überschlage, ist der mir zugeteilte Anteil nur Schmerz.«

Bald hadert er mit seinem eigenen Schicksal und sagt: »Alle anderen fliegen, und unsere Flügel sind abgeschnitten.«

Wer Gefangener von Geruch und Farbe ist, dessen Geist ist eingezwängt, auch wenn er in Askese lebt.

Wie kann er glücklich sein und seine Brust sich weiten, wenn er nicht aus diesem engen Rastplatz herauskommt?

Man darf einem Asketen in der Abgeschiedenheit, der noch keine Offenbarung gehabt hat, kein Messer oder Rasiermesser geben.

Denn in seiner trüben Stimmung, seinem Kummer und seiner Enttäuschung würde er sich den Bauch aufschlitzen.

(Mathnawi, Buch 5, Vers 3519–3534)

Als ich begriff, daß das Märtyrertum nicht das Los meiner Seele ist, ging ich in die Abgeschiedenheit und fastete vierzig Tage.

Ich warf meinen Leib in den Inneren Dschihad (Größeren Krieg), indem ich Askese übte und mager wurde.

(Mathnawi, Buch 5, Vers 3785 + 3786)

Der Mystiker ist die Seele des Glaubens und die Seele der Frömmigkeit. Mystik ist das Ergebnis früherer Askese.

Askese ist die Mühe des Säens. Mystik ist das Wachstum des Samens.

Deshalb sind der Kampf und der Glaube des Asketen wie der Körper, während die Seele dieser Saat das Wachstum und die Ernte ist.

(Mathnawi, Buch 6, Vers 2090–2092)

Kurzum, der Rechtsgelehrte war so außer sich, daß weder Keuschheit noch Askese mehr in ihm waren.
Der Rechtsgelehrte stürzte sich auf die Paradiesjungfrau. Sein Feuer fiel auf ihre Baumwolle.
Die Seele vereinte sich mit der Seele, und ihre Körper zuckten wie zwei Vögel mit abgeschlagenen Köpfen.

(Mathnawi, Buch 6, Vers 3957 + 3959)

Sandelholz und Moschus passen nicht zum Arsch eines Esels

Rumi als Frauenversteher

Dieses »Homayra« ist ein weibliches Wort, und bei den Arabern ist »Seele« ein weibliches Wort.
Doch es macht nichts, wenn die Seele weiblich ist; der Geist hat mit »männlich« und »weiblich« nichts zu tun.
Er steht über »weiblich« und »männlich«; das ist kein Geist, der aus Trockenheit und Feuchtigkeit besteht.

(Mathnawi, Buch 1, Vers 1974–1976)

Du redest über die bittere Trennung; tue, was du willst, aber tue das nicht.
In dir ist ein Fürsprecher für mich verborgen, auch in meiner Abwesenheit hält er ewig Fürsprache für mich.
Was in dir für mich Fürsprache hält, ist deine Natur; im Vertrauen darauf hat mein Herz die Sünde gesucht.
»Habe Erbarmen, o dir selbst Verborgener, o Zorniger, o du, dessen Natur besser als hundert Mana Honig ist.«
Auf diese Art sprach sie zärtlich und gewinnend; inzwischen wurde sie von Weinen übermannt.
Als die Tränen und Seufzer alle Grenzen überschritten – bei ihr, die auch ohne Tränen hinreißend war –
Leuchtete in diesem Regen ein Blitz auf, der einen Funken Feuer in das Herz des einsamen Mannes schoß.
Ihr schönes Gesicht macht den Mann zum Sklaven; wie wird es sein, wenn sie beginnt, die Sklavin zu spielen?
Ihr Stolz läßt dein Herz erzittern; was wirst du tun, wenn sie weinend vor dir niederfällt?
Ihre Anmut läßt dein Herz und deine Seele bluten; wie wird es sein, wenn sie sich auf Flehen verlegt?

Ihre Tyrannei und Grausamkeit hält uns gefangen, welche Ausrede bleibt uns, wenn sie zu bitten anfängt?

»Verlockend ist den Menschen gemacht die Liebe für die Freuden an Frauen«: Gott hat es so eingerichtet; wie können sie vor dem fliehen, was Gott eingerichtet hat?

Da Er sie erschaffen hat, »damit er ihr beiwohne«, wie könnte Adam dann von Eva getrennt werden?

Auch wenn er Rostam, der Sohn Zals, wäre und größer als Hamze, unterliegt er doch der Befehlsgewalt seiner Frau.

Der Prophet, dessen Worte alle Welt zum Sklaven gemacht hatte, pflegte zu rufen: »Sprich zu mir, o Homayra!«

Das Wasser beherrscht das Feuer, weil es das Feuer einschüchtert, doch das Feuer kocht das Wasser, wenn das Wasser verborgen ist.

Wenn ein Kessel zwischen die beiden kommt, vernichtet das Feuer das Wasser und verwandelt es in Luft.

Wenn du wie das Wasser deine Frau äußerlich beherrschst, wirst du doch innerlich beherrscht und sehnst dich nach deiner Frau.

Das ist die Eigenschaft des Menschen; den Tieren fehlt die Liebe, und das kommt von ihrer Minderwertigkeit.

Der Prophet sagte, daß die Frauen die Vernünftigen und die Herzensbesitzer beherrschen.

Andererseits herrschen die unwissenden Männer über die Frauen, denn in ihnen ist die Wildheit des Tieres gefangen.

Es fehlt ihnen an Zärtlichkeit, Güte und Zuneigung, denn in ihrem Wesen herrscht Animalität vor.

Liebe und Zärtlichkeit sind menschliche Eigenschaften, Wut und Gier sind tierische Eigenschaften.

Die Frau ist ein Strahl Gottes, nicht diese irdische Geliebte; sie ist schöpferisch, man könnte sagen, sie wurde nicht erschaffen.

(Mathnawi, Buch 1, Vers 2414–2437)

Könnt' ich in der Hölle deine Locken streicheln, würd' ich die Seligen im Himmel bedauern. Ohne dich wär mir das Paradies die Hölle.

(Rumi wörtlich zu seiner Gattin)

Zu einer Memme paßt es nicht, gegen die Triebseele zu kämpfen. Sandelholz und Moschus passen nicht zum Arsch eines Esels.
Da Kämpfen ganz und gar nicht die Sache von Frauen ist, wie könnte dann der Größere Heilige Krieg zu ihnen passen?
Es mag sein, daß ein Rostam in einem Frauenkörper verborgen ist, wie bei Maria, aber das geschieht nur selten.
Ebenso sind Frauen in Männerkörpern verborgen, und solche Männer sind aufgrund ihrer Schwäche weibisch.
In jener Welt nimmt eine weibliche Gestalt an, wer in seiner Männlichkeit keine Kampfbereitschaft hatte.

(Mathnawi, Buch 6, Vers 1882–1886)

Die List der Frauen kennt keine Grenzen. Der schlaue Richter ging eines Nachts zu Dchuhis Frau und schlief mit ihr.
Die Frau stellte zwei Kerzen und Süßigkeiten für ihn auf. »Ich brauche kein Getränk«, sagte er, »ich bin liebestrunken.«

(Mathnawi, Buch 6, Vers 4475 + 4476)

Wenn meine Tante Hoden hätte

Rumi, sexuell unverblümt, unverklemmt und deftig

Wenn unsere Seele nicht wach für Gott ist, ist die Wachheit wie eine verschlossene Tür.
Den ganzen Tag bleibt der Seele vor lauter Phantasien, Gedanken an Verlust und Gewinn und Angst vor Niedergang
Keine Freude, keine Gnade und Ehre und kein Weg zum Himmel.
Wer schläft, hofft auf leere Einbildungen und unterhält sich mit ihnen.
Im Traum sieht er den Dämon, der einer Huri gleicht, und vor Begierde verspritzt er seinen Samen.
Nachdem dieser Samen auf unfruchtbare Erde gefallen ist, wacht er auf, und das Bild entfernt sich von ihm.
Dann fühlt er sich schwach und sieht seinen besudelten Körper und ist traurig über das Geschehene und wieder Verschwundene.
Der Vogel fliegt hoch, und sein Schatten eilt über die Erde wie ein Vogel:
Mancher Tor jagt den Schatten, läuft ihm bis zur Erschöpfung hinterher;
Er weiß nicht, daß der Schatten nur das Abbild des Vogels in der Luft ist; er kennt den Ursprung des Schattens nicht.
Er schießt Pfeile auf den Schatten; dabei wird sein Köcher geleert.
Der Köcher seines Lebens wurde leer; sein Leben ist bei der Jagd auf den Schatten vergangen.
Doch wenn Gottes Schatten seine Amme ist, befreit dieser ihn von jedem Trugbild, jedem Schatten.

(Mathnawi, Buch 1, Vers 410–422)

Wenn du das Spielen nicht aufgegeben hast, bist du ein Kind; wie willst du ohne Reinheit des Geistes völlig vernünftig sein?
Wisse, Jüngling, daß die Lust, der sich die Menschen hingeben, wie der Geschlechtsverkehr von Kindern ist.
Was sind Doktorspielchen von Kindern? Nichtige Spiele, verglichen mit dem Geschlechtsverkehr eines Rostam und eines Glaubenskämpfers.

(Mathnawi, Buch 1, Vers 3432–3434)

Gott nimmt in Seiner Barmherzigkeit dein Lob an, die gleiche Nachsicht gilt den Frauen während ihrer Regel.
Ihre Gebete sind mit Blut gefärbt, dein Lobpreis mit Vergleich und Vorbehalt.
Blut ist verderblich und verschwindet doch mit etwas Wasser; doch im Innern des Menschen finden sich Unreinheiten,
Die durch nichts anderes beseitigt werden können als das Gnadenwasser des Schöpfers.

(Mathnawi, Buch 2, Vers 1799–1802)

Das Entzücken eines Mannes liegt im Glaubenskrieg und in Ehre und Ruhm; der Päderast erfreut sich am Pimmel.
Sein Gebet und sein Glaube ist nur sein Gemächte; sein Denken hat ihn ganz nach unten gebracht.
Auch wenn er zum Himmelsgewölbe aufsteigt, fürchte dich nicht vor ihm, denn er hat Unterricht in Liebe zur Niedrigkeit gehabt.
Er galoppiert mit seinem Pferd zur Niedrigkeit, auch wenn er verkündet, sich nach oben zu schwingen.
Was gibt es vor den Bannern der Bettler zu fürchten? Denn diese Banner sind ein Mittel für einen Happen Brot.
Wie sich ein Junge vor einem Wohlbeleibten fürchtete und dieser sagte: »Fürchte dich nicht, Junge, ich bin kein Mann.«
Ein kräftig gebauter Mann fand einen Jungen alleine vor. Der Junge wurde bleich vor Angst vor der Absicht des Mannes.

Der sagte: »Du kannst sicher sein, o mein Schöner, daß du über mir bist.

Auch wenn ich schrecklich aussehe, bin ich doch kein Päderast; setze dich auf mich wie auf ein Kamel und treibe mich an.«

Mit der Erscheinung eines Menschen und so einem Wesen – Adam außen, der verdammte Teufel drinnen –

O du, der du groß wie das Volk von 'Ad bist, du gleichst der Trommel, gegen die der Wind einen Ast geschlagen hat.

Ein Fuchs gab seine Beute auf wegen einer Trommel, die wie ein windgefüllter Ledersack war.

Als er nichts Fettes in der Trommel fand, sagte er: »Ein Schwein ist besser als dieser leere Sack.«

Füchse fürchten sich vor dem Lärm der Trommel; der Weise schlägt sie andauernd und sagt: »Rede nicht!«

(Mathnawi, Buch 2, Vers 3151–3163)

Eines Nachts sagte der Sayyed-e Adschall zu Dalqak: »Du hast in aller Eile eine Hure geheiratet.

Du hättest mir das sagen sollen, dann hätten wir dir eine keusche Frau als Gattin gesucht.«

Dalqak antwortete: »Ich habe neun keusche und tugendhafte Frauen geheiratet – sie wurden Huren, und ich nahm vor Kummer ab.

Ich habe diese Hure geheiratet, ohne sie zu kennen, um zu sehen, was schließlich aus ihr wird.

Oft hab ich's mit Vernunft versucht; von Stund an such ich meine Zuflucht in Verrücktheit.«

(Mathnawi, Buch 2, Vers 2335–2339)

Das Kind kennt das Wesen des Beischlafs nicht; du kannst höchstens zu ihm sagen: »Es ist wie eine Süßigkeit.«

Ist das Wesen des Vergnügens am Geschlechtsverkehr etwa das Gleiche wie das Wesen einer Süßigkeit, o mein Meister?

Doch da du kindlich bist, hat dir dieser vernünftige Mann einen Vergleich mit der Süße dieses Vergnügens angeboten,

Damit das Kind es über den Vergleich kennenlernt, obwohl es das Wesen dieser Angelegenheit nicht kennt.
Deshalb ist es nicht weit von der Wahrheit, zu sagen »Ich kenne es«; und es ist keine Lüge oder Falschheit, zu sagen: »Ich kenne es nicht.«
Wenn jemand sagt: »Kennst du Noah, den Botschafter Gottes und das Licht des Geistes?«
Und wenn du antwortest: »Warum sollte ich ihn nicht kennen?
Dieser Mond ist berühmter als unsere Sonne und unser Mond: Die kleinen Kinder in der Schule und alle Imame in der Moschee
Rezitieren seinen Namen deutlich aus dem Koran und erzählen offen seine Geschichte aus der Vergangenheit«,
Dann kennst du, wahrhaftiger Mann, ihn aus Beschreibungen, während Noahs Wesen dir nicht enthüllt wurde.
Und wenn du antwortest: »Wie könnte ich Noah kennen? Nur jemand wie er kann ihn kennen, o junger Mann.
Ich bin eine lahme Ameise. Wie könnte ich einen Elefanten kennen?«

(Mathnawi, Buch 3, Vers 3637–3648)

Ich habe das rein hypothetisch gesagt; wie sonst könnte eine Hand den Schleier berühren?
»Wenn deine Tante Hoden hätte, wäre sie dein Onkel«; das ist hypothetisch: »Wenn sie hätte.«

(Mathnawi, Buch 4, Vers 510 + 511)

Dämmert dir in hellen Augenblicken, daß ein Kuß auf einen Eselsarsch nicht äußerst gut schmeckt: Nutzlos fängt dein Bart zu stinken an, und dein Gewand wird schwarz.«

(Mathnawi, Buch 4, Vers 1952)

Diese Frau wollte es vor ihrem dummen Ehemann mit ihrem Liebhaber treiben.
So sagte sie zu ihrem Mann: »O Glücklicher, ich werd' auf den Baum steigen, um Obst zu ernten.«

Sobald die Frau auf den Baum gestiegen war, brach sie in Tränen aus, als sie von oben auf ihren Mann schaute.

Sie sagte: »O du übler Kinderschänder, was ist das für eine Schwuchtel, die da auf dir liegt? Du liegst zufrieden unter ihm wie eine Frau.

O Mann, in Wirklichkeit warst du schon immer ein Kinderschänder!«

»Nein«, sagte der Ehemann, »hast du denn den Verstand verloren? Jedenfalls ist hier unten niemand außer mir.«

Die Frau wiederholte: »Wer ist dieser Mann mit Hut, der hinter dir liegt?«

»Höre, Frau«, antwortete er, »komm von dem Baum herunter, denn du hast den Verstand verloren und bist verrückt geworden.«

Nachdem sie heruntergekommen war, stieg der Ehemann hinauf; da nahm die Frau ihren Liebhaber in die Arme.

Der Ehemann sagte: »O du Dirne, wer ist das, der sich wie ein Affe auf dich gestürzt hat?«

»Nein«, sagte die Frau, »hier ist niemand außer mir. Höre, du hast den Verstand verloren, spinne keinen Unsinn zusammen.«

Er wiederholte den Vorwurf gegen seine Frau. »Das«, sagte sie, »kommt von dem Birnbaum.

Vom Birnbaum herunter habe ich genauso falsch gesehen wie du, o du Weichling.

Höre, komm herunter, damit du siehst, daß hier nichts ist; diese Illusion hat der Birnbaum hervorgebracht.«

Scherze lehren etwas; hör ernsthaft zu und laß dich vom witzigen Gewand nicht täuschen.

Für einen Spaßvogel ist jede ernste Angelegenheit ein Scherz; für die Weisen sind alle Scherze ernst.

Faule Leute suchen den Birnbaum, aber es ist ein langer Weg auf diesen Birnbaum.

Steige von dem Birnbaum herab, auf dem es dir jetzt vor Augen und Gesicht schwindlig geworden ist.

Dieser Birnbaum ist die Selbstsucht und die unwahre Existenz, die das Auge schief sehen und schielen lassen.

Wenn du von diesem Birnbaum herabkommst, werden deine Gedanken und Augen und Worte nicht mehr schief sein.
Du wirst sehen, daß der Birnbaum zu einem Baum des Glücks geworden ist, dessen Zweige bis zum Siebenten Himmel reichen.
(Mathnawi, Buch 4, Vers 1544–1564)

Jemand sagte bei der Waschung seines Gesäßes: »Vereinige mich mit dem Geruch des Paradieses!«
Darauf sagte ein anderer: »Du hast eine gute Formel aufgesagt, aber du hast dich im Loch getäuscht.
Dieses Gebet ist doch die Formel für die Nase, warum hast du die Formel für die Nase auf den Arsch angewandt?
Ein Freier erhält den Geruch des Paradieses durch die Nase; wie könnte der Geruch des Paradieses durch den Hintern kommen?«
O du, der sich in der Gegenwart von Narren demütig und in der Gegenwart von Königen stolz verhält –
Stolz gegenüber den Niedrigen ist gut und passend. Habe acht, verhalte dich nicht umgekehrt; das Umgekehrte ist deine Fessel.
Die Rose ist für die Nüstern gewachsen; süßer Duft ist das Vergnügen der Nase, o du Flegel.
Der Geruch der Rose ist für die Geruchsorgane, o Mutiger; das Loch da unten ist nicht der Ort für diesen Duft.
Wie könnte dich der Geruch des Paradieses über diesen Ort erreichen? Wenn du den Duft willst, dann such ihn an seinem Platz.
(Mathnawi, Buch 4, Vers 2221–2229)

Jeder Gefährte suchte sich einen Gast aus. Unter den Ungläubigen war ein unbeschreiblich fetter Mann.
Er hatte einen riesigen Körper. Niemand nahm ihn mit, er blieb in der Moschee wie Bodensatz in der Tasse.
Da ihn alle zurückließen, nahm ihn Mustafa mit. In der Herde des Propheten waren sieben Ziegen, die Milch gaben,
Denn die Ziegen blieben gewöhnlich bei der Essensvorbereitung zum Melken im Haus.

Jener Audsch, Sohn des Anak, Sohn eines Dschuzz-Turkmenen, verschlang das Brot, das Essen und die Milch der sieben Ziegen.

Der gesamte Haushalt wurde wütend, denn sie mochten alle Ziegenmilch.

Er machte aus seinem gefräßigen Bauch eine Trommel. Er allein verzehrte die Portionen von achtzehn Personen.

Zur Schlafenszeit ging er in sein Zimmer und setzte sich hin. Da schloß die Magd zornig die Tür ab.

Sie legte von außen die Türkette an, denn sie war verärgert und wütend auf ihn.

Um Mitternacht oder im Morgengrauen verspürte der Ungläubige ein dringendes Bedürfnis und Magenschmerzen.

Deshalb eilte er aus seinem Bett zur Tür, doch als er sie öffnen wollte, fand er sie verschlossen vor.

Der listige Mann versuchte, sie mit verschiedenen Kniffen zu öffnen, doch das Schloß gab nicht nach.

Das Bedürfnis wurde immer drängender und der Raum eng. Er war bestürzt, hilflos und verwirrt.

Er tauschte seine Überlegungen gegen den Schlaf ein. In seinem Schlummer träumte er, daß er an einem verfallenen Ort sei.

Da er an einem verfallenen Ort zu sein dachte, ging auch seine innere Sicht dort schlafen.

Als er sich an so einem leeren, verfallenen Ort sah, ließ er seinem Bedürfnis freien Lauf.

Als er aufwachte, sah er, daß sein Nachtlager ganz beschmutzt war, und er wurde verrückt vor Aufregung.

Aus seinem Inneren stiegen hundert Klageschreie auf angesichts dieser nicht zu verbergenden Schande.

Er sagte: »Mein Schlaf ist schlimmer als mein Wachen, im Wachen eß ich, im Schlafen scheiße' ich.«

Er rief: »Weh und ach! Weh und ach!«, wie der Ungläubige in der Tiefe des Grabes,

Und wartete darauf, am Ende dieser Nacht das Geräusch der sich öffnenden Tür zu hören,

Um dann pfeilgeschwind zu fliehen, damit ihn keiner in dieser Situation antreffe.

Die Geschichte ist lang, ich werde sie abkürzen. Die Tür öffnete sich, und er war von Kummer und Schmerz erlöst.

Am Morgen kam Mustafa und öffnete die Tür; am Morgen machte er dem Verirrten den Weg frei.

Mustafa öffnete die Tür und blieb verborgen, damit sich der heimgesuchte Mann nicht schämen muß,

Sondern herauskommt und unerschrocken weggeht und weder Rükken noch Gesicht des Türöffners sieht.

Entweder hatte er sich hinter etwas versteckt, oder der Schutz Gottes hatte ihn vor dem Gast verborgen.

»Die Taufe Gottes« bedeckt manchmal etwas und zieht einen geheimnisvollen Schleier vor den Betrachter,

Sodaß er den Feind an seiner Seite nicht sieht. Die Macht Gottes ist noch größer, noch größer.

Mustafa hatte alles gesehen, was dem Gast in der Nacht widerfahren war, aber der Befehl des Herrn hielt ihn davor zurück,

Ihm vor seiner Entgleisung einen Ausweg zu eröffnen, wodurch dem Ungläubigen diese Schande erspart geblieben wäre.

Doch es war Gottes Weisheit und der Befehl des Himmels, daß der Gast sich in diesem Zustand sehen sollte.

Es gibt viele feindlich aussehende Taten, die tatsächlich freundschaftliche sind; viele Zerstörungen, die Aufbau sind.

Ein dreister Kerl brachte die schmutzige Bettwäsche absichtlich dem Propheten

Und sagte: »Schau, was dein Gast gemacht hat!« Der Prophet, die »Barmherzigkeit für alle Welt«, lächelte

Und sagte: »Bring einen Krug her, damit ich alles mit eigenen Händen waschen kann.«

Alle sprangen auf und sagten: »Um Gottes willen! Unsere Seelen und unsere Körper sind deine Diener.

Wir werden diesen Schmutz wegwaschen; laß du es bleiben. Das ist Handarbeit und keine Herzensarbeit.

»O bei deinem Leben«; Gott hat »Leben« zu dir gesagt und dich dann zum Stellvertreter gemacht und auf den Thron gesetzt.

Wir leben, um dir zu dienen; wenn du selbst den Dienst verrichtest, wer sind wir dann?«

Er sprach: »Das weiß ich, aber das ist eine besondere Gelegenheit. Ich habe einen tiefen Grund, das selbst zu waschen.«

Mit dem Gedanken: »Das ist das Wort des Propheten« warteten sie, bis ihnen das Geheimnis enthüllt würde.

Er wusch die schmutzigen Sachen eifrig, ausschließlich auf Gottes Befehl, nicht aus Nachahmung oder Heuchelei.

Denn sein Herz sagte zu ihm: »Wasche du es, denn darin liegt mannigfaltige Weisheit.«

Der unglückliche Ungläubige hatte ein Amulett als Andenken. Er bemerkte, daß er es verloren hatte, und wurde unruhig.

Er sagte: »Ich muß das Amulett aus Versehen in dem Raum, in dem ich geschlafen habe, liegen gelassen haben.«

Er schämte sich zwar, aber die Gier überwand seine Scham: Gier ist ein Drache, sie ist nicht etwas Kleines.

Auf der Suche nach seinem Amulett lief er schnell in Mustafas Haus und sah ihn,

Diese »Hand Gottes«, selbst den Schmutz fröhlich abwaschen – möge er vor dem bösen Auge verschont bleiben!

Er vergaß das Amulett und wurde von einer großen Ekstase ergriffen; er zerriß sich die Halskette.

Mit beiden Händen schlug er sich gegen Gesicht und Kopf und stieß seinen Schädel gegen Wand und Tür,

Bis ihm das Blut aus der Nase und vom Kopf lief und der Prinz Mitleid mit ihm bekam.

Er stieß Schreie aus, die Leute versammelten sich um ihn. Der Ungläubige rief: »O Leute, habt acht!«

Er schlug sich an den Kopf und sagte: »O Kopf ohne Verstand!« Er schlug sich auf die Brust und sagte: »O Brust ohne Licht!«

Er warf sich nieder und rief: »O du, der das Ganze ist, du beschämst mich verachtenswerten Teil.

Du bist das Ganze und gehorchst Seinem Befehl; ich bin ein Teil und ungerecht, niederträchtig und fehlgeleitet.

Du bist das Ganze und bist doch demütig und zitterst vor Gottesfurcht; ich bin ein Teil und bin widerspenstig und aufsässig.«

Die ganze Zeit wandte er sein Gesicht dem Himmel zu und sagte: »Ich habe nicht den Mut, dich anzusehen, o Qeble der Welt!«

Als er über alle Maßen zitterte, nahm ihn Mustafa in seine Arme.

Er beruhigte ihn und streichelte ihn; er öffnete ihm das innere Auge und gab ihm Wissen.

(Mathnawi, Buch 5, Vers 74–133)

Eine Magd legte sich aus übermäßiger Begierde vor einem Esel nieder. Der drang in sie ein, wie ein Ehegatte.

Aber einen Kürbis steckte sie dem Esel auf das Glied, damit es nicht zu lang ist, damit es nur halb so lang ist, wenn er in sie eindringt.

Denn wenn der ganze Eselpenis in sie eindringen würde, würden Gebärmutter und Innereien zerstört.

Der Esel magerte ab, und seine Herrin rief hilflos: »Warum ist dieser Esel so haardünn geworden?«

Sie zeigte den Esel den Hufschmieden und fragte: »Was ist das für ein Leiden, das ihn so mager macht?«

Doch man konnte bei ihm kein Leiden finden, niemand konnte über das Geheimnis Auskunft geben.

Da begann sie ernsthafte Untersuchungen anzustellen. Sie war bereit, jeden Augenblick nachzuforschen.

Die Seele muß sich ernsthafter Bemühung hingeben, denn der ernsthafte Sucher wird finden.

Als sie den Zustand des Esels untersuchte, sah sie, wie ihre Magd unter dem Esel lag.

Durch eine Ritze in der Tür sah sie, was passierte. Die alte Frau wunderte sich sehr darüber.

Sie sah, wie der Esel der Magd beiwohnte, wie es sonst nur bei Mann und Frau Gewohnheit ist.

Sie wurde neidisch und sagte: »Wenn sowas möglich ist, dann habe ich das größte Recht darauf, denn der Esel gehört mir.

Der Esel ist vollständig erzogen und unterrichtet worden. Der Tisch ist gedeckt und die Lampe angezündet.«

Sie tat so, als hätte sie nichts gesehen, klopfte an die Stalltür und sagte: »Wie lange willst du den Raum noch kehren, o Magd?«

Sie sprach diese Worte als Vorwand und fügte hinzu: »Ich bin es, o Magd; öffne die Tür!«

Dann schwieg sie und sagte nichts mehr zur Magd. Sie verbarg das Geheimnis um ihrer eigenen Begierde willen.

Darauf versteckte die Magd den Kürbis der Schandtat und kam und öffnete die Tür.

Sie verzog ein bitteres Gesicht, ließ ihre Augen feucht werden und biß die Lippen, als wolle sie sagen: »Ich faste.«

In ihrer Hand hielt sie einen weichen Besen, als wolle sie sagen: »Ich kehr' diesen Raum hier, weil es hier schlecht riecht.«

Als sie mit dem Besen in der Hand die Tür öffnete, dachte die Herrin bei sich: »O du Verschlagene,

Du machst ein bitteres Gesicht und hast einen Besen in der Hand, aber warum hat sich der Esel vom Futter abgewandt?

Du bist halb fertig, erzürnt, bewegst seinen Penis und schaust angstvoll auf die Stalltür, ob jemand hereinkommt.«

Das dachte sie bei sich und verbarg es der Magd; in diesem Augenblick behandelte sie die Magd ehrenhaft wie eine Unschuldige.

Danach sagte sie zu ihr: »Zieh den Tschador an, geh und bring eine Botschaft zum Hause Soundso. Sag dies und tu jenes.«

Ich kürze das Gespräch der Frauen ab. Nimm das für den Zweck Wesentliche.

Als die saubere alte Frau ihre Magd fortgeschickt hatte, freute sie sich trunken vor Begierde.

Sie schloß die Tür und sagte sich: »Ich hab dafür gesorgt, daß ich ungestört bin, ich werde vor Dankbarkeit schreien; ich bin von lang und kurz erlöst.«

Vor Entzücken waren aus dieser Ziege von Frau tausend geworden, gierig auf den Esel, von Geilheit triefend.
Welche Ziege hat die Begierde dazu gebracht, die Frau zu verspotten? Es ist keine Kunst, einen Verwirrten auszulachen.
Lüsternheit macht das Herz taub und blind, sodaß ein Esel wie Joseph erscheint und Feuer wie Licht.
Oh, manch vom Feuer Berauschter und Feuersucher hat sich selbst für absolutes Licht gehalten.
Er kann nur auf den richtigen Weg zurückgeführt werden, sein Blatt kann nur gewendet werden,
Wenn er ein Diener Gottes ist oder Gott Selbst ihn zu Sich zieht, sodaß er weiß, daß das feurige Trugbild auf dem Pfad nur geliehen ist.
Lüsternheit läßt faule Dinge schön erscheinen. Unter den Gefahren auf dem Pfad gibt's keine üblere als die Begierde.
Sie hat hunderttausend gute Namen entwürdigt, sie hat hunderttausend kluge Männer verwirrt.
Wenn sie einen Esel wie Joseph von Ägypten erscheinen lassen kann, wie läßt diese Ungläubige dann Joseph erscheinen?
Ihr Bann hat dir Mist als Honig erscheinen lassen; als was wird sie Honig zur Zeit des Kampfs erscheinen lassen?
Begierde entsteht aus Essen und Trinken. Iß weniger oder heirate und entkomme so dem Laster.
Wenn du zu viel ißt und trinkst, führt das zu verbotenen Dingen. Etwas von den Einnahmen muß ausgegeben werden.
Die Ehe ist also wie »Es gibt nur Stärke bei Gott«, damit dich der Teufel nicht in Versuchung führt.
Wenn du gerne ißt und trinkst, bitte sofort eine Frau um ihre Hand, sonst kommt die Katze und holt den fetten Schafsschwanz.
Lege dem scheuenden Esel schnell eine schwere Last auf, bevor er dich abwirft.
Wenn du die Wirkung des Feuers nicht kennst, halte dich von ihm fern; nähere dich nicht mit so wenig Wissen dem Feuer.

Wenn du nichts über den Kochtopf und das Feuer weißt, wird weder der Topf noch die Suppe von der Flamme verschont.

Wasser muß da sein und auch Fertigkeit, damit der Topf sicher zum Kochen gebracht werden kann.

Wenn du die Wissenschaft des Schmieds nicht kennst, verbrennst du dir Haar und Bart, wenn du dort vorbeigehst.

Die Frau schloß die Tür und zog den Esel fröhlich an sich; notwendigerweise mußte sie eine Strafe erhalten.

Mitten im Stall zog sie ihn an sich; sie legte sich unter den Esel und nahm sein Glied auf.

Auf dem gleichen Sesselchen, wie sie es bei der Magd gesehen hatte; um dieselbe Lust wie diese Hure zu genießen.

Sie spreizte die Beine, und der Esel drang in sie ein; das Feuer der Eselsrute flammte in ihr auf.

Da der Esel wohlerzogen war, drang er bis zu den Hoden in sie ein; die Herrin starb auf der Stelle.

Ihre Innereien rissen unter dem Ansturm der Eselsrute; die Gedärme platzten auseinander.

Die Frau konnnte nicht mehr zurück und gab die Seele auf; erst stürzte der Sessel um, dann die Frau.

Der Stall war voll mit dem Blut der gefallenen Frau; sie starb, durch dieses Unheil verlor sie ihre Seele.

Ein schlechter Tod voller Schmach, o Vater; ist jemand je vom Glied eines Esels zum Märtyrer gemacht worden?

Lerne aus dem Koran, was die Strafe der Schmach ist; opfere nicht dein Leben für so eine schändliche Sache.

Wisse, daß der Esel die tierische Seele ist. Sich ihr zu unterwerfen, ist noch schändlicher als die Tat dieser Frau.

Wenn du aus Selbstsucht auf dem Weg der Triebseele stirbst, wisse mit Sicherheit, daß du wie diese Frau bist.

Gott wird unserer Triebseele die Gestalt eines Esels geben, weil Er die Gestalt mit dem Charakter übereinstimmen läßt.

So verkörpert sich das Geheimnis der Auferstehung. Bei Gott, bei Gott, rette dich vor dem eselförmigen Körper!

Gott bedrohte die Ungläubigen mit Feuer. Die Ungläubigen sagten: »Besser das Feuer als Schande.«

Er sagte: »Nein, das Feuer ist die Quelle jeder Schande« – wie das Feuer, das diese Frau vernichtete.

In ihrer Gier nahm sie die Happen nicht maßvoll zu sich; der Happen eines unrühmlichen Todes blieb ihr im Halse stecken.

(Mathnawi, Buch 5, Vers 1334–1398)

Eine Schwuchtel lockte einen Jüngling ins Haus, warf ihn zu Boden und schob ihm was rein.

Der abscheuliche Kerl sah einen Dolch an der Hüfte des Opfers und sagte ihm: »Aber was hast du da an der Seite?«

»Das ist für den Fall, daß jemand mir etwas antut. Dann kann ich ihm den Bauch aufschlitzen.«

Der Schwule ächzte: »Gott sei dafür gepriesen, daß ich nicht daran gedacht habe, dir etwas anzutun.«

Was nützen Messer, wenn keine Mannhaftigkeit zugreift? Wo kein Mut ist, helfen Helme nicht.

Vielleicht hast du Do'l-Faqar von 'Ali geerbt, aber hast du auch den Arm dieses Löwen Gottes? Dann zeig ihn!

Vielleicht erinnerst du dich an eine der Anrufungen des Messias, doch wo sind bei dir die Lippen und Zähne Jesu, o Elender?

Du kannst vielleicht ein Schiff mit gesammeltem oder geschenktem Geld bauen, aber wo ist ein Kapitän für das Schiff wie Noah?

Ich gestehe dir zu, daß du wie Abraham den Götzen zerbrochen hast, aber hast du den Götzen, deinen Körper, dem Feuer hingegeben?

Wenn du den Beweis hast, dann setz ihn in die Praxis um; dadurch wird dein Holzschwert scharf wie Do'l-Faqar.

Du wirst von deinen Handlungen abgehalten, weil die Rache des Schöpfers sicher kommt.

Du hast die Ängstlichen auf dem Pfad mutig gemacht, doch innerlich bist du zittriger als sie alle.

Du erteilst ihnen Lektionen über Gottvertrauen, während du der Fliege in der Luft die Ader aufschlitzt.
Du Schwuchtel du, was läufst du der Armee voraus, wo doch dein Vollbart Zeugnis ablegt gegen deinen Pimmel!
Wenn das Herz voller Unmännlichkeit ist, sind Bart und Schnurrbart Anlaß für Gelächter.
Bereue, vergieße Tränen wie der Regen, behüte deinen Bart und Schnurrbart vor Gelächter.
Stelle deine Mannhaftigkeit durch gute Werke wieder her, damit du wie die heiße Sonne im Zeichen des Widders wirst.
Laß ab vom Bauch und strebe zum Herzen, damit Gott dir das Heil unverhüllt schickt.
Geh ein oder zwei Schritte voran, strenge dich gut an, und die Liebe wird dich am Ohr packen und vorwärts ziehen.

(Mathnawi, Buch 5, Vers 2497–2515)

Als die Frau zu Hause angekommen war, öffnete sie die Tür. Der Klang der Tür kam dem Paar zu Ohren.
Die Magd sprang verwirrt auf und fing an, aufzuräumen; der Mann sprang auf und fing an, zu beten.
Die Frau sah, daß die Magd verstört, zerzaust, verwirrt, verblüfft und eigensinnig war.
Sie sah ihren Ehemann im Ritualgebet stehen. Die Frau wurde durch seine Unruhe mißtrauisch.
Ohne Scham hob sie dem Ehemann den Rock hoch; sie sah, daß sein Glied und seine Hoden besudelt mit Glibber waren
Und wie der Samen aus dem steifen Glied floß! Lende und Knie besudelt und schmutzig. Sie gab ihm eine Ohrfeige und sagte:
»O du Verächtlicher, beten so die Hoden eines Mannes? Paßt solch ein Glied zum Gebet und Gottesgedenken?
Und solche Lenden und verunreinigten Schamteile?«

(Mathnawi, Buch 5, Vers 2197–2203)

Wenn das hier Fickfack sein soll, sind die Esel die Gewinner; unser Gattenpack verrichtet tief in uns're Vulva nur die Notdurft.

(Mathnawi, Buch 5, Vers 3393)

Und in der Stunde des Zorns und der Rache bleibt deine Langmut fest, beständig und standhaft.

Wahre Männlichkeit steckt nicht im Bart oder im Penis, sonst wäre der Esel der König der Männlichkeit.

(Mathnawi, Buch 5, Vers 3710 + 3711)

Eine Hure ist die Frau, deren Verstand von der Bewegung des Penis zur Maus und deren Lust zum Löwen wird.

(Mathnawi, Buch 5, Vers 3715)

Ein Edelmann hatte eine Tochter mit Wangen wie Venus, einem Gesicht wie der Mond und einer Brust wie Silber.

Als sie herangereift war, gab er seine Tochter einem Mann zur Frau, doch der Ehemann war ihr an Rang nicht ebenbürtig.

Wenn eine Melone reif ist, wird sie wässerig und beginnt zu verderben, wenn man sie nicht aufschneidet.

Da es notwendig war, gab er seine Tochter einem Mann, der nicht zu ihr paßte, und fürchtete Schlimmes.

Er sagte zu seiner Tochter: »Enthalte dich deines neuen Bräutigams, werde nicht schwanger,

Denn deine Heirat mit diesem Bettler wurde von der Notwendigkeit diktiert; dieser Fremde ist nicht treu.

Er wird plötzlich verschwinden und alles hinter sich lassen; sein Kind wird bei dir bleiben; welche Ungerechtigkeit.«

Die Tochter antwortete: »O Vater, ich diene dir; dein Rat ist erwünscht und nützlich.«

Alle zwei oder drei Tage befahl der Vater seiner Tochter, vorsichtig zu sein.

Trotzdem wurde sie von ihrem Mann schwanger. Wie könnte es auch anders sein, wo Mann und Frau doch jung waren?

Sie hielt es vor ihrem Vater verborgen, bis das Kind fünf oder sechs Monate alt war.

Dann wurde es sichtbar. »Was soll das?« fragte der Vater. »Habe ich dir nicht gesagt, du sollst dich besser von ihm fernhalten?

Meine Ratschläge waren nur Wind! Mein Rat und meine Mahnungen haben dir nichts genutzt!«

»Vater«, sagte sie, »wie soll ich mich enthalten? Mann und Frau sind zweifellos wie Feuer und Baumwolle.

Auf welche Weise kann sich die Baumwolle vor dem Feuer hüten, und wo gibt es im Feuer Zurückhaltung oder Enthaltsamkeit?«

Er antwortete: »Ich habe gesagt: ›Bewege dich unter ihm nicht, nimm seinen Samen nicht auf.

Zum Zeitpunkt des Samenergusses und der höchsten Lust mußt du dich von ihm zurückziehen.‹«

Sie sagte: »Woher weiß ich, wann der Samenerguß kommt? Das ist verborgen und außerordentlich schwierig.«

Er antwortete: »Wenn er seine Augen verdreht, dann weißt du, daß die Zeit des Samenergusses kommt.«

Sie sagte: »Wenn er die Augen verdreht, sind meine beiden Augen blind geworden.«

(Mathnawi, Buch 5, Vers 3716–3735)

Der Feldherr kehrte von Mosul zurück und ging seines Weges, bis er an einer Waldlichtung Rast machte.

Das Feuer seiner Liebe loderte so stark, daß er den Himmel nicht mehr von der Erde unterscheiden konnte.

Er wollte diese mondgleiche Schöne in ihrem Zelt umarmen. Wo waren sein Verstand und seine Furcht vor dem Kalifen?

Wenn die Begierde in diesem Tal die Trommel schlägt, was ist dann dein Verstand? Ein Radieschen und der Sohn eines Radieschens.

Seinen feurigen Augen erschienen in diesem Augenblick hundert Kalife weniger als eine Mücke.

Er zog seine Hose aus und legte sich zwischen die Beine der Frau, dieser Frauenverehrer.

Als sein Glied die richtige Stelle gefunden hatte, entstand im Heer ein großer Tumult und Lärm.

Er ging mit nacktem Hintern aus dem Zelt und hielt einen glänzenden Do'l-Faqar in seiner Hand.

Er sah, daß ein wilder, schwarzer Löwe aus dem Dschungel plötzlich mitten in das Heerlager gesprungen war.

Die Araberpferde waren teuflisch erregt, und jeder Stall und jedes Zelt war in Aufruhr.

Der wilde Löwe war aus seinem Versteck zwanzig Ellen in die Luft gesprungen wie die Wogen des Meeres.

Der Feldherr war mannhaft und unerschrocken; wie ein wütender Löwe rückte er vor, um den Löwen zu treffen.

Er schlug ihn mit seinem Schwert und spaltete ihm den Kopf; sofort eilte er zum Zelt der Schönen zurück.

Als er wieder bei dieser Huri erschien, stand sein Glied noch immer aufrecht.

Obwohl er mit dem Löwen gekämpft hatte, war sein Glied aufrecht stehen geblieben und nicht erschlafft.

Die süße Verehrte mit ihrem Gesicht wie der Mond konnte nicht aufhören, über seine Männlichkeit zu staunen.

Dann paarten sie sich mit großer Lust, und die beiden Seelen vereinten ihr Gefühl. [...]

Auch der törichte Kalif war eine Zeit lang mächtig in das Mädchen vernarrt. [...]

Der Kalif wollte mit ihr schlafen und ging zu der Frau, um sich mit ihr zu paaren.

Als er an sie dachte, wurde sein Glied steif; er versuchte, mit der Schönen zu verkehren.

Als er zwischen den Beinen der Frau lag, kam das Schicksal und versperrte ihm den Weg zur Wonne.

Er hörte eine Maus rascheln; sein Glied erschlaffte, und ihm verging vollständig die Lust.

Die Vorstellung, daß das Rascheln von einer Schlange kommt, ließ ihn schnell von der Matte aufspringen.

Die Frau sah seine Schlaffheit. Überrascht fing sie an, laut zu lachen; sie konnte nicht mehr aufhören zu lachen.
Sie mußte an den Recken denken, der den Löwen getötet hatte und dessen Glied dabei steif geblieben war.

(Mathnawi, Buch 5, Vers 3875–3891; 3925; 3941–3947)

Danach, vor der Hochzeitsnacht, färbte der Edelmann einen jungen Mann kunstvoll mit Henna wie eine Frau.
Er schmückte seine Unterarme wie bei einer Braut. Dann zeigte er Faradsch eine Henne, gab ihm aber einen Hahn,
Denn er hatte dem stämmigen Jüngling den Schleier und das Gewand einer schönen Braut angezogen.
Als das Paar im Brautgemach alleine war, löschte er die Kerze, und der Hindu blieb mit dem frechen Jüngling zurück.
Der kleine Hindu fing an zu schreien und zu seufzen, aber wegen der Trommeln hörte ihn draußen niemand.
Die Trommelschläge, der Applaus und der Lärm der Gäste überdeckten sein Geschrei.
Bis zum Morgen mißbrauchte der Jüngling den kleinen Hindu. Was ist ein Sack Mehl vor einem Hund?
Am nächsten Morgen brachten sie das Waschbecken und einen großen Wäschebeutel, und gemäß dem Hochzeitsbrauch ging Faradsch ins Bad.
Er ging ins Bad, in der Seele schmerzlich bekümmert, den Hintern zerrissen wie die Kleidung der Heizer.
Vom Bad kehrte er zum Brautgemach zurück. Er war zum Gespött aller geworden; neben ihm saß die Tochter des Edelmanns im Brautkleid.
Auch ihre Mutter saß da, um aufzupassen, daß er tagsüber keinen Annäherungsversuch macht.
Er beäugte sie eine Zeit lang empört, dann streckte er seine Hände mit allen Fingern gespreizt aus.
»Möge niemand«, rief er aus, »mit einer so widerlichen, böswilligen Braut wie du leben.

Tagsüber hast du das Gesicht einer frischen jungen Dame; in der Nacht ist dein Penis widerlicher als der eines Esels.«

Ebenso sind alle Freuden dieser Welt aus der Ferne und vor der tatsächlichen Prüfung sehr anziehend.

Aus der Ferne gesehen erscheinen sie wie Wasser, doch wenn du dich ihnen näherst, sind sie eine Fata Morgana.

Die Welt ist eine stinkende alte Hexe, auch wenn sie sich mit vielen Schmeicheleien als junge Braut zeigt.

Höre! Laß dich nicht von ihrem rosigen Gesicht täuschen, koste nicht ihr Getränk, das mit Gift vermischt ist!

Sei geduldig, denn Geduld ist der Schlüssel zur Freude, sonst fällst du wie Faradsch in hundert Fallen.

Der Köder der Welt ist sichtbar, ihre Falle ist verborgen; am Anfang erscheint dir ihre Gunst süß.

(Mathnawi, Buch 6, Vers 302–321)

Da war eine altersschwache, neunzig Jahre alte Frau. Ihr Gesicht runzelte safrangelb vor sich hin.

Es faltete sich zusammen wie ein viel zu großes Tischtuch; doch der heiße Wunsch nach einem Ehegemahl war ihr nicht erloschen.

Ihre Zähne – ausgefallen. Ihr Haar – weiß wie Milch. Ihre Gestalt – verkrümmt. Jeder ihrer Sinne – verbraucht.

Aber ihre Gier nach einem Mann, ihre Leidenschaft und Lust loderten heftiglich.

Der Drang auf Beute war noch da, obwohl die Schnappfalle in Fetzen hing.

Als Hahn krähte sie zur falschen Zeit los. Als Straße führte sie nirgendwohin. Als Riesenfeuer prasselte sie unter zerlöchertem, leerem Kessel.

Wie jemand, der Pferderennen liebt, kein Pferd hat und überhaupt nicht reiten kann; oder der Musik liebt, aber weder Lippe noch Flöte hat.

Sogar die Juden sind im Alter nicht so lüstern! Oh, wie unglücklich ist jemand, dem Gott diesen Trieb gab!

Dem Hund fallen die Zähne aus, wenn er alt wird. Er greift die Leute nicht mehr an und frißt nur noch Mist.

Doch schau dir die sechzigjährigen Hunde an! Ihre Fangzähne werden ständig schärfer.

Einem alten Hund fallen die Haare aus dem Pelz; doch sieh die alten, in Seide gekleideten menschenförmigen Köter!

Sieh, wie ihre Drangsal nach Beischlaf und Goldrausch wie bei Welpen und Greisen stetig wächst!

Ein solches Leben – das Rüstzeug der Hölle – der Schlachtplatz für die Metzger des Göttlichen Zorns!

Wenn die Leute zu so einem sagen: »Mögest du lange leben!«, reißt er entzückt ein lachendes Maul auf.

Er hält solch einen Fluch für einen Segen. Er öffnet sein inneres Auge nie – er erhebt keinmal seinen Kahlkopf aus schnarchendem Traumschlaf.

Hätt' er nur eine Haarspitze des zukünftigen Zustands geschaut, er würd' antworten: »Möge dein Leben ebenso sein!«

(Mathnawi, Buch 6, Vers 1222–1236)

Weil diese wie der Herbst verwitterte Frau heiraten wollte, zupfte sich diese Lüsterne die Haare ihrer Augenbrauen aus.

Die alte Frau hielt sich den Spiegel vors Gesicht, um ihre Wangen und ihren Mund zu verschönern.

Sie rieb sich mehrmals mit Rouge ein, doch ihr zerknittertes Tischtuch von Gesicht wurde dadurch nicht überdeckt.

Deshalb riß diese schmutzige Hexe Teile des Heiligen Buches aus und klebte sie auf ihr Gesicht,

Um die Falten in ihrem Gesicht zu verbergen und zum Siegel im Kreis der Schönen zu werden.

Über das ganze Gesicht verteilte sie diese Schnipsel des Buches, doch wenn sie den Tschador anlegte, fielen sie wieder ab.

Dann klebte sie die Schnipsel wieder mit Speichel auf alle Seiten ihres Gesichts.

Und wieder wollte diese Schöne ihren Schleier anlegen; und wie-

der fielen die Schnipsel des Buches von ihrem Gesicht herunter.
Da sie immer wieder abfielen, obwohl sie manchen Kniff versuchte, rief sie schließlich: »Eblis sei hundertmal verflucht!«
Da nahm Eblis auf der Stelle Gestalt an und sagte: »O du dumme, vertrocknete Hure,
In meinem ganzen Leben habe ich nicht an so etwas gedacht. So etwas habe ich noch bei keiner Hure außer bei dir gesehen.
Du hast einen einmaligen Samen in das Feld der Niedertracht gesät; du hast keinen einzigen Koran ausgelassen.
Du bist hundert Teufel, Troß um Troß. Laß mich in Ruhe, o du schreckliche Hexe!«
Wie lange willst du noch Teile des Koran stehlen, damit dein Gesicht farbig wie ein Apfel ist?
Wie lange willst du noch die Worte der Gottesmänner stehlen, damit du sie verkaufen kannst und man dir applaudiert?
Die Schminke hat dich nicht rosig gemacht; der angebundene Zweig hat nie als Früchte tragender Ast gedient.
Wenn schließlich der Vorhang des Todes über dich gelegt wird, fallen alle Teile des Buches von deinem Gesicht ab.

(Mathnawi, Buch 6, Vers 1268–1284)

Würdest du das Lamm dem Wolf anvertrauen? Verlange vom Wolf und von Joseph nicht, gemeinsam zu reisen.
Wenn der Wolf sich dir gegenüber wie ein Fuchs verhält, hüte dich und glaube ihm nicht, denn von ihm kommt nichts Gutes.
Wenn ein Unwissender Zuneigung zu dir zeigt, wird er dir am Ende doch wegen seiner Unwissenheit Schläge versetzen.
Er hat zweierlei Zeugezeug und ist ein Zwitter; beider Wirkung wird ohne Zweifel sichtbar.
Vor den Frauen versteckt er sein Schamglied, um sich als ihre Schwester darzustellen.
Vor den Männern versteckt er mit der Handfläche seine Vulva, um sich als zum männlichen Geschlecht zugehörig darzustellen.

Über so jemanden hat Gott gesagt: »Auf die Schnauze wollen wir ihm ein Zeichen setzen,

Damit die, welche Uns sehen, von den Tricks dieses Gauklers nicht in den Sack gesteckt werden.«

Das Wesentliche dabei ist, daß ein Glied noch keine Männlichkeit macht. Hüte dich vor dem unwissenden Mann, wenn du weise bist.

(Mathnawi, Buch 6, Vers 1422–1430)

Er wurde betrunken und fröhlich und lachte wie ein Garten. Er wurde vertraulich und begann, Possen, Schnurren und Witze zu erzählen.

Ausgelassen und lustig schnipste er mit den Fingern. Er ging zum Abtritt, um zu pissen.

Dort stieß er auf ein mondgleiches junges Mädchen – entzückend, eine Dienerin des Königs.

Als er sie erblickte, blieb ihm der Mund offen stehen. Seine Vernunft floh, und sein Leib war bereit zur Gewalt.

Er lebte als Junggeselle und war trunken vor Begierde. Sofort packte er das junge Mädchen.

Sie wehrte sich und schrie und konnte ihm nicht widerstehen – ihre Anstrengungen waren vergebens.

In den Händen eines erregten Mannes ist die Frau wie Teig in der Hand eines Bäckers.

Er knetet ihn bald sanft, bald heftig und bringt ihn unter seinen Fäusten zum Zittern.

Bald zieht er ihn auf einem Brett flach auseinander, bald rollt er ihn zusammen.

Bald gießt er Wasser über ihn und bald Salz; er macht den Ofen und das Feuer zum Prüfstein für ihn.

So sind Gesuchter und Sucher miteinander verbunden: Eroberte und Eroberer sind an diesem Spiel beteiligt.

Dieses Spiel findet nicht nur zwischen Mann und Frau statt; das ist die Praxis von allem, was liebt und geliebt wird.

Eine Umarmung wie die von Wis und Ramin ist Pflicht zwischen Ewigem und Nicht-Ewigem sowie Substanz und Akzidens.
Doch in jedem Fall hat das Spiel einen anderen Charakter. Die Umarmung dient in jedem Einzelfall einem anderen Zweck.
Zum Beispiel wird über Ehemann und Ehefrau gesagt: »O Ehemann, behandle deine Frau nicht schlecht.
Hat die Brautjungfer in der Hochzeitsnacht nicht ihre Hand als anvertrautes Gut in deine Hand gelegt?«

(Mathnawi, Buch 6, Vers 3940–3955)

Ein Rechtsgelehrter verprügelte einen Jungen. Man fragte ihn: »Warum schlägst du ihn? Was hat er begangen?« Jener erwiderte: »Ihr kennt diesen Hurensohn nicht. Der macht alles zunichte.« Einer fragte: »Aber was tut er denn?« »Er rennt weg, wenn der Samenerguß kommt.«

(Fihi ma fihi)

Eine Riesenstadt, kleiner als eine Untertasse

Rumi als Clown Gottes – komisch, paradox, rätselhaft, verrückt

Mit der Nase wird ein Duft erfaßt, und dieser Duft führt zu einer Wohnstatt.
Wer keinen Duft riecht, hat keine Nase; dieser Duft ist der Duft des Glaubens.
Wenn er einen Duft aufgenommen hat und nicht dafür dankbar ist, verschlingt diese Undankbarkeit seine Nase.

(Mathnawi, Buch 1, Vers 440–442)

Komm herein und sieh Wasser, das Feuer zu sein scheint aus einer Welt, die Feuer ist und wie Wasser erscheint.
Komm herein und sieh die Geheimnisse Abrahams, der Zypresse und Jasmin im Feuer fand.
Als du mich geboren hast, sah ich den Tod; schmerzhaft war meine Angst, von dir entbunden zu werden.
Als ich geboren wurde, floh ich aus dem engen Gefängnis in eine Welt angenehmer Luft und schöner Farbe.
Nun erscheint mir die Welt wie der Mutterleib, denn in diesem Feuer habe ich eine solche Ruhe gesehen;
In diesem Feuer habe ich eine Welt gesehen, in der jedes Atom den Atem Jesu besitzt.
Sieh, diese Welt erscheint nichtexistent, existiert jedoch, die andere dagegen erscheint existent, hat aber keine Dauer.

(Mathnawi, Buch 1, Vers 789–795)

Aus dem rechtmäßigen Bissen im Mund wird die Neigung geboren, Gott zu dienen und die Entschlossenheit, ins Jenseits zu gehen.

(Mathnawi, Buch 1, Vers 1658)

Was kümmert sich die Flamme um die große Menge Feuerholz?
Warum sollte der Fleischer aus Furcht vor den vielen Schafen fliehen?

(Mathnawi, Buch 1, Vers 3329)

Sa'id (Zayd) sagte: »Warum, wie könnte die Sonne ewiger Wahrheit in der Achselhöhle Platz finden?
Sie würde gleichzeitig Achselhöhle und Täuschung zerstören; in ihrer Gegenwart bleiben weder Verrücktheit noch Verstand.«

(Mathnawi, Buch 1, Vers 3553 + 3554)

Jemand sagte: »Ich brauche einen Vernünftigen, den ich wegen einer Schwierigkeit um Rat fragen kann.«
Ein anderer sagte zu ihm: »In unserer Stadt gibt es keinen Vernünftigen, außer jenem Mann, der verrückt zu sein scheint.
Schau, da ist Soundso: Auf einem Stock reitet er zwischen den Kindern herum.
Er besitzt Urteilsvermögen und Charakter; er ist würdig wie der Himmel und stabil wie die Sterne.
Sein Glanz leuchtet wie die Seele der Cherubim; er versteckt sich hinter dieser Verrücktheit.«
Doch du darfst nicht jeden Verrückten für eine Seele halten; wirf dich nicht wie Samiri vor einem Kalb nieder.
Wenn ein offensichtlicher Gottesfreund dir hunderttausend unsichtbare Dinge und verborgene Geheimnisse erklärt hat
Und du nicht genug verstehst und weißt, um Mist von Aloe unterscheiden zu können,
Wie willst du dann den Gottesfreund erkennen, o Blinder, wenn er einen Schleier aus Verrücktheit trägt?

(Mathnawi, Buch 2, Vers 2340–2348)

Dieser Daquqi – Gott erbarme sich seiner – sagte: »Ich bin eine lange Zeit zwischen Seinen beiden Horizonten gereist.
Jahre und Monate ging ich aus Liebe zum Mond auf die Reise, des Weges nicht bewußt, verloren in Gott.«
»Warum gehst du barfuß über Dornen und Steine?« Er antwortete: »Ich bin verwirrt und außer mir und kopflos.«
Betrachte nicht die Füße auf der Erde, denn der Liebende läuft mit Sicherheit mit seinem Herzen;
Wie könnte das Herz, das vom Geliebten trunken ist, etwas über die Straße und die Etappe und kurz und lang wissen?
»Lang« und »kurz« sind Eigenschaften des Körpers: Die Reise der Geister ist eine andere Reise.
Du bist vom Samen zur Vernunft gereist; nicht durch einen Schritt oder durch eine Bewegung von einem Ort zum anderen.
Die Reise des Geistes ist unabhängig von Zeit und Raum: Unser Körper hat das Reisen vom Geist gelernt.
Jetzt hat er die körperliche Art des Reisens aufgegeben: Er bewegt sich unabhängig, seine abhängige Form ist nur eine Maske.
Daquqi sagte: »Eines Tages ging ich wie jemand daher, der sich danach sehnt, im Menschen den Strahl des Geliebten zu sehen.
Ich wollte einen Ozean in einem Tropfen Wasser sehen, eine Sonne, in einem Atom eingeschlossen.
Als ich zu Fuß an einen Strand kam, war es spät geworden; es war Abendzeit,
Wie etwas, das wie sieben Kerzen aussah, aus der Richtung des Strandes erschien.
Plötzlich sah ich in der Ferne sieben Kerzen und eilte den Strand entlang auf sie zu.
Das Licht jeder Kerzenflamme stieg prächtig zum Himmel hinauf.
Ich war so erstaunt, daß sogar das Staunen staunte; die Wellen der Verwirrung schlugen über meinem Verstand zusammen.
›Welche Art von Kerzen hat Er da entzündet, daß die Augen Seiner Geschöpfe verdunkelt werden?‹

Die Leute waren eine Lampe suchen gegangen in Gegenwart der Kerze, die den Mond übertraf.

Wundervoll! Sie hatten eine Binde auf ihren Augen; sie waren gefesselt von ›Er leitet recht, wen Er will‹.

Dann sah ich, wie aus den sieben eine wurde, ihr Licht spaltete die Brust des Himmels.

Dann wurden aus der einen Kerze wieder sieben; meine Trunkenheit und meine Verwirrung wuchsen ins Unermeßliche.

Es gab Verbindungen zwischen den Kerzen, die meine Zunge oder meine Rede nicht beschreiben können.

Was ein Blick wahrnimmt, kann die Zunge auch in Jahren nicht ausdrücken.

Was rationales Verständnis in einem Augenblick sieht, hört das Ohr auch in Jahren nicht.

Da dies kein Ende hat, kehre zurück, denn: ›Ich kann kein Lob finden, das Deiner würdig wäre‹.

Ich ging weiter, lief auf die Kerzen zu und fragte mich, welche Zeichen der Göttlichen Majestät sie sein mögen.

Ich ging, außer mir, verblüfft und verwirrt, bis ich vor Eile und Hast hinfiel.

So lag ich besinnungslos eine Zeit lang im Staub der Erde.

Dann kam ich wieder zu Sinnen und stand auf; man könnte sagen, daß ich auf meiner Reise weder Kopf noch Fuß hatte.

Die sieben Kerzen erschienen dem Auge als sieben Männer; ihr Licht stieg zum himmelblauen Gewölbe auf.

Neben diesen Lichtern war das Tageslicht dunkel; ihre Kraft übertraf alle anderen Lichter.

Dann nahm jeder Mann die Gestalt eines Baumes an; mein Auge erfreute sich an ihrem Grün.

Wegen der dichten Blätter waren keine Zweige sichtbar; auch die Blätter verschwanden unter den üppigen Früchten.

Jeder Baum hatte die Zweige bis über den Lotusbaum ausgestreckt. Was heißt schon Lotusbaum? Sie reichten bis jenseits des Nichts.

Die Wurzel jedes Baumes war tief in die Erde eingedrungen; sicher lagen sie tiefer als der Ochse und der Fisch.

Ihre Wurzeln blühten mehr als ihre Zweige; die Vernunft wurde durch die Formen der Bäume auf den Kopf gestellt.

Aus der aufberstenden Frucht spritzten gewaltige Lichtblitze wie Saft heraus.

Noch wundersamer war, daß hunderttausend Leute durch die Wüste und die Ebene daran vorbeigingen,

Und vor Verlangen nach Schatten ihr Leben aufs Spiel setzten, und aus einem wollenen Gewand einen Sonnenschirm machten,

Und sie sahen den Schatten dieser Bäume überhaupt nicht. Hundertmal pfui auf die entstellte Sicht!

Der Zorn Gottes hatte ihre Augen versiegelt, sodaß sie den Mond nicht sahen, sie sahen nur Suha.

Er sieht ein Atom, nicht die Sonne; und doch verzweifelt er nicht an der Gnade und Güte Gottes.

Die Karawanen haben keine Nahrung, und die Früchte fallen reif herunter: O Gott, was ist das für eine Magie?

Mit ausgetrockneter Kehle sammelten die gemeinsam plündernden Leute die verfaulten Äpfel auf,

Während jedes Blatt und jede Knospe dieser Zweige dauernd sagten: ›O daß mein Volk es wüßte.‹

Von jedem Baum kam der Ruf: ›Kommt zu uns, o ihr unglücklichen Leute.‹

Von der göttlichen Eifersucht kam der Ruf zu den Bäumen: ›Wir haben ihre Augen verbunden; keineswegs, es gibt kein Asyl.‹

Wenn jemand zu ihnen gesagt hätte: ›Geht in diese Richtung und sucht euer Glück bei diesen Bäumen‹,

Hätten sie alle gesagt: ›Gottes Vorsehung hat diesen betrunkenen Elenden verrückt gemacht;

Durch lange Melancholie und Enthaltsamkeit ist das Gehirn dieses armen Elenden verfault wie eine Zwiebel.‹

Er hätte sich gewundert und gesagt: ›O Herr, was ist los? Was ist das für ein Schleier und für eine Irreführung der Menschen?‹

Alle möglichen Menschen bewegen trotz ihres Verständnisses und Unterscheidungsvermögens keinen Fuß in diese Richtung.

Die Vernünftigen und Scharfsinnigen unter ihnen haben alle den Glauben an so einen Garten verloren und sind aufsässig geworden.

Oder bin ich wahnsinnig und verrückt geworden? Hat der Teufel mir etwas in den Kopf gesetzt?

In meiner Vorstellung reibe ich mir die Augen und frage mich, ob ich träume und ein Gespenst in der Welt der Zeit sehe.

Wie kann es ein Traum sein? Ich steige auf die Bäume, ich esse ihre Früchte: Wie könnte ich das nicht glauben?

Wenn ich die Ungläubigen wieder sehe, die sich von diesem Obstgarten abwenden,

Und die ihr Leben in äußerster Bedürftigkeit und Not ihrem Wunsch nach einer halben unreifen Traube hingeben;

Wenn ich diese elenden Leute sehe, die in ihrer Sehnsucht und Gier nach einem einzigen Blatt jämmerlich klagen;

Diese hunderttausendmal tausend Leute, die vor diesem Baum und diesen Früchten fliehen –

Dann sage ich wieder: ›Wundervoll! Bin ich außer mir? Habe ich einen imaginären Zweig ergriffen?‹«

Wiederhole: »Erst wenn die Gesandten verzweifelten und glaubten, daß sie belogen wurden.«

Die Seelen der Propheten verloren das Vertrauen, weil sie den Unglauben der Elenden sahen;

Doch Unsere Hilfe kam nach dem Zweifel zu ihnen. Verlasse die Niederträchtigen und klettere auf den Baum des Geistes.

Iß und gib jedem etwas, der einen Anteil daran hat; jeden Augenblick gibt es Lektionen in Magie.

»Die Leute sagen: ›Oh, wie wundervoll! Was ist das für ein Ruf? Denn in der Wildnis gibt es keine Bäume und Früchte.

Die Worte dieser Verrückten haben uns vorgegaukelt, daß es neben uns Gärten und gedeckte Tische gibt.

Wir reiben uns die Augen, es ist kein Garten da; es ist entweder eine Wüste oder eine holprige Straße.

Oh, wie wundervoll! Diese Geschichte ist so lang; wie könnte sie vergebens sein? Und wenn das wirklich existiert, dann wo?‹
Ich sage wie sie: ›Oh, wie wundervoll! Warum hat das Werk des Herrn ihre Augen so versiegelt?‹«

(Mathnawi, Buch 3, Vers 1974–2043)

Es war einmal eine riesengroße Stadt, doch sie war nicht größer als eine Untertasse.
Sie war sehr groß und sehr breit und sehr lang; so groß – so groß wie eine Zwiebel.
Die Bewohner von zehn Städten waren darin versammelt, doch zusammen waren es nur drei Kerle mit ungewaschenem Gesicht.
Zahllose Leute lebten in ihr, doch zusammen waren es nur drei bettelnde Dummköpfe.
Die Seelen, die nicht zum Geliebten eilen, sind – selbst wenn es Tausende sind – doch nur ein halber Körper.
Einer von den Dreien war sehr weitsichtig und blind; er war blind für Salomo, sah aber das Bein einer Ameise;
Und der Zweite hörte sehr gut und war äußerst taub; ein Schatz, in dem es nicht einmal Gold vom Gewicht eines Gerstenkorns gibt.
Und der andere war nackt und entblößt, dünn und zittrig, doch die Röcke seines Gewandes waren lang.
Der Blinde sagte: »Schau, eine Armee nähert sich; ich sehe, was für Leute es sind und wie viele.«
Der Taube sagte: »Ja; ich habe ihre Stimmen gehört und was sie offen und insgeheim sagen.«
Der Nackte sagte: »Ich habe Angst, daß sie mir etwas von meinem langen Rock abschneiden.«
Der Blinde sagte: »Schau, sie kommen näher! Erhebt euch und laßt uns vor ihren Schlägen und Ketten fliehen.«
»Ja«, sagte der Taube, »der Lärm kommt näher. Kommt schon, meine Freunde!«
Der Nackte sagte: »Ach, in ihrer Gier werden sie mir den Rock abschneiden, und ich bin ungeschützt.«

Sie verließen die Stadt und kamen auf ihrer Flucht in ein Dorf.

In diesem Dorf fanden sie einen fetten Hahn, an dem kein bißchen Fleisch war; es war schrecklich;

Einen ausgetrockneten toten Hahn, dessen Knochen von den Krähen fasernackt gepickt worden waren.

Sie aßen davon wie ein Löwe von seiner Beute; jeder wurde von dem Essen satt wie ein Elefant.

Alle drei aßen davon und wurden äußerst fett; sie wurden wie drei sehr große Elefanten,

Sodaß jeder einzelne junge Mann wegen seiner Fettheit zu korpulent war, um in der Welt Platz zu finden.

Trotz dieser Größe und sieben korpulenten Gliedern sprangen sie durch einen Spalt in der Türe und verschwanden.

(Mathnawi, Buch 3, Vers 2604–2624)

Der Sprecher sagte: »Es gibt keinen Derwisch auf der Welt, und wenn es einen Derwisch gäbe, gäbe es diesen Derwisch nicht.«

(Mathnawi, Buch 3, Vers 3669)

Jemand wurde bewußtlos und brach zusammen, sobald er den Markt der Parfümhändler betrat.

Der Geruch des Parfüms der Parfümhändler traf ihn, sodaß ihm schwindlig wurde – er fiel auf der Stelle um.

Bewußlos lag er um die Mittagszeit wie ein Leichnam mitten auf der Durchgangsstraße.

Daraufhin versammelten sich die Leute um ihn; alle riefen »Allmächtiger Gott« und wandten Heilmittel an.

Einer legte ihm die Hand aufs Herz; ein anderer besprengte ihn mit Rosenwasser.

Er wußte nicht, daß es dem Färber so elend ging, weil er Rosenwasser auf dem Markt gerochen hatte.

Einer massierte seine Hände und seinen Kopf, und ein anderer brachte mit Stroh vermischten Lehm.

Einer mischte eine Beräucherung aus Aloe und Zucker zusammen, und ein anderer zog ihm einen Teil seiner Kleidung aus.

Ein weiterer fühlte seinen Puls, um zu sehen, wie er schlägt; und ein weiterer roch an seinem Mund,

Um festzustellen, ob er Wein getrunken oder Bong geraucht oder Haschisch eingenommen habe; die Leute verzweifelten an seiner Reaktionslosigkeit.

Deshalb überbrachten sie die Nachricht schnell seinen Verwandten: »Soundso liegt zusammengebrochen da.

Keiner weiß, ob er fallsüchtig geworden ist, oder was dazu geführt hat, daß er nicht mehr bei sich ist.«

Der korpulente Färber hatte einen listigen und gescheiten Bruder, der sofort zu ihm eilte.

Mit einem bißchen Hundekot im Ärmel bahnte er sich den Weg durch die Menge und näherte sich dem Ohnmächtigen mit besorgten Rufen.

»Ich weiß«, sagte er, »woher seine Krankheit kommt; wenn man die Ursache kennt, ist das Heilmittel klar.

Wenn die Ursache unbekannt ist, ist das Heilmittel schwer zu finden; in diesem Fall gibt es hundert verschiedene Hinweise.

Wenn man den Fall aber geklärt hat, wird es leicht: Mit Wissen über die Ursachen kann man die Unwissenheit vertreiben.«

Zu sich selbst sagte er: »Der Geruch dieses Hundekots wird in seinem Gehirn und seinen Adern vervielfacht.

Bis zur Hüfte im Schmutz steckend, geht er bis spät abends dem Handwerk des Färbers nach, um seinen Unterhalt zu verdienen.

Deshalb hat der große Galen gesagt: ›Gib dem Patienten das, an was er gewöhnt ist,

Denn seine Krankheit entsteht aus Verhalten wider die Gewohnheit; suche also das Heilmittel für seine Krankheit in seinen Gewohnheiten.‹

Der Färber ist vom Mist Tragen wie ein Mistkäfer geworden; der Mistkäfer wird von Rosenwasser ohnmächtig.

Das Heilmittel für ihn besteht in eben dem Hundekot, an den er gewöhnt ist.«

(Mathnawi, Buch 4, Vers 257–279)

Wenn die Kerze im Augenblick der Erleuchtung ruft, schrumpft die Seele des Falters nicht vor der Glut.
Begrabe diese verdrehte Rede; laß den Löwen zur Beute des Wildesels werden.
Schließe deiner Worte schwitzende Wasserhaut, öffne nicht den Sack deiner sinnlosen Rede.
Nach Auffassung eines Hörers, dessen Glieder sich nicht über die Erde erhoben haben, ist das absurdes und sinnloses Gerede.

(Mathnawi, Buch 4, Vers 3808–3811)

Das Hinschmelzen der Liebenden ist Wachstum: Wie der Mond bekommt der Liebende ein neues Gesicht, während er dahinschmilzt.
Alle Kranken hoffen auf Genesung; einzig dieser Kranke seufzt und brüllt: »Mach mich noch kränker!
Denn ich fand kein süßeres Getränk als dieses Gift. Kein Kerngesund kann besser munden als die schlimme Seuche.
Kein Stoßgebet verzückt so schön wie diese Sünde. Und neben diesem Augenblick sind Jahre bloß Minuten.«

(Mathnawi, Buch 6, Vers 4597–4600)

Die zweiundsiebzig abgespaltenen Sekten, die bin allesamt ich!

Rumi als Abweichler, als Original, als versöhnlicher Ketzer

Auf dem Pfad des Dranges sind Narr und Schlaukopf eins.
Im Liebesspiel sind Onkel und Fremdling eins.
Schenk mir den Wein des Einsseins ein,
Dann sind mir Ka'aba und Götzentempel eins.

(Vierzeiler Nr. 306)

Wenn das Bild unseres Geliebten im Götzentempel steht, so ist es völliger Irrtum, um die Ka'aba zu kreisen; wenn die Ka'aba Seinen Wohlgeruch entbehrt, so ist sie eine Synagoge. Und wenn wir in der Synagoge den Duft der Vereinigung mit Ihm fühlen, so ist sie unsere Ka'aba.

(Fihi ma fihi)

Üb immer Treu' und Redlichkeit!

Rumi als Didakt, Platitüdenspender, Moralapostel und Langweiler

Amen, o Herr aller Geschöpfe! Und das ist ein Gebet, das nicht zurückgewiesen wird, denn es ist ein Gebet, das alle Arten der Schöpfung umfaßt. Ehre sei Gott, dem Herrn aller Geschöpfe, und möge Gott das Beste seiner Geschöpfe, Mohammed, und seine Familie, die Edlen und Reinen, segnen!

(Aus Rumis Vorwort zum Mathnawi)

Der Heuchler schließt sich dem Aufrichtigen im Gebet an, um mit ihm zu wetteifern, nicht aus Demut.

In Gebet, Fasten, Pilgerreise und Almosengeben geht es zwischen dem wahren Gläubigen und dem Heuchler um Sieg und Niederlage.

Der Sieg gehört am Ende dem wahren Gläubigen; den Heuchler erwartet im Jenseits die Niederlage.

(Mathnawi, Buch 1, Vers 285–287)

Wenn du krank wirst, betest du zu Gott um Verzeihung für deine Missetaten.

Die Verkommenheit deiner Sünden wird dir gezeigt, du beschließt, auf den rechten Weg zurückzukehren.

Du versprichst und gelobst, in Zukunft nur noch den Weg des Gehorsams zu gehen:

Daraus wird klar, daß die Krankheit dir Bewußtsein und Wachheit bringt.

Beachte also dieses Prinzip, der du das Prinzip suchst; wer Leid verspürt, hat einen Hauch davon erhalten.

Je wacher jemand ist, desto leidender ist er; je mehr er Gottes gewahr ist, desto bleicher ist sein Angesicht.

(Mathnawi, Buch 1, Vers 624–629)

Wenn du etwas über diesen zweiten Aufstand wissen willst, dann lies die Sure des Koran »Bei dem Himmel mit den Burgen«.

(Mathnawi, Buch 1, Vers 741)

Wenn du Schmerz verspürst, bitte Gott um Vergebung: Schmerz wird auf Geheiß des Herrn wirksam.

(Mathnawi, Buch 1, Vers 836)

Wenn Gott dich mit häßlichen Zügen geschaffen hat, achte darauf, daß du nicht häßlich im Ansehen und häßlich im Wesen wirst;

Und wenn deine Schuhe zerrissen sind, gehe nicht auf steinigem Grund; und wenn du zwei Hörner hast, werde nicht zu einem Vierhorn.

(Mathnawi, Buch 2, Vers 803–804)

Der leuchtende Stern wurde ein Wächter und vertrieb die Teufel mit den Worten: »Hört auf zu stehlen und empfangt von Ahmad das Geheimnis.«

O der du von früh an auf deine Geschäfte siehst, geh in die Moschee und suche den von Gott zugeteilten Anteil.

(Mathnawi, Buch 3, Vers 4534 + 4535)

Kopflose Körper und körperlose Köpfe

Rumi brutal, von mittelalterlicher Grausamkeit

Wenn jemand, der geistliches Leben gibt, tötet, ist dies erlaubt; er ist Gottes Stellvertreter und seine Hand ist Gottes Hand.
Lege wie Isma'ilb deinen Kopf vor ihm nieder; gib dein Leben froh und lachend seinem Dolch hin,
Damit deine Seele bis in alle Ewigkeit lacht, wie die reine Seele Ahmads bei dem Einen.
Die Liebenden trinken den Becher der Freude in dem Moment aus, in dem sie von ihren Geliebten selbst getötet werden.
Der König vergoß dieses Blut nicht aus Begierde; höre auf, schlecht zu denken und zu diskutieren.
Du dachtest, er hat ein übles Verbrechen begangen, doch wie kann die Läuterung des Reinen eine Legierung zurücklassen?
Der Zweck dieser Übung, dieser harten Behandlung, besteht in der Trennung der Schlacke vom Silber im Schmelzofen.
Gut und Schlecht werden geprüft, damit das Gold kocht und der Schaum nach oben steigt.
Wäre seine Tat nicht von Gott eingegeben gewesen, wäre er nur ein jagender Hund, kein König.
Er war frei von Lust, Begierde und Leidenschaft; was er tat, war gut; aber Gutes, das wie Böses aussah.

(Mathnawi, Buch 1, Vers 226–235)

Die Tat des Königs ist eine rote Rose; nenne sie nicht Blut. Er ist von Vernunft berauscht; nenne ihn nicht einen Verrückten!
Hätte er denn gewünscht, das Blut eines Muslimen zu vergießen, wäre ich ein Ungläubiger, erwähnte ich seinen Namen.
»Die höchsten Himmel erzittern beim Lob des Bösen«, und dieses Lob bringt den Frommen auf schlechte Gedanken.

Er war ein König, ein weiser König; er war auserwählt, ein Auserwählter Gottes.
Wer von so einem König getötet wird, wird von ihm zur Seligkeit, zum höchsten Rang geführt.
Hätte er keinen Nutzen darin gesehen, ihm Gewalt anzutun, warum hätte dieser absolut Gütige zu Gewalt greifen sollen?
Das Kind zittert vor dem Skalpell des Barbiers, doch die Mutter freut sich über diesen Schmerz.
Er nimmt ein halbes Leben und gibt hundert dafür; er gibt, was du dir nicht vorstellen kannst.
Du beurteilst nach deinen Kriterien, doch du bist weit, weit von der Wahrheit entfernt. Denke gut darüber nach!

(Mathnawi, Buch 1, Vers 238–246)

Der König wurde so aus jüdischer Boshaftigkeit doppeltsehend – O Herr, verschone uns vor solcher Heimsuchung!
Er tötete hunderttausend unschuldige Gläubige und sprach: »Ich bin der Schutz und Hort der Religion Moses'.«

(Mathnawi, Buch 1, Vers 336 + 337)

»O König«, sagte er, »schneide mir Ohren und Hände ab, durchbohre mir die Nase durch grausames Dekret.
Dann führe mich zum Galgen und laß jemanden für mich Fürsprache halten. Tu dies auf dem öffentlichen Platz, auf einer Straßenkreuzung.
Verbanne mich dann in ein entferntes Land, damit ich Unheil und Verwirrung unter ihnen stiften kann.

(Mathnawi, Buch 1, Vers 344–346)

Auch er zog eine Schriftrolle unter seinem Arm hervor, sodaß in beiden Amiren der jüdische Zorn aufstieg.
Dann traten auch die anderen nacheinander hervor, mit gezückten Schwertern.

Jeder hatte ein Schwert und eine Schriftrolle in der Hand, und sie fielen wie wütende Elefanten übereinander her.

Hunderttausend Christen wurden erschlagen, es gab Berge von abgetrennten Köpfen.

Blut floß links und rechts wie ein Strom; Berge von Staub erhoben sich in den Himmel.

Die Saat der Zwietracht, die der Wesir gesät hatte, hatte in ihren Köpfen Schaden angerichtet.

Die Walnüsse waren zerbrochen, und die mit einem Kern hatten nach dem Tod einen reinen und schönen Geist.

Mord und Tod, welche die körperliche Gestalt befallen, sind wie das Zerbrechen von Granatäpfeln und Äpfeln.

Was süß ist, wird zu Granatapfelsirup, was verrottet ist, ist nur ein Geräusch.

Was wirklich ist, wird offenbart, was verrottet ist, ist eine Schande.

Geh und strebe nach der Wirklichkeit, du Formanbeter, denn Wirklichkeit ist der Flügel am Körper der Form.

Verbünde dich mit den Verehrern der Wirklichkeit, damit du sowohl das Geschenk erhältst als auch großzügig wirst.

Ohne Zweifel ist der Geist, der von der Wirklichkeit entfernt ist, in diesem Körper wie ein hölzernes Schwert in der Scheide.

Solange es in der Scheide bleibt, erscheint es wertvoll, doch herausgezogen ist es nur ein Gerät zum Verbrennen.

Nimm kein hölzernes Schwert mit in die Schlacht! Prüfe es zuerst, damit du nicht in eine hoffnungslose Lage gerätst.

Wenn es aus Holz ist, dann geh und suche ein anderes; und wenn es aus Stahl ist, marschiere getrost los.

(Mathnawi, Buch 1, Vers 700–715)

Jener Jude brachte eine Frau mit ihrem Kind zu dem Götzen, und das Feuer loderte.

Er nahm ihr das Kind weg und warf es ins Feuer; die Frau war entsetzt und entsagte ihrem Glauben.

Sie wollte sich schon vor dem Götzen niederknien, als das Kind rief: »Wahrlich, ich bin nicht tot.

Komm, o Mutter; ich bin glücklich hier, auch wenn ich scheinbar mitten im Feuer stecke.

Das Feuer ist ein Zauber, der das Auge für die Wahrheit blind macht; in Wirklichkeit aber eine sichtbar gewordene Göttliche Gnade.

Komm herein, Mutter, und sieh den Beweis Gottes, damit du die Wonne Seiner Auserwählten betrachten kannst!«

(Mathnawi, Buch 1, Vers 783–788)

Oh, glücklich ist das Auge, das um Seinetwillen weint! Oh, glücklich das Herz, das um Seinetwillen geröstet wird!

(Mathnawi, Buch 1, Vers 818)

Wahrlich, was für ein Hund muß der Wolf sein, daß er sich in Anwesenheit eines unvergleichlichen Löwen selbst beachtet!«

Dann sagte er: »Komm her, o du selbstsüchtiger Esel!« Er näherte sich ihm, packte ihn mit den Klauen und tötete ihn.

Da er in ihm kein vernünftiges, rechtgläubiges Gehirn sah, zog er ihm zur Strafe die Haut vom Kopf ab.

Er sagte: »Weil mein Anblick dich nicht entrückt hat, muß diese Seele elend sterben.

Da du in meiner Gegenwart nicht entworden bist, war es ein Akt der Gnade, dir das Genick zu brechen.«

»Alle Dinge vergehen außer Seinem Angesicht«: Solange du nicht in Seiner Gegenwart bist, strebe nicht nach Existenz.

Wenn jemand in meiner Gegenwart entworden ist, ist »alles vergeht« nicht auf ihn anwendbar.

Denn er ist auf der Stufe von »außer«, er hat die Verneinung überwunden; wer aber auf der Stufe von »außer« bleibt, entwird nicht.

Wer an dieser Tür »ich« und »wir« sagt, wird von der Tür abgewiesen und bleibt in der Verneinung.

(Mathnawi, Buch 1, Vers 3047–3055)

Der geschickte Gärtner reißt das Unkraut aus dem Garten aus, damit sein Garten und sein Obst blühend aussehen.
Der Arzt zieht schlechte Zähne, damit dem Patienten Schmerz und Krankheit erspart bleiben.
Viele Vorteile liegen in Mängeln; für Märtyrer liegt im Tod Leben.
Wenn die Kehle des Märtyrers, die das tägliche Brot geschluckt hat, durchtrennt wird, wird ihm, daß keine Furcht über sie kommen wird, köstlich.
Wenn die Kehle eines Tieres nach dem Gesetz durchschnitten wurde, wächst die Kehle des Menschen, und er wird vorzüglicher.
Wenn einem Märtyrer die Kehle durchgeschnitten wird, komm, bedenke das Ergebnis! Beurteile dies durch Vergleich zu jenem.
Eine dritte Kehle wird geboren werden, und das Getränk Gottes und Seiner Lichter sorgt für sie.
Die durchschnittene Kehle trinkt dieses Getränk, jedoch nur die Kehle, die von »Nein« erlöst und in »Ja« gestorben ist.
Mache ein Ende, o verachtenswerter Kleinmütiger! Wie lange wird sich deine Seele von Brot ernähren?

(Mathnawi, Buch 1, Vers 3869–3877)

Schande über diesen deinen Verstand und deine Wahl! Es wäre angemessen, eine Quelle der Dummheit wie dich zu töten!

(Mathnawi, Buch 2, Vers 254)

Wehe dem, der den Schleier berührt! Das Göttliche Schwert trennt ihm die Hand ab.
Warum nur die Hand? Das Schwert schlägt sogar den Kopf ab, den Kopf, der aus Unwissen den Kopf verliert.

(Mathnawi, Buch 4, Vers 508 + 509)

Wer sich ohne den Kopf bewegt, ist nur Schwanz, und seine Bewegung gleicht der eines Skorpions.

Er geht schief, nachtblind und häßlich und giftig daher; sein Geschäft ist die Verletzung der reinen Körper.
Schlage dem, dessen innerster Geist, dessen Natur und Veranlagung so beschaffen ist, den Kopf ab.
Tatsächlich ist es gut für ihn, den Kopf abgeschlagen zu bekommen, damit sein bißchen Seele vom unglücklichen Körper erlöst wird.
Nimm dem Verrückten die Waffen aus der Hand, damit die Gerechtigkeit und die Güte mit dir zufrieden sein können.
Feßle seine Hand, weil er Waffen, aber kein Verständnis hat, sonst wird er dir hundert Wunden zufügen.

(Mathnawi, Buch 4, Vers 1430–1435)

Rumis Moses sagt von sich: Wenn ich unabsichtlich einen Nichtsnutz getötet habe, dann hab' ich ihn weder aus Selbstsucht noch aus Spaß getötet.
Ich habe ihn mit meiner Faust geschlagen, und er fiel plötzlich um; einer, der wirklich keine Seele hatte, hat seinen Geist aufgegeben.

(Mathnawi, Buch 4, Vers 233 + 2331)

Wer solche fiesen Phantasien wälzt, der schleudert hunderttausend Freunde auseinander.

(Mathnawi, Buch 5, Vers 2644)

Der Amir wurde zornig und sprang auf. »Zeige mir«, rief er, »wo das Haus des Asketen steht,
Damit ich seinen Kopf mit dieser schweren Keule zerschmettern kann, seinen unwissenden Kopf eines Hurensohnes.
Was weiß er schon darüber, wie man andere zu guten Taten anspornt? Er strebt nach Ruhm und Ehre,
Um sich mit dieser Heuchelei einen Rang zu verschaffen und sich bei den Leuten bekannt zu machen.

In Wirklichkeit hat er nämlich nur die Begabung, vor diesem und jenem den Heuchler zu spielen.

Wenn er verrückt ist und Streit sucht, so ist das Heilmittel für so einen Verrückten ein Schlag mit dem Ochsenschwanz.«

(Mathnawi, Buch 5, Vers 3495–3500)

Wie willst du dann inmitten des Angriffs wilder Helden, deren Schwerter mit dem Kopf des Feindes Ball spielen,

Im Blut schwimmen, wenn du nicht mit der Kriegskunst der Männer vertraut bist?

Das Geräusch des Durchtrennens der Hälse übertönt das Geräusch der Wäscher.

Dort gibt es manchen kopflosen Körper, der immer noch zittert, und manch körperlosen Kopf, der wie ein Ball im Blut schwimmt.

Im Krieg werden Hunderte von Kriegern unter den Hufen der Pferde im Tod ertränkt.

(Mathnawi, Buch 5, Vers 3770–3774)

Ich bin wie ein Kamel: Ich trage meine Last, solange ich kann, doch wenn ich erschöpft hinfalle, bin ich froh, wenn ich getötet werde.

Wenn da hundert Gruben voller abgeschlagener Köpfe sind, so ist das ein Scherz im Vergleich zu meinem Schmerz.

Niemals mehr werde ich vor Furcht und Angst die Trommel der Begierde im Verborgenen schlagen.

Jetzt pflanze ich mein Banner auf dem offenen Land auf. Entweder ich verliere den Kopf oder ich erblicke das Antlitz meiner Geliebten!

Für die Kehle, die dieses Weines nicht würdig ist, ist es am besten, wenn sie mit einem Schwerthieb durchtrennt wird!

Das Auge, das sich nicht an der Fülle der Vereinigung mit ihr erfreut, ist am besten blind und dunkel.

Das Ohr, das es nicht wert ist, ihr Geheimnis zu hören, kannst du abreißen, denn es ist am Kopf für nichts gut.

Die Hand, in der nicht das notwendige Kapital liegt, sollte am besten mit dem Fleischermesser abgehackt werden.
Einen Fuß, dessen Reise die Seele nicht zu ihrem Narzissenbeet führt,
Den steckt man am besten in Eisen, denn er ist die letzte Ursache der Kopfschmerzen.

(Mathnawi, Buch 6, Vers 4165–4174)

Sonst brennst du gehirnlos wie Brennholz!

Rumi als Strafprediger

Hüte dich! Betrachte diese Seile der Verursachung in der Welt nicht als vom trunkenen Himmelsrad stammend!
Sonst bleibst du leer und schwindlig wie das Rad, sonst brennst du gehirnlos wie Brennholz.

(Mathnawi, Buch 1, Vers 849+850)

Du hältst dich für einen Mann, wenn du die Nase über Seine Zeichen rümpfst, genauer betrachtet bist du aber ein Weib.
Das bißchen Verstand, das du besitzt, es ging verschütt; ein Kopf, der vom Verstand getrennt ist, wird zum Schwanz.
Denn Undankbarkeit ist Niedertracht und Schande und bringt den Undankbaren hinunter ins Höllenfeuer.

(Mathnawi, Buch 1, Vers 944–946)

Je sündhafter man ist, desto schrecklicher wird der Brunnen; Gottes Gerechtigkeit sieht die schlimmste Strafe für die schlimmste Sünde vor.

(Mathnawi, Buch 1, Vers 1310)

O ihr, die ihr alle in dieser vergänglichen Welt verfault seid, eure ewige Seele ist nicht gewachsen und wurde nicht geboren.

(Mathnawi, Buch 1, Vers 1927)

Deine Worte, die Schlangen und Skorpionen gleichen, werden zu Schlangen und Skorpionen und greifen dich von hinten an.
Du hast die Freunde Gottes warten lassen, also wirst du am Tag der Auferstehung warten müssen.

(Mathnawi, Buch 3, Vers 3475+3476)

Wer Gott nicht gehorcht, wird ein Satan, denn er wird neidisch auf das Glück der Rechtschaffenen.
Wenn du treu deinen Bund mit Gott eingehalten hast, wird Gott Seinen Bund mit dir gnädig einhalten.

(Mathnawi, Buch 5, Vers 1180 + 1181)

Denke darüber nach, o Leugner. Wenn du ein Auge hast, öffne es und sieh! Was bleibt im Nichtsein noch übrig?
Oh, mögen die Lippen und der Mund und die Kehle abgeschlagen werden, die auf den Mond oder den Himmel spucken!
Zweifellos fällt der Speichel auf das Gesicht des Spuckers zurück. Speichel findet keinen Weg zum Himmel.
Der Speichel des Herrn regnet bis zur Auferstehung auf ihn, wie Verderben auf den Geist von Abu Lahab regnete,
Trommel und Banner stehen dem König zu; wer ihn einen Schmarotzer nennt, ist ein Hund.

(Mathnawi, Buch 6, Vers 2097–2101)

Das Heiße zieht das Heiße an

Rumi als Vorsokratiker

Das Schöne zieht das Schöne an; wisse das. Rezitiere dazu »Gute Frauen für gute Männer«.

In dieser Welt zieht alles sich gegenseitig an: Das Heiße zieht das Heiße an und das Kalte das Kalte.

Das Wertlose zieht das Wertlose an; das Bleibende erfreut sich am Bleibenden.

Feuerwesen ziehen Feuerwesen an, Lichtwesen suchen nach Lichtwesen.

Wenn du dein Auge schließt, fühlst du dich unbehaglich; wie kann sich das Licht des Auges ohne das Licht des Fensters entfalten?

Dein Unwohlsein ist das Licht in deinem Auge, das danach strebt, schnell mit dem Tageslicht vereint zu werden.

Wenn du dich mit offenen Augen unbehaglich fühlst, dann wisse, daß du das Auge deines Herzens geschlossen hast, öffne es.

Erkenne, daß das Streben des Auges deines Herzens darin liegt, nach dem unermeßlichen Licht zu suchen.

Wie die Trennung der beiden vorübergehenden Lichter dir Unbehagen verschaffte und du deine Augen öffnetest,

So wird dir die Trennung der beiden bleibenden Lichter Unbehagen bereiten, behüte sie!

(Mathnawi, Buch 2, Vers 80–89)

Der Leib ist der Kerker der Seele

Rumi als Gnostiker

In Wirklichkeit ist diese Welt das Gefängnis für eure Seelen; oh, geh in die andere Richtung, denn dort liegt dein offenes Land.
Diese Welt ist endlich, und die andere wirklich unendlich: Bild und Form sind ein Schleier vor dieser Wirklichkeit.

(Mathnawi, Buch 1, Vers 525 + 526)

Komm herein, und sieh Wasser, das Feuer zu sein scheint aus einer Welt, die Feuer ist und wie Wasser erscheint.
Komm herein und sieh die Geheimnisse Abrahams, der Zypresse und Jasmin im Feuer fand.
Als du mich geboren hast, sah ich den Tod; schmerzhaft war meine Angst, von dir entbunden zu werden.
Als ich geboren wurde, floh ich aus dem engen Gefängnis in eine Welt angenehmer Luft und schöner Farbe.
Nun erscheint mir die Welt wie der Mutterleib, denn in diesem Feuer habe ich eine solche Ruhe gesehen;
In diesem Feuer habe ich eine Welt gesehen, in der jedes Atom den Atem Jesu besitzt.

(Mathnawi, Buch 1, Vers 789–794)

Die Erde sagt zur Erde des Körpers: »Kehre zurück! Verlaß den Geist, komm wie der Staub zu mir.
Du bist mein Artgenosse, du paßt besser zu mir; es ist besser, wenn du dem Körper und seiner Feuchtigkeit entfliehst.«
Sie antwortet: »Ja, aber ich bin gefangen, obwohl ich wie du der Trennung leid bin.«
Das Wasser sucht den naßglänzenden Leib und spricht: »O Feuchtigkeit, komm zurück aus dem Exil, zu uns zurück.«

Der Äther ruft die Hitze des Leibes mit den Worten: »Du bist aus Feuer; nimm den Weg zu deinem Ursprung.«
Es gibt zweiundsiebzig Krankheiten im Körper, die von den Elementen, die ohne Schnur ziehen, verursacht werden.
Die Krankheit zerstört schließlich den Leib, sodaß die Elemente sich wieder voneinander trennen können.
Diese Elemente sind vier Vögel mit zusammengebundenen Beinen; Tod und Krankheit lösen ihre Fesseln.
Wenn der Tod ihre Beine voneinander gelöst hat, fliegt jedes Vogel-Element sofort mit Sicherheit davon.
Das Zerren zwischen diesen Urbildern und Ableitungen bereitet unseren Körpern dauernd ein wenig Schmerz,
Damit diese Mischungen auseinandergerissen werden und der Vogel, jeder Teil, in seine Heimat fliegen kann.
Doch die Göttliche Vorsehung verhindert diese Flucht und hält die Teile bis zum festgesetzten Zeitpunkt in Gesundheit zusammen,
Und spricht: »O Teile, ihr kennt den Zeitpunkt nicht mit Gewißheit; es nutzt euch nichts, vor diesem Zeitpunkt loszufliegen.«
Wenn schon jeder Teil des Körpers zum Ganzen strebt, in welchem Zustand ist dann die Seele als Fremde in der Trennung?

(Mathnawi, Buch 3, Vers 4421–4435)

Und die reinen, sternengleichen Seelen sind andauernd eine Hilfe für die Sterne des Himmelsgewölbes.
Das Äußere der Sterne beherrscht uns, aber unser Inneres beherrscht den Himmel.

(Mathnawi, Buch 4, Vers 519 + 520)

Wenn du in der Reihe derer stehst, die zum Himmel aufsteigen, wird dich das Nichtsein wie Buraq hinauftragen.
Das ist kein Aufstieg eines Stückes Erde zum Himmel, sondern wie der Aufstieg des Zuckerrohrs zum Zucker.
Das ist kein Aufstieg des Dampfs zum Himmel, sondern wie der Aufstieg der Leibesfrucht zur Vernunft.

Das Reittier des Nichtseins wird zum wertvollen Buraq; es bringt dich dann zum wahren Sein, wenn du nicht bist.
Sein Huf berührt Berge und Meer, bis es die Welt sinnlicher Wahrnehmung hinter sich gelassen hat.
Besteige das Schiff und reise schnell weiter, wie die Seele zum Seelengeliebten eilt.
Geh ohne Hände und Füße auf gleiche Weise zur Ewigkeit, gleichwie die Geister aus dem Nichtsein herauseilen.

(Mathnawi, Buch 4, Vers 552–558)

Wem der Zweifel das Herz verwirrt hat

Rumi gegen Philosophen und als Philosoph

Die Rede und die Sprache entstammen dem Denken; du weißt nicht, wo das Meer des Denkens ist.

Doch weil du gesehen hast, daß die Wellen der Rede schön sind, weißt du, daß auch ihr Meer edel ist.

Als die Wellen des Denkens aus der Weisheit entsprangen, bildete die Weisheit die Form von Rede und Sprache.

Die Form wurde aus dem Wort geboren und starb wieder, die Welle zog sich in das Meer zurück.

Die Form entstand aus der Formlosigkeit und kehrt zurück, denn: »Wahrlich, zu ihm kehren wir zurück.«

In jedem Augenblick stirbst und kehrst du also zurück; Mustafa erklärte, daß diese Welt nur ein Augenblick ist.

Unser Denken ist ein Pfeil, den Er in die Luft geschossen hat; wie kann er in der Luft bleiben? Er kehrt zu Gott zurück.

(Mathnawi, Buch 1, Vers 1137–1143)

Das ist ein intellektueller Diskurs, zu was ist er gut, du Schlauer, damit ein Schwächling vielleicht einen Weg findet?

Ist der intellektuelle Diskurs auch kostbar wie eine Perle oder Koralle, so ist er doch etwas anderes als die redende Seele.

(Mathnawi, Buch 1, Vers 1500 + 1501)

Es gibt keine vom Gehör unabhängige Rede, außer der Rede des Schöpfers, der kein Bedürfnis hat.

(Mathnawi, Buch 1, Vers 1629)

Das Bein des Logikers ist aus Holz; ein hölzernes Bein ist sehr wakkelig.

(Mathnawi, Buch 1, Vers 2128)

Der Philosoph wird von seinen Gedanken und Meinungen ungläubig; fordere ihn auf, zu gehen und den Kopf gegen die Wand zu schlagen!
Dem Philosophen, der nicht an den klagenden Baumstumpf glaubt, sind die Sinne der Gottesfreunde fremd.
Er sagt, daß der Strahl der Leidenschaft den Leuten viele Phantasien in den Sinn bringt.
Nein, seine Verderbtheit und sein Unglaube spiegeln sich in seiner eitlen Phantasie und seinem Zweifel wider.
Der Philosoph leugnet die Existenz des Teufels und – ist von einem Teufel besessen.
Wenn du den Teufel nicht gesehen hast, betrachte dich selbst; ohne Besessenheit durch den Teufel gibt es keine düstere Stirn.
Wem der Zweifel das Herz verwirrt hat, der ist auf dieser Welt insgeheim ein Philosoph.
Er bekennt seinen festen Glauben, aber von Zeit zu Zeit wird diese philosophische Ader sein Gesicht schwärzen.
Hab acht, o Gläubiger! Denn diese Ader ist in dir; in dir gibt es manche unendliche Welt.
In dir sind alle zweiundsiebzig Sekten; wehe, wenn sie eines Tages die Oberhand über dich gewinnen.
Aus Angst davor zittert jeder, der das Glück dieses Glaubens hat, wie ein Blatt im Wind.

(Mathnawi, Buch 1, Vers 3278 f.)

Durch Abstinenz wird aus dem Akzidens die Substanz; durch Abstinenz wird der bittere Mund zu Honig.

(Mathnawi, Buch 2, Vers 950)

Woraus entstehen diese Akzidenzien? Aus den Formen. Und woraus entstehen diese Formen? Aus Gedanken.
Diese Welt ist ein Gedanke der Universellen Vernunft; die Vernunft ist wie ein König, und die Ideen seine Abgesandten.

(Mathnawi, Buch 2, Vers 978 + 979)

Du bist der Form nach der Mikrokosmos, doch in Wirklichkeit bist du der Makrokosmos.
Äußerlich gesehen ist der Zweig der Ursprung der Frucht, innerlich gesehen entstand der Zweig wegen der Frucht.
Warum hätte der Gärtner den Baum einpflanzen sollen, wenn es den Wunsch und die Hoffnung auf die Frucht nicht gäbe?
Der Baum wird in Wirklichkeit also aus der Frucht geboren, auch wenn der Erscheinung nach die Frucht vom Baum erzeugt wird.

(Mathnawi, Buch 4, Vers 521–524)

Du hast dich in das Gewand der Phantasie eingewickelt und siehe, deshalb bist du ein skeptischer Sophist.
In Wirklichkeit besaß er den Kern, die Vernunft nicht; er besaß keine Wahrnehmung und hatte keine Erfahrung.
Höre, o Schwätzer, es ist die Stunde des Schweigens: Wenn du zu den Leuten sprichst, ist das eine Schande.
Was bedeutet Klarsicht? Es bedeutet, die Quelle fließen lassen. Wenn der Lebensgeist dem Körper entkommen ist, nennt man ihn reinen Geist.
Der Philosoph, dessen Geist von der Fessel des Körpers befreit wurde, der im Garten umherwandelte,
Hat diesen beiden Geistern zur Unterscheidung verschiedene Titel gegeben. Oh, möge sein Geist gesegnet sein!

(Mathnawi, Buch 6, Vers 2184–2189)

Suche Ihn mit demütigem Bitten und Selbstauslöschung, denn Denken erzeugt nichts als Form.
Und wenn du nur aus der Form Nutzen ziehen kannst, dann ist die Form, die unwillkürlich in dir entsteht, die beste.
Zum Beispiel die Form einer Stadt, zu der du gehst: Ein formloses Gefühl der Freude zieht dich dorthin, o Wissender.
Deshalb gehst du in Wirklichkeit zur Ortlosigkeit, denn Freude ist anders als Ort und Zeit.

Nimm zum Beispiel die Form eines Freundes, den du besuchen
willst: Du gehst zu ihm, um seine Gesellschaft zu genießen.
Deshalb gehst du in Wirklichkeit in die formlose Welt, obwohl du
dir dieses Zieles nicht bewußt bist.

(Mathnawi, Buch 6, Vers 3749–3554)

Werd' ich zernichtet, bin ich prompt geheilt*

Rumi als Dialektiker

Sieh, diese Welt erscheint nichtexistent, existiert jedoch, die andere dagegen erscheint existent, hat aber keine Dauer.

(Mathnawi, Buch 1, Vers 795)

Wenn Unwissen zu dem Vollkommenen kommt, wird es Wissen, das Wissen, das der Unvollkommene erwirbt, wird zu Unwissen. Was auch ein kranker Mann zu sich nimmt, wird zu Krankheit, wenn ein vollkommener Mensch Unglauben nimmt, wird dieser zu Religion.

(Mathnawi, Buch 1, Vers 1611 + 1612)

Der Mensch, dem diese Welt zu eng ist, versteckt sich in der Spitze eines Dorns!

(Mathnawi, Buch 1, Vers 1971)

* Diwan an Schamsuddin, Gedicht Nr. 1115.

Yin und Yang im Zwiegesang

Gesprächsmitschnitte

Bettler: Könnt' ich ein Stück trockenes oder frisches Brot bekommen?

Hausherr: Wo gibts hier Brot? Bist du verrückt? Ist das etwa das Haus eines Bäckers?

Bettler: Gib mir wenigstens ein Stück Fett.

Hausherr: Warum, das ist kein Metzgerladen.

Bettler: O Hausherr, gib mir ein bißchen Mehl.

Hausherr: Hältst du dieses Haus für eine Mühle?

Bettler: Nun gut, dann gib mir etwas Wasser aus dem Wasserbeutel.

Hausherr: Warum, das ist doch kein Fluß und keine Wasserstelle. He, was soll das? Wieso ziehst du deinen Kittel hoch?

Bettler: Brav, Aufgebrachter, wenn das hier eine Ruine ist, dann will ich wenigstens hier hinscheißen.

(Mathnawi, Buch 6, Vers 1250 f.)

Die Erde wird »Ort der Täuschung« genannt, weil sie dich am Tage des Abschieds verläßt.

Davor lief sie nach links und rechts und sagte: »Ich werde dir deine Sorgen nehmen«; doch sie hat nie etwas weggenommen.

In der Stunde der Angst sagte sie zu dir: »Möge dir der Schmerz fern bleiben und mögen zehn Berge zwischen dir und dem Schmerz stehen!«

Wenn die Armee des Schmerzes eintrifft, hält sie den Atem an. Sie sagt noch nicht einmal: »Ich habe dich gesehen.«

(Mathnawi, Buch 6, Vers 3606–3609)

Dschauhar (der Eunuch des Sultans): Wenn einem im Leben fünfmal das Glaubensbekenntnis vorgesprochen wird, aber man die Worte nicht versteht und sie nicht behalten kann – was soll man ihm dann nach seinem Tod vorsprechen, wo er selbst die Fragen, die er gelernt hat, vergessen haben wird?

Rumi: Wenn er vergißt, was er gelernt hat, dann wird er natürlich ein weißes Blatt sein und also würdig für Fragen, die er noch nicht gelernt hat.

(Fihi ma fihi)

Was ist Sufismus?

Rumi beantwortet allerlei Fragen

Weißt du, warum der Spiegel deiner Seele nichts widerspiegelt? Weil der Belag nicht von seiner Oberfläche entfernt wurde.

(Mathnawi, Buch 1, Vers 34)

Was ist Sufismus? Er sprach: »Freude finden im Herzen, wenn die Zeit des Kummers kommt.«

(Mathnawi, Buch 3, Vers 3261)

Ein Idiot meldete: »Gott ist nicht im Himmel!«
Rumi anwortete: »Du Hundsfott, wie kannst du das wissen? Du hast den Himmel wohl Spanne um Spanne ausgemessen!? Du weißt nichts von deiner Hure daheim – wie willst du den Himmel kennen!? Du faselst vom Hörensagen über Sterne und Sphären. Wärst du zum Himmel aufgestiegen, würdest du nie solchen Blödsinn reden! Ich hingegen sage dir: Gott ist nicht über dem Himmel; der Himmel schließt Gott nicht ein, sondern Gott umfaßt den Himmel! Himmel und Weltall umfassen ihn nicht; Er umfaßt alles.

(Fihi ma fihi)

Siradschaddin, ein Rumi-Jünger und Mathnawi-Rezitator, gab im Gespräch zu erkennen, daß ihn ein leiblicher Schmerz plage. Da sagte Rumi: »Warum achtest du auf diesen Leib? Du bist immer ohne ihn. Nachts kümmerst du dich nicht um ihn; tagsüber bist du mit allerlei Angelegenheiten befaßt. Du bist also nie mit dem Leib. Der du auch nicht eine Stunde mit ihm bist – warum zitterst du so um ihn? Du bist in einem Tal, ich in einem anderen. Dieser Leib ist eine gewaltige Täuschung; man denkt, wenn er tot ist, sei man auch tot.«

(Fihi ma fihi)

Ein plötzlich von der Zunge abgeschossenes Wort

Rumi über Eskalation und Eigendynamik

Es tat mir Leid, ich dachte »Warum habe ich das getan?«, aber was nutzt die Reue, nachdem ich es schon getan hatte?
Du mußt wissen, daß ein plötzlich von der Zunge abgeschossenes Wort wie ein von einem Bogen abgeschossener Pfeil ist.
O Sohn, dieser Pfeil kehrt auf seinem Weg nicht mehr um; man muß den Strom an der Quelle eindämmen.
Hat er erst einmal die Quelle hinter sich gelassen, überschwemmt er eine Welt; kein Wunder, wenn er die Welt verwüstet.
Etwas Unsichtbares bringt die Wirkungen unserer Handlungen hervor, und die Ergebnisse stehen nicht unter der Kontrolle der Geschöpfe.

(Mathnawi, Buch 1, Vers 1657–1661)

Sei offen, o Tor, für den, der das Tor sucht

Rumi kommentiert Franz Kafkas Text »Vor dem Gesetz«

Jede Luft und jedes Atom ist ein Ort der Vision. Doch solange das Tor nicht geöffnet ist, wer sagt: »Da unten ist ein Tor«?

Wenn der Türhüter die Tür nicht öffnet, rührt sich dieser Gedanke im Inneren nie.

Wenn eine Tür geöffnet wird, staunt der Mensch, ihm wachsen Flügel und er beginnt, auf dem Gedanken zu fliegen.

Ein achtloser Mann findet plötzlich den Schatz in der Ruine; danach eilt er zu jeder Ruine.

Solange du die Perle nicht von einem Derwisch erhältst, wie willst du die Perle bei einem anderen Derwisch suchen?

Auch wenn die Meinung jahrelang auf eigenen Füßen läuft, wird sie nicht über die eigene Nase hinaus sehen.

Sag, siehst du außer deiner Nase etwas anderes? Sag, was wirst du sehen, wenn du deine Nase hoch trägst?

(Mathnawi, Buch 1, Vers 3766–3772)

Dieses Thema hat kein Ende

Der weitschweifige, sich manchmal bremsende Rumi an seine Zuhörer

Wie kann man das Handeln des Unvergleichlichen beschreiben? Was ich gesagt habe, war nur das Notwendigste.

(Mathnawi, Buch 1, Vers 311)

Wisse, daß Er dich in Seiner Güte erschreckt, damit Er dich im Reich der Sicherheit aufnehmen kann.
Dieses Thema hat kein Ende. Es ist spät geworden. Höre auf die Geschichte vom Hasen und vom Löwen.

(Mathnawi, Buch 1, Vers 1261–1262)

Diese Rede ist sehr lang. Erzähle die Geschichte des Händlers, damit wir erfahren, was mit dem guten Mann geschehen ist.

(Mathnawi, Buch 1, Vers 1814)

Diese Rede ist Milch in der Brust der Seele; sie fließt nicht gut, wenn niemand saugt.

(Mathnawi, Buch 1, Vers 2378)

Das Wasser des menschlichen Samens ist weiß und schön, doch die Reflexion der Seele, ob byzantinisch oder äthiopisch,
Gibt Farbe denen, »die in der schönsten Form erschaffen sind« (Koran), sie läßt die andere Hälfte in die tiefsten Tiefen hinabfallen.
Diese Rede hat kein Ende. Eile zurück, damit wir die Kamelreihe der Karawane nicht verlieren.

(Mathnawi, Buch 1, Vers 3521–3523)

Das Meer wirft Schaum auf und bildet ein Hindernis; es zieht sich zurück und fließt nach dem Rückzug wieder ein.
Höre, was jetzt gestört hat: Ich glaube, die Gedanken des Hörers sind abgewandert.
Seine Gedanken haben sich dem Sufi-Gast zugewandt; er ist bis zum Hals in diese Angelegenheit versunken.
Es ist notwendig, von dieser Rede zu jener Geschichte zurückzukehren, um zu beschreiben, was geschehen ist.

(Mathnawi, Buch 2, Vers 195 + 199)

Wenn der Hörer nicht schläfrig geworden wäre, wäre der Schleier der stimmigen Gründe dieser meiner Rede zerrissen worden.

(Mathnawi, Buch 4, Vers 559)

Wenn ich über die Hilfe berichten würde, die leblose Dinge der Welt auf vernünftige Weise den Propheten geleistet haben,
Würde das Mathnawi einen solchen Umfang annehmen, daß nicht einmal vierzig Kamele sein ganzes Gewicht tragen könnten.

(Mathnawi, Buch 4, Vers 789 + 790)

Liebende wollen den Leib nackt; Eunuchen ist es einerlei, ob der Leib Lappen trägt oder nicht.
Brot und Speisen sind für die Fastenden. Gibt es für die Schmeißfliege einen Unterschied zwischen Suppe und Topf?
Dieses Thema übersteigt Maß und Grenze.

(Mathnawi, Buch 5, Vers 3633–3635)

Du befreundest dich wegen einer Phantasie mit den Leuten. Warum befreundest du dich nicht mit dem König von West und Ost?
Dieses Thema hat kein Ende. O Kaiser, möge unser Wunsch nach diesem Wissen kein Ende haben!
Kehre zurück und erzähle die Geschichte von dem kranken Mann.

(Mathnawi, Buch 6, Vers 1319–1321)

Jedes Stück Lehm, in dessen Herzen sich eine Perle befindet – dessen Perle kann die Geheimnisse eines anderen Stück Lehms erzählen.
Der Lehm dagegen, der nicht mit Gottes Licht besprengt wurde, erträgt die Gesellschaft des mit Perlen gefüllten Lehms nicht.
Dieses Thema hat kein Ende. Unsere Maus am Flußufer wartet auf unsere Aufmerksamkeit.
Zurück zur Geschichte von der Maus, die den Frosch am Flußufer sucht und an der Schnur zieht, damit der Frosch im Wasser merkt, daß sie ihn sucht.

(Mathnawi, Buch 6, Vers 2938–2940)

Er steckte die Flöte in den Hintern

Anekdoten und Witze von Rumi

Es war einmal ein Gemüsehändler, der hatte einen Papagei, einen grünen, sprechenden Papagei mit süßer Stimme.

Der saß auf der Bank und hütete das Geschäft und plauderte mit jedem Kunden.

Wenn er Menschen ansprach, sprach er wie sie; doch auch im Papageiengesang war er beredt.

Einmal sprang er von der Bank und flog weg – und warf dabei Rosenölflaschen um.

Sein Herr kam von zu Hause zurück und setzte sich gemütlich auf die Bank, wie Händler das tun.

Da merkte er, daß sie voll Öl, sein Kleid ganz fettig war; er zauste dem Papagei den Kopf; der bekam davon eine Glatze.

Er sprach nicht mehr, Tag um Tag; bis der Krämer vor Reue immer schwerer seufzte.

Er raufte sich den Bart und rief: »Weh mir, die Sonne meiner Wonnen ist hinter Wolken verschwunden.

Wär doch meine Hand gebrochen! Wie konnte ich diesen Redner nur auf den Kopf schlagen?«

Er gab jedem Derwisch Geschenke, auf daß sein Vogel die Sprache wieder fände.

Nach drei Tagen und drei Nächten saß er auf der Bank, sorgengeplagt, verwirrt, ein verzweifelter Mann.

Er zeigte dem Vogel alle möglichen wunderbaren Dinge, um ihn zum Reden zu verleiten.

Da kam ein kahlköpfiger Derwisch vorbei, in grobes Leinen gehüllt; haarloser als eine Kachelwand.

Da fing ganz unverhofft der Papagei zu reden an: »He, Kumpel, wie kamst du zu dieser Glatze, kahler Freund? Hast etwa auch du Öl umgeschmissen?«

(Mathnawi, Buch 1, Vers 47–62)

Ein süßer Flötenspieler spielte die Flöte; plötzlich entfuhr seinem Hintern ein Wind.
Er steckte die Flöte in den Hintern und sagte: »Wenn du besser als ich spielen kannst, nimm die Flöte und spiele!«

(Mathnawi, Buch 4, Vers 769–770)

Ein Dieb sagte zum Polizisten: »O König, was ich getan habe, war von Gott befohlen.«
Der Polizist sagte: »Was ich jetzt tun werde, ist auch von Gott befohlen, o mein Freund.«
Wenn jemand in einem Laden ein Radieschen stiehlt und sagt: »Das ist Gottes Ratschluß, o verständiger Mann«,
Schlägt ihn der Gemüsehändler zwei-, dreimal auf den Kopf und sagt: »O Verachtenswerter, mit diesen Schlägen befiehlt Gott, daß du das Radieschen zurücklegen sollst.«

(Mathnawi, Buch 5, Vers 3059 + 3060)

Schwanger von seinem Schrei

Rumi an und über Schamsuddin

Was ich mir bisher unter Gott vorgestellt hatte, begegnete mir heute in Menschengestalt.

Hüte deine Lästerzunge, die den Kopf ans Messer liefert. Lern vom Fisch, der seiner Sprache abschwor, wie man ohne Plaudern überlebt.

Sobald von Schamsuddins Gesicht man spricht, verdunkelt schamhaft sich das Sonnenlicht.

Wie soll ich nennen einen Freund, dessen Schönheit einen halben Dorn zu hundert Paradiesen macht?

Als über Schamsuddins Antlitz gesprochen wurde, zog die Sonne des Vierten Himmels den Kopf ein.

Da mir sein Name auf die Lippen gekommen ist, geziemt es sich, seine Großzügigkeit anzusprechen.

(Mathnawi, Buch 1, Vers 123–124)

Die Beschreibung dieser Trennung, dieses Herzblutes verschiebe ich für den Augenblick auf ein anderes Mal.

(Mathnawi, Buch 1, Vers 132)

Ich sagte: »Das Geheimnis des Freundes sollte besser gewahrt bleiben, höre du auf den Inhalt dieser Geschichten.«

(Mathnawi, Buch 1, Vers 135)

Es ist besser, wenn das Geheimnis des Liebenden von jemandem anderen erzählt wird.

(Mathnawi, Buch 1, Vers 136)

Äußere deinen Wunsch, aber äußere ihn mit Maß, ein Grashalm kann das Gebirge nicht tragen.
Wenn die Sonne, die diese Welt erhellt, etwas näher kommt, verbrennt sie alles.
Suche keinen Aufruhr und kein Blutvergießen; sage nichts mehr über die Sonne von Tabriz!

(Mathnawi, Buch 1, Vers 140–142)

Dieses Geheimnis ist endlos; erzähle den Anfang.
Geh und verlang eine Sonne vom Schatten; ergreif den Königsmantel des Schamsuddin!

(Mathnawi, Buch 1, Vers 427)

Wer es als Spinnerei liest, ist selbst ein Spinner

Rumi über seines Liedes Zauberteppich, das Mathnawi

Dies ist das Buch Mathnawi: Es ist die Urwurzel des Stammes der Religion, denn es
Enthüllt die Geheimnisse des Wegs zu Wahrheit und Gewißheit; und es enthält die
Größte Wissenschaft des Erhabenen Gottes und den klarsten Weg Gottes und den offensichtlichsten Beweis Gottes.
Das Licht, das es enthält, ist »gleich einer Nische, in der sich eine Lampe befindet«,
Und es scheint mit einem lebendigeren Glanz als der Sonnenaufgang. Es ist das
Paradies des Herzens, das Quellen und Zweige besitzt; eine davon ist eine Quelle namens
Salsabil für die Reisenden auf diesem Pfad; und in den Augen derer, die mystische Stationen
Und göttliche Gnaden erlangt haben, ist das Mathnawi »ein besserer Wohnort und
Eine schönere Mittagsruhe«. Dort essen und trinken die Gerechten, und auch die Erlösten
Erfreuen sich und sind glücklich; und wie der Nil Ägyptens ist das Mathnawi ein
Getränk für die Geduldigen, aber ein Kummer für das Volk Pharaos und die Ungläubigen,
Wie Gott gesagt hat: »Viele führt Er hierdurch irre, und viele leitet er recht.«
Das Mathnawi ist das Heilmittel für die kranken Herzen und der Tröster im Kummer; und es
Erklärt den Koran und ist die Quelle des Überflusses der Göttlichen Gaben und der

Reiniger der Sitten; geschrieben von »den Händen edler, rechtschaffener Schreiber«, die
»Nur die Reinen können ihn berühren« verteidigen. »Nicht soll zu ihm kommen das Eitle,
Weder von vorne noch von hinten«, denn Gott beobachtet das Mathnawi und wacht über ihn,
Und »Gott ist der beste Hüter, und Er ist der barmherzigste Erbarmer« und er besitzt
Weitere Ehrentitel, die Gott ihm verliehen hat.

(Aus Rumis Vorwort zum Mathnawi)

Als er vom Meer zum Strand zurückkehrte, wurde das Saitenspiel des Mathnawi neu gestimmt.
Mit diesem Mathnawi, diesem Polierer der Geister, begann ich wieder an dem Tag, als Hussamuddin zurückkehrte.
Das Anfangsdatum dieses nützlichen Handelns lag im Jahr 662.
Eine Nachtigall ging davon und kehrte zurück; sie wurde ein Falke, der die geistigen Wahrheiten jagt.

(Mathnawi, Buch 2, Vers 5–8)

Wenn die Sieben Meere vollständig zu Tinte würden, käme ich trotzdem an kein Ende.
Wenn alle Obstgärten und Wälder zu Schreibfedern würden, könnten meine Worte nicht verkleinert werden.

(Mathnawi, Buch 2, Vers 3545 + 3446)

Plötzlich streckte ein großer Trottel wie ein Spötter seinen Kopf aus einem Eselsstall
Und sagte, daß diese Rede, das Mathnawi, niedrig ist; daß es nur die Geschichte des Propheten und reine Nachahmung sei;
Daß die Untersuchungen und sublimen Geheimnisse, zu denen die Gottesfreunde streben, darin keine Erwähnung finden;
Daß es die Stationen der Askese bis zum Entwerden, jeden Schritt zur Vereinigung mit Gott,

Nicht so erklärt und definiert, daß ein Mann des Herzens auf diesen Flügeln hinauffliegen könnte.

Als das Buch Gottes herabkam, haben die Ungläubigen es auf gleiche Weise beschimpft

Und gesagt: »Das sind nur Legenden und wertlose Geschichten; es finden sich darin keine Untersuchungen und Vertiefungen.

(Mathnawi, Buch 3, Vers 4232–4238)

O Diya al-Haqq Husamuddin, durch dein Licht übertrifft das Mathnawi den Mond an Glanz.

O du, auf den sich alle Hoffnung richtet, dein hohes Streben zieht dieses Buch, wohin nur Gott weiß.

Du hast eine Schnur um den Hals dieses Mathnawi gelegt und ziehst es in die Richtung, die nur du kennst.

Das Mathnawi bewegt sich, und der es zieht, ist unsichtbar; unsichtbar für den Unwissenden, der keine Einsicht besitzt.

Du bist der Ursprung des Mathnawi, und deshalb bist du die Ursache seines Wachsens.

Weil du es so willst, will Gott es so;

Gott erfüllt den Wunsch des Frommen. In der Vergangenheit warst du »Er gehört Gott«,

und so kam zur Belohnung »Gott gehört ihm«.

Bei dir muß sich das Mathnawi tausendfach bedanken; es hat seine Hände zum Gebet und zur Danksagung erhoben.

Gott hat auf seinen Lippen und in seinen Händen die Danksagung an dich gesehen, deshalb war Er gnädig und hat ihm Gunst und Wachstum verliehen.

Denn wer Dank sagt, dem wird Wachstum versprochen, wie Nähe zu Gott die Belohnung für die Niederwerfung im Gebet ist.

Unser Gott hat gesagt: »Wirf dich nieder und nahe dich«; die Niederwerfung unserer Körper wird zur Nähe des Geistes zu Gott.

Wenn das Mathnawi wächst, dann aus diesem Grund und nicht wegen Zurschaustellung und Lärm.

Wir sind glücklich mit dir wie der Weingarten mit der Sommerhitze; du hast die Befehlsgewalt: Komm, führe weiter an, damit auch wir das Mathnawi weiterführen können.

(Mathnawi, Buch 4, Vers 15)

Laß Licht über das Vierte Buch strahlen, denn die Sonne ist im Vierten Himmel aufgegangen.

Komm, laß das Vierte Buch wie die Sonne leuchten, damit es über alle Länder und bewohnten Gegenden scheint.

Wer es als Spinnerei liest, ist selbst ein Spinner; und wer es als Geld in seinen eigenen Händen betrachtet, ist ein Gottesmann.

Es ist wie das Wasser des Nils, das den Ägyptern als Blut erschien, aber für das Volk Moses' kein Blut, sondern Wasser war.

In diesem Augenblick siehst du, wie der Feind des Mathnawi kopfüber in das Höllenfeuer fällt.

(Mathnawi, Buch 4, Vers 30–34)

Ich habe mein Mathnawi nicht gedichtet, damit man damit herumläuft und es runterleiert, sondern um dran hochzuklettern und in den Himmel zu steigen.

Ansonsten, was hätt' ich mit Dichtung zu tun? Bei Gott, ich habe die Dichtkunst satt, und es gibt nichts, das mir schlechter scheint als das.

(Fihi ma fihi)

Ich bin der Sklave dessen, den ich nicht sehe

Rumi über sich selbst

Acht Paradiese, sieben Höllen sind für mich so sichtbar wie der Götze für den Götzendiener.

(Mathnawi, Buch 1, Vers 3508)

Der zornige Löwe – der Unbeschreibliche – ist zu groß für die weite Steppe.
Ich denke an Reime, und mein Geliebter sagt zu mir: »Denk an nichts anderes als Meinen Anblick.
Sitz bequem, mein Reimeschmied, in Meiner Anwesenheit reimst du glücklich.
Was sind schon Worte, daß du an sie denkst? Was sind Worte? Dornen in der Rosenhecke des Weinbergs.
Ich werde Wort und Ton und Rede verwirren, damit Ich mich ohne diese drei mit dir unterhalten kann.
Das Wort, das Ich vor Adam geheim gehalten habe, werde Ich dir sagen, o Bewußtsein der Welt;
Das Wort, das ich Abraham nicht mitgeteilt habe, und den Schmerz, den Gabriel nicht kennt.«

(Mathnawi, Buch 1, Vers 1726–1732)

Ich habe es mit weitsichtiger Vernunft versucht; von nun an bin ich verrückt.

(Mathnawi, Buch 2, Vers 2334)

Wenn über Heilige erzählt wird, steigt die Barmherzigkeit hernieder; aber wenn von Muhaqqiq, Schamsuddin und mir die Rede ist, dann regnet Allah selbst hernieder.

Ich habe allerlei Wissenschaften studiert und mich bemüht, um Gelehrten und Suchern, Klugen und Wahrheitswissern, die zu mir kommen, feine und seltene Kostbarkeiten anzubieten.

(Fihi ma fihi)

Es ist mein Charakter, daß ich nicht will, irgendein Herz durch mich zu bekümmern.

(Fihi ma fihi)

Ich bin der Sklave dessen, den ich nicht sehe.

(Fihi ma fihi)

Falls aus meinem Siebrest Weizen sprießt, knetet Brot draus, bis ihr trunken seid! Teig und Bäcker dreh'n sich unaufhaltsam, und der Ofen summt beschwipste Verse. Falls du an mein Grab gepilgert kommst, tanzt sogar der Dachfirst mit.

(Rumis Grabspruch)

III. Stimmen über Rumi und Schamsuddin

Ein Magazin göttlicher Geheimnisse

Stimmenkonzert über Maulana Dschellaluddin Rumi

Wer die Propheten sehen will, braucht nur Maulana Rumi anzuschauen. Paradies ist dort, wo der Maulana aufleuchtet; Hölle dort, wo der Maulana aufschäumt. Wenn ich mit dem Verstand hundert Jahre mich bemühen wollte, würde ich nicht ein Zehntel soviel erreichen wie er.

(Schamsuddin al-Täbriz)

Trotz der Großartigkeit und Tugend brauchte Maulana den Schamsuddin al-Täbrizi, genau wie Moses den Hidr brauchte.

(Sultan Walad: Waladname, 1291)

Nachdem Schamsuddin zum zweitenmal verschwunden war, verbrachte Rumi Tag und Nacht im Sama (Drehtanz). Er drehte sich auf der Erde wie das Himmelsrad. Seine Schreie und Seufzer stiegen auf zum höchsten Himmel. Groß und Klein hörten seine Klagen. Alles, was er hatte, machte er zu Geld und gab es den Spielleuten. Er konnte keinen Augenblick mehr ohne Musik und Tanz sein. Tag und Nacht gab er keinen Augenblick Ruhe, bis es nicht einen Sänger mehr gab, der noch bei Stimme war. Alle waren schon müde und krank, betrunken ohne Wein.

(Sultan Walad: Waladname, 1291)

Ein reines Herz ist ein Magazin göttlicher Geheimnisse, und sein ausströmendes Gemüt der Absteigeort des unendlichen Lichts.

(Dewletschah, Literaturgeschichtsschreiber, 15. Jh.)

Auf den Flügeln der höchsten religiösen Begeisterung, welche hoch erhaben über alle äußere Formen positiver Religionen, das ewige Wesen in der vollkommensten Abgezogenheit von allem Sinnlichen und Irdischen als den reinsten Quell des irdischen Lichtes anbetet, schwingt sich Mewlana nicht wie andere lyrische Dichter, und selbst Hafis, bloß über Sonnen und Monden, sondern über Zeit und Raum, über die Schöpfung und das Los, über den Urvertrag der Vorherbestimmung, und über den Spruch des Weltengerichts in die Unendlichkeit hinaus, wo er mit dem ewigen Wesen als ewig Anbetender, und mit der unendlichen Liebe als unendlich Liebender, in Eines verschmilzt, immer, sich selbst vergessend, nur das große All im Auge hat, und statt wie andere Dichter den Schluß jeder Gasele auf sich selbst zu beziehen, immer seinen mystischen Lehrer und Meister Schems Tebrisi zum Schlußsteine des diamantenen Gewölbes seiner Lichtgaselen macht.

(Joseph v. Hammer-Purgstall, 1818)

Dschelal-eddin Rumi findet sich unbehaglich auf dem problematischen Boden der Wirklichkeit und sucht die Rätsel der inneren und äußeren Erscheinungen auf geistige, geistreiche Weise zu lösen; daher sind seine Werke neue Rätsel, neuer Auflösungen und Kommentare bedürftig. Endlich fühlt er sich gedrungen, in die All-Einigkeitslehre zu flüchten, wodurch so viel gewonnen als verloren wird, und zuletzt das so tröstliche als untröstliche Zero übrigbleibt.

(J. W. v. Goethe: »Noten und Abhandlungen zum Westöstlichen Diwan«, 1816)

Wenn z. B. bei dem vortrefflichen Dschelaleddin Rumi insbesondere die Einheit der Seele mit dem Einen, auch diese Einheit als Liebe hervorgehoben wird, so ist diese geistige Einheit eine Erhebung über das Endliche und Gemeine, eine Verklärung des Natürlichen und Geistigen, in welcher eben das Äußerliche, Vergängliche des unmittelbaren Natürlichen wie des empirischen, weltlichen Geistigen, ausgeschieden und absorbiert wird.

(G.W.F. Hegel, in seinen »Vorlesungen zur Ästhetik«, 1830)

Dschelaleddin nennt sich das Licht im Ost
Des Widerschein euch zeigt mein Gedicht.

(Friedrich Rückert)

Hier und da verlieren sich seine Dichtungen ganz in Sinnlosigkeiten.

(Emil Brögelmann, 1932)

Nach dem Verlust seines Freundes Schams verfaßte Maulana (Rumi) immer wieder Verse, die seine Trauer ausdrücken. Seine Poesie, besonders sein 25.700 Verszeilen umfassendes Gedicht *Mathnawi*, enthält einige der schönsten mystischen Verse, die jemals geschrieben wurden. Der Mystiker *Dschami* sagte über Maulana: »Er ist kein Prophet, und doch hat er ein Buch?«

(Wikipedia, 2013)

Niemand kannte seine Wirklichkeiten

Stimmenkonzert über Schamsuddin

Schamsuddin rief Maulana auf die Welt des Wunders, die noch kein Türke und kein Araber im Traum gesehen hatte. Der Meisterscheich wurde Schüler, lernte jeden Tag bei ihm seine Lektionen.

(Sultan Walad: Waladname, 1291)

Niemand kannte seine Wirklichkeiten. Und niemand wird je sein Geheimnis lüften. Sobald er irgendwo als Heiliger erkannt wurde, verließ er den Ort. Um seine inneren Erleuchtungen etwas abzuwehren und sich zu erleichtern, ging er manchmal arbeiten, ließ sich das Geld zurücklegen und verschwand dann, ohne es abzuholen.

(Faridun Sipahsalar, 1319/1329)

Schemseddin von Tebris, ebenso schön wie fromm, kam nach Konia, wo er sich an Mewlana Dschelaleddin mit der Frage wandte: Was er sich bei seinen wissenschaftlichen Bemühungen für einen Zweck vorgesteckt habe? Mewlana antwortete: Die Beobachtung des Sinnes und des Gesetzes. – Schemseddin erwiderte: Alles dieses habe auf das Äußere Bezug, und zitierte ihm den Vers Senaji's: Viel besser ist Unwissenheit dem Mann / Als Wissenschaft, die man ihm rauben kann. Mewlana, dem hiedurch ein neues Licht aufgesteckt war, unterbrach seine Kollegien und hielt sich ausschließlich an Schemseddin, zum Ärger des Volkes und anderer Studierender, die über diesen Neuerer, als einen Verführer, Zeter schrien.

(Joseph von. Hammer-Purgstall, 1818)

Anfangs war er Schüler von Sayh Abu Bakr Sanilbaf-e Tabrizi. Gami schreibt, daß Sams ad-Din Tabrizi bei Baba Kamal-e Hogandi, einem Nachfolger von Nagm ad-Din Kobra, gelernt hatte. Manche sind der Meinung, daß Sams ein Schüler von Rokn ad-Din Sagasi, dem Meister von 'Ohad ad-Din Kermani, war.

(Bernhard Meyer, Kaveh und Jilla Dalir Azar, 1999)

IV. Anhang

Kommentierte Literaturempfehlungen

Nach ungefährer Wichtigkeit sortiert

Ǧalāl ad-Dīn Rūmī, der Prophet der Liebe: »Mathnawī«, erstmalige und einzige komplette Übersetzung ins Deutsche, ohne englischen Umweg, aus dem Persischen ins Deutsche von Bernhard Meyer, Kaveh und Jilla Dalir Azar, Buch I–VI, in drei Bänden, 1500 Seiten, im Verlag Kaveh Dalirazar, Köln 1999–2001, vergriffen; neu und verbessert ediert in sechs schönen, bibliophilen Einzelbänden in der Edition Shershir, Schweiz *(95 % der in der vorliegenden Rumi-Auswahl zitierten Rumi-Passagen basieren auf dieser mit Abstand wichtigsten aller deutschsprachigen Rumi-Übersetzungen)*

Shams al-din Ahmad-e Aflaki: Manaqab al-'arefin = The Feats of the Knowers of God (Verdienste der Erkennenden), translated from the Persian by John O'Kane, 2002 *(leider nicht eingedeutscht, unerschöpfliches, wundergläubiges Quellenwerk für Episoden aus Rumis und Shamsuddins Leben, und zahlreicher Zeitgenossen, worin die Reden Rumis neben seinem Mathnawi bereits etwas verdünnt erscheinen)*

Rumi: »Von Allem und Einem« (Originaltitel: »Fihi ma fihi« = »Was drin ist, ist drin«), aufnotiert um 1256, aus dem Persischen von Annemarie Schimmel, München, 1988 *(schönes, inhaltvolles, wichtiges Grundlagenwerk)*

»Rumi & Me. The Autobiography of Shams-i Tabrizi«, translated, introduced and annotated by William Chittick, 410 Seiten, 2003 *(nicht eingedeutscht, wichtiges inhaltvolles Werk, kompiliert aus den Originalschriften Schamsuddins)*

Hellmut Ritter: »Das Meer der Seele«, 1955/1978 *(ein uferloses Großwerk über Rumis Vorgänger Fariduddin 'Attar, indirekt zum Verständnis Rumis und aller damaligen Sufischeiche wichtig bis unverzichtbar)*

Annemarie Schimmel: »Rumi: Ich bin Wind und du bist Feuer«, München, 1978 *(die ausführlichste Monographie im deutschen Sprachraum)*

Fritz Meier: »Baha-i-Walad, Grundzüge seines Lebens und seiner Mystik«, Acta Iranica III 14, 400 Seiten, Leiden 1989 *(das wichtigste bzw. fast einzige Buch über Rumis Vater, das auch zurückübersetzt wurde ins Persische)*

Dschalaleddin Rumi: »Das Mesnevi«, Übersetzung des ersten von sechs Büchern, aus dem Persischen und Türkischen von Dr. Gölpinarli und Nuri Ergenekon, dann aus dem Englischen von Uli Full und Wolf Süleyman Bahn, München, 1976/1997 *(interessant zum wörtlichen Vergleich mit der Komplettübersetzung von Bernhard Meyer & Co)*

»Mesnevi oder Doppelverse des Scheich Mewlana Dschelal ed din Rumi«, aus dem Persischen übertragen von Georg Rosen mit einer Einleitung von Friedrich Rosen. (= Meisterwerke orientalischer Literaturen. In deutschen Originalübersetzungen herausgegeben von Hermann von Staden. Band 1). München, Georg Müller Verlag, 1913, 262 S.

»Orientalische Dichtung« (Friedrich Rückert), Bremen 1963

Maulana Dschelaleddin Rumi: »Aus dem Diwan«, aus dem Persischen übertragen und eingeleitet von Annemarie Schimmel, 79 Seiten Reclam Verlag Stuttgart, 1964 *(Sie wählte aus den 3100 Gedichten des Rumi-Diwans 80 Gedichte aus)*

Dschelaluddin Rumi: »Das Mathnawi. Ausgewählte Geschichten«, aus dem Persischen von Annemarie Schimmel, 1994, Sphinx Verlag Basel *(von den 1500 Seiten des Mathnawis 65 Seiten)*

Rumi: »Die Sonne von Tabriz«, Gedichte, Aphorismen und Lehrgeschichten des großen Sufi-Meisters, aus dem Persischen von Cyrus Atabay, Düsseldorf 1988

Annemarie Schimmel: »Rumi: Sieh! Das ist Liebe!« Gedichte. Basel, 1993

»The Essential Rumi«, nachgedichtet bzw. äußerst frei übersetzt von Coleman Barks mit John Moyne, A. J. Arberry, Reynold Nicholson, San Francisco: Harper Collins, 1996, Edison (NJ) and New York: Castle Books, 1997 *(klangvoll aufbereitet nicht von einem soliden Übersetzer, sondern von einem engagierten Lyriker, als wärs nicht Mittelalter, sondern modern und aktuell, aber keine verläßliche Quelle);* in Auswahl aus dem Englischen übersetzt von Peter Kobbe, im Buch: Rumi: »Offenes Geheimnis«, Knaur Verlag, München 1994 *(Eindeutschung der ohnedies freien Nachdichtungen, also nicht sehr verläßlicher Text, aber angenehm, schön und auch erhellend zu lesen.)*

Dschalaladdin Rumi: »Traumbilder des Herzens, hundert Vierzeiler«, aus dem Persischen von Johann Christoph Bürgel, Manesse Verlag Zürich, 1992 *(enthält jedes Diwangedicht doppelt, in wörtlicher Übersetzung und in gereimter, freier Form)*

Rumi: »Gedichte aus dem Diwan«, herausgegeben und aus dem Persischen übersetzt von Johann Christoph Bürgel, 144 S., C.H. Beck Verlag München, Neue Orientalische Bibliothek, 2003

Gisela Wendt: »Rumi. Vierzeiler«, Amsterdam 1981

Gisela Wendt: »Die Flucht aus Hindustan und andere Geschichten aus dem Mathnawi«, Amsterdam, 1989

Gisela Wendt: »Der Herrscher und sein Narr und andere Geschichten aus dem Mathnawi«, Freiburg 1999 *(solide, kundige, schöne Übersetzung der Schimmel-Schülerin aus dem Persischen)*

»Mawlawiyya«, unpublizierter, einsehbarer, teils handschriftlicher Nachlaß des großen Schweizer Orientalisten Fritz Meier, Universität Basel

Jelaladdin Rumi: »Tanz meiner Seele, Mystische Texte«, Kleine spirituelle Bibliothek, Band 6, übersetzt von Bernardin Schellenberger, 96 S., Kreuz Verlag Stuttgart, 2003

»RUMI. Mit orientalischen Weisheiten durch das Jahr«, übersetzt und herausgegeben von Jila Sohrabi, Kaveh Dalir Azar und Axel Monte, O.W. Barth Verlag, 2008

I.H. Azad Faruqi: »Sufismus und Bhakti. Maulana Rumi und Sri Ramakrishna«, Hinder + Deelmann, 1990

Andrew Harvey: »Die Lehren des Rumi. Weisheiten des Herzens«, dtv München 2001 *(gutgemeinte, nicht äußerst tiefschürfende Auswahl, auch mit einigen sonst nicht vorliegenden Aflaki-Passagen auf Deutsch)*

»Jelaladdin Rumi: Tanz meiner Seele. Mystische Texte«, München, 2003; Gesänge des tanzenden Gottesfreundes: aus der Dichtung des persischen Dichters Rumi, übertragen von Linde Thylmann, Freiburg 2002

Franklin D. Lewis: »Rumi: Past and Present, East and West«, Oneworld Oxford 2000

G.W.J. Drewes: »Sjamsi Tabriz in de Javaansche Hagiographie«, Tijdschrift vor Indische Taal-, Land- en Volkenkunde 70 , 1930, S. 298–299

Sultan Walad: Waladname; Mevlana'nim mektuplari (Maulanas Briefe), türkisch, Istanbul 1963

Badi az-Zamam Foruzanfar: Zendegani-ye Moulana Galad ad-Din Rumi, Teheran, 1354

A.H.; Eva de Vitray-Meyerovitch, Rumi et le soufisme. Editions Du Seuil, 1977

»Die Sonne von Tabriz, Gedichte, Aphorismen und Lehrgeschichten des großen Sufi-Meisters«, aus dem Persischen von Cyrus Atabay, Eremiten-Presse, Düsseldorf 2010

»Die schönsten Gedichte aus dem klassischen Persien«, übertragen von Cyrus Atabay, 1998

Yasar Nuri Öztürk: Rumi, 2000

Dank

Überall, wo als Quellenangabe einfach nur »Mathnawi« steht, ist die musterhaft vorzügliche, 1500seitige Mathnawi-Komplettübersetzung in der Edition Shershir gemeint, die in sechs bibliophilen Teilbänden ab 2012 erschienen ist und hiermit ausdrücklich als mit Abstand wichtigste Rumi-Eindeutschung empfohlen wird. Mit Dank an Herrn Peter Finkh, den Herausgeber dieser Ausgabe, und an Frau Jilla Sohrabi und Herrn Kaveh Dalir Azar, dem Herausgeber der ersten, vergriffenen Kölner Ausgabe 1999 f., für die problemlose und großzügige Erlaubnis, daraus ausführlich zu zitieren. Neben diesem monumental allumfassenden Basis- und Quellenwerk erscheint der vorliegende Auswahlband wie ein abgesprengter Tropfen neben dem allumfassenden Ozean. Dank besonders an Herrn Bernhard Meyer, den unermüdlichen Mathnawi-Übersetzer und -Verbesserer, für dieselbige Zitiererlaubnis sowie für tatkräftige, akribische Fragenbeantwortung und höchst fachkundige Tätigkeit nicht als Herausgeber, sondern als Herauspicker z. B. kurioser und anzüglicher Rumi-Passagen.

Diakritische Zeichen, wissenschaftliche Anmerkungen und Nachweise von Rumis Koran- und Hadith-Zitaten wurden diesmal stillschweigend weggelassen. Römische Zahlen wurden in arabische Zahlen umgewandelt. Bernhard Meyer hatte in seinen Anmerkungen zur Übersetzung betont, daß seine wörtliche Übersetzung keine poetischen Ansprüche habe, daß das Original unvergleichlich dichterischer sei, und hatte der Hoffnung Ausdruck gegeben, daß seine Übersetzungsarbeit einige Nachdichter anregen möge. Dementsprechend hat Ulrich Holbein behutsam in einige seiner Doppelverse metrisierend und sprachlich eingegriffen, recht minimal, nämlich z. B. einen »perfekten Vollmond« in einen »vollkommenen Vollmond umgewandelt, Egoismus in Selbstsucht, Phantom in Trugbild, Körper manchmal in Leib, Phantasien in Einbildungen und Hirngespinste, urinieren in pissen oder strullern, Geschlechtsverkehr in Beischlaf, Penis in Glied, Interpretation in Deutung.

Manch behutsam nachdichtender Wortlaut entstand im Abgleich diverser, älterer Vorlagen.